女子旅行，
出發島嶼！

長灘、普吉、峇里、帛琉，
開始妳的好旅行。

BORACAY

PHUKET

BALI

PALAU

005 —— 序章 Preface　　出發之前 BEFORE DEPARTURE

037 —— CHAPTER ① 長灘 BORACAY

109 —— CHAPTER ② 普吉 PHUKET

209 —— CHAPTER ③ 峇里 BALI

319 —— CHAPTER ④ 帛琉 PALAU

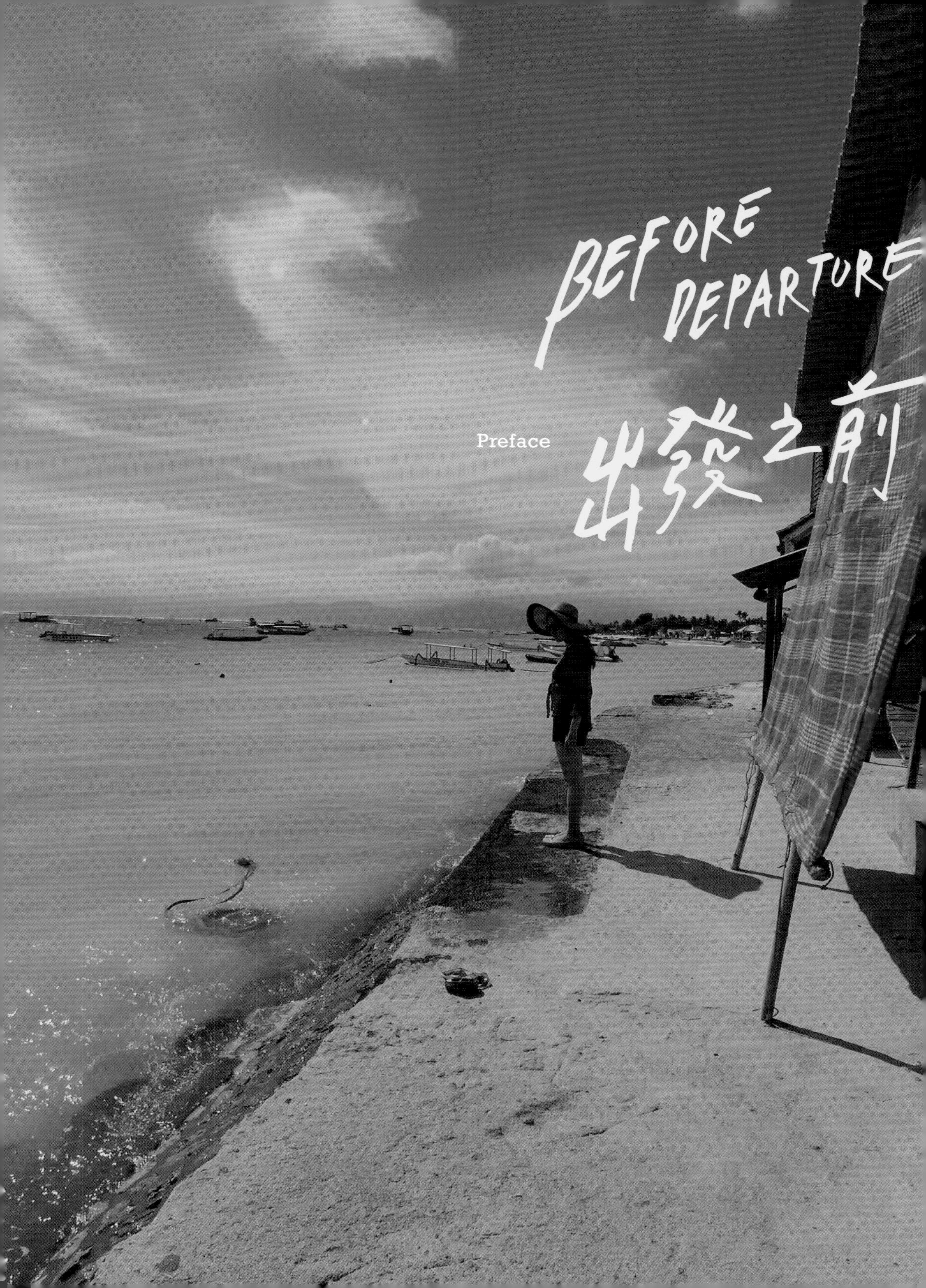

BEFORE DEPARTURE

Preface

出發之前

BEFORE DEPARTURE

一個好的旅行會是什麼樣貌？對我來說，從計畫、出發、到回國都能有幸全心投入，把開心與難受、瘋狂與沉悶、滿足與倒楣都視為旅行的「日常」，用用力力認認真真享受每一刻過程，是我最熱愛的路途。

我的初體驗也從旅行團開始，從小到大參加過不下數十次！但是嘗過自助旅行的甜美後，妳會發現自己「回不去了」！旅行團的走馬看花、缺少自由、選擇有限、被迫消費等等缺點，大家都深知；但有時團體的互相牽制還會把旅遊的心情都消磨，更不太可能深入體會當地文化，甚至連好好呼吸一個國家的氛圍氣息都算奢侈！妳去了一個國家，但妳只看了風景，未曾與當地人說上一句話，他們吃什麼、怎麼過日子也都與妳無關！對我來說這樣甚至稱不上旅行，只是把旅遊節目從電視框框裡變到妳眼前而已！

於是我像個傳教士，對身邊朋友說著「人生至少要嘗試過一次自助旅行才算完整」的洗腦式言論，希望她們鼓起勇氣、踏出突破自我的第一步！但很多人仍裹足不前、不願考慮。原因是什麼？

怕累、怕麻煩的，請先闔上本書！出門基本上就是累和麻煩，所以請別正當化這個懶惰的藉口囉！

認真歸納一下，其實女生們不敢自助旅行的原因，大多不脫以下問題：

 第一個顧慮總是擔心語言不夠好。

解套：以旅行來說，英語絕對是世界共通語言，只要懂得基本字彙，就可以暢行無

阻！不須多完美的文法、不用多高深的用語，更別擔心自己英文有多爛，因為當地人也許比妳更爛！

曾與一位多益（TOEIC）測驗成績 935 分、英文嚇嚇叫的友人一起旅行，結果卻是我比較擅長與當地人溝通。因為友人講的英文句子太完美、文法太漂亮，頻頻出現間接問句或倒裝句，導致當地人根本聽不懂主詞和重點在哪？反倒我只說單字的破英文溝通法，對方還比較理解。再加上非英語系國家的人們講英文通常都有口音，例如印尼人常把「finish」發音成「finis」；即便是英語系國家，美國、英國、澳洲、南非……不同地區也常出現令人聽不清楚的特色口音，若總是待在家中乖乖學英文、卻沒有到不同國家與各國人聊天，就會面臨對方正對妳說英文、妳卻以為他在說外星語的症狀。

所以解套方式就是常旅行、常練習！出發前可以多背一些可能用到的單字，現在翻譯軟體很強，隨身攜帶手機可時時查詢也毋須太緊張。有時聽不懂，用寫的、用讀的、甚至用畫的，其實還是會懂！善用肢體語言、多多比手畫腳，也許更勝過妳說千言萬語呢！

另外，託強國人的福，世界上許多觀光地區已是「說中文嘛ㄟ通」的狀態，不是店家聘請華人店員、就是當地人努力學說中文。曾在普吉島見過一個中國小女孩，對著夜市攤販用中文頤指氣使地一家家詢問價格，好像理所當然認為每位老闆都應該對她說中文，沒想到老闆們還真的一一回答了！發音標準、一字不漏，無一例外！不得不佩服夜市老闆們的學習力超強。但話說回來，連小學生都不怕了，妳怕什麼？

其次的擔憂來自於沒有自助旅行經驗，不知從何開始準備？

解套：本書希望從計畫到出發，透過一個個步驟、建議妳一步步開啟屬於妳的旅行；並以一個星期為旅行日程，降低規劃難度。

一個人出發，也好！把自己拋到一個沒人認識的世界，面對純然的自我。兩三個閨蜜說走就走，很棒！沒有負擔、自在放鬆的旅行，寬心無慮地一起探索新的世界。一群姊妹相擁的瘋狂之旅，超幸福！單身派對也好、媽咪請假小聚更棒，暫時忘記煩惱一起享受人生。

島嶼，更是第一次自助旅行的好選擇！因為範圍小，交通狀況比較簡易、活動方式比較單純，可以善用本書提供的建議、加以勤上網多查查細節資料，妳會發現自助旅行不但一點也不困難，從準備的過程當中還能找到許多新的樂趣、發現一個嶄新的自己！

③ 三是對女生來説出門在外最擔心安全問題。

解套：充分準備很重要！充分準備很重要！充分準備很重要！真的很重要所以説三次！

旅行本身的確是一種冒險，尤其近年世界局勢不穩、全球疾病天災頻仍，再加上女性在生理條件方面相對弱勢或侷限，到達不熟悉的國家總是更憂心治安問題。不過站在機率的角度，人生所經歷的每分每秒其實都是風險，關在家中不見得比出門在外安全，重點是學習如何在旅行的過程中趨吉避凶，讓自己離危機遠一點！只要做好充足準備，就有更多優勢可以面對路途中的突發狀況。

透過親身島嶼旅行的經驗，蒐集資訊、並傳遞相關的安全建議：包括在當地較安全的旅行方式、較安全的活動區域、應遵守的文化禁忌等等；更會提供一些女性需求的建議，例如生理期、如廁、服儀等注意事項。更重要的是：盡信書不如無書！書本的資訊會隨著時間而陳舊，所以「學會查詢更新的資訊」也是本書想要帶領大家練習的旅行技能。

以還不熟悉自助旅行的女性們來說，觀光越發展的地區、相對較安全。本書介紹的四個島嶼都是世界旅行重鎮，峇里島和普吉島多數景點都有不少旅人，彼此樂於交流、互相幫助；邦交國帛琉島上遇到台灣同鄉人的機率超高；長灘島更有荷槍實彈的觀光警察隨時在巡邏！所以，請放下過多的疑慮和擔憂，跟我們一起一步步著手準備，鼓起勇氣開始妳的女子旅行！

BEFORE DEPARTURE

出發！開始妳的好旅行！

對自助旅行的新手來說，總是有許多不知從何著手的徬徨，建議把下面的步驟當成起跑點，展開屬於妳的旅行。

訂機票 → 搭架構 → 找住宿 → 磨細節 → 排交通 → 做準備

① 訂機票

確定好可以出發（請假）的期間，出手把機票訂下去，一切旅程就此展開，不要再給自己無法旅行的藉口！

尋找機票的過程其實是一種樂趣，不管是各家航空公司評比、價格比較、搜尋優惠，研究得越透徹、撿到便宜的機會越大！
如果你也是錙銖必較的小資女，一定能一邊想像著前往島嶼的美好、一邊享受此番過程！

第一步驟建議先上 Skyscanner 等比價網站，打上出發地和目的地搜尋一輪，了解航班的整體輪廓：哪些航空公司有飛？直飛或幾種轉機選擇？各航空公司的價格區間？淡旺季價格的差異？查詢時可不選出發日期，而選擇全年、或特定月份，來了解淡旺季價格。

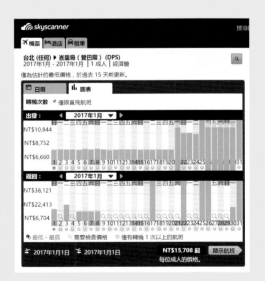

鎖定出發時間和幾家可能搭乘的航班以後，可直接上航空公司官網查詢訂位。航空公司官網能透過全球連線系統查詢正確的座位狀況、甚至直接劃位，同時也有許多不定期優惠，有時在官網上反而能撿到一些便宜。

如果價格對妳來說不是第一考量，那麼不用猶豫！找到自己認為舒適喜愛、時間又合宜的航班，訂下去就對了！訂票之前記得參考一下變更或退票規則，如果是訂購廉價航空的航班，還要加購「托運行李」或選擇餐食及座位。

倘若便宜幾十元或幾百塊，可以讓妳在行程中多吃一頓好的、多買兩樣紀念品，那麼妳可以在網路上多搜搜，再決定要訂哪一張票：

1． 找優惠：勤上粉絲專頁或機票粉絲團，時時有機會獲得「促銷代碼」，可以買到更低價的機票；或善用各家「信用卡合作優惠」，多賺一些購票折扣；更要注意線上「旅展」或實體旅展舉辦期間，想辦法找到更多好康！

2． 搜遍各網站：航空公司給每一家旅行社的機票成本不一，因此鎖定票種和時段以後，就可以連上各大旅行社網站搜搜搜，看看誰的價格最便宜？當然，不逐一搜尋、直接在比價網上訂購也很省事，但比價網的訂票網站多為國外網站，保障、個資安全性都要列入評估範圍，請多多 google 了解這些國外網站的評價，如果為了省幾十元因小失大反而不好。

3． 碰運氣的神秘機票：有時旅行社會把沒賣完的零星機位開放給散客，即是「神秘機票」，或稱「湊團票」、「計畫票」。因為機位都是接近出發日前臨時開放的，所以購買還是要靠運氣，多搜尋上述關鍵字，就有機會買到便宜。不過這類機票有許多限制，例如：限定出發日期和旅行天數、不可更改日期也不可退票、不保證可累積航空公司哩程數、不能指定座位、且出發當天才能在機場向領隊人員取得機票……等等，建議開票前一定要看清楚機票規定再做決定！

我適合搭廉價航空嗎？

廉價航空這兩年在台灣是很熱門的旅遊新選擇，沒搭乘過的人總是會怕怕地從頭上冒出許多問號，其實歐美早已盛行多時，且航線相當發達，所以不需擔心！廉價航空絕對安全無疑，各項飛航標準都跟一般航空公司是一樣的！只是把費用節省在服務內容和人事成本上，不管哪一種服務都要另外加錢。

如果妳想了解自己是否適合搭乘廉價航空，下面這個清單可以幫妳檢視一下：

□ **勤勞查資料，決心要省到錢！**
廉價航空的訂位網頁不複雜，但是如果不比價，不見得會買到「廉價」！

例如，從出發日、返回日的不同選擇，就有不一樣的價位；

接下來選擇行李托運也要加錢（除非短期兩三天的行程、或只靠一個背包就能生存的超級背包客，可以把行李打包在 7 公斤以內手提上機，一般行程還是必須把行李托運，這筆錢的多寡跟妳的目的地有關）；

再來看看要不要加購任何餐食、機場接送、保險……（既然坐廉航，當然能省就不加）；

最後算出稅金，可能有：機場稅、燃油費、消費稅、入境稅等等……（視不同國家規定）。

這時還要勤查一般航空公司的優惠票價，如果廉價航空的總價真的比一般航空便宜三分之一以上，那麼恭喜妳！廉價航空讓妳省到錢囉！

□ **不挑剔、不抱著公主心態！**
為了節省成本，廉價航空一般是較小型的飛機；而且為了增加座位排數，座位間距也比較窄小。所以如果妳是異於常人的長腿美女，或和瑪莉莎·麥卡錫一樣是厚片女孩，那麼請慎重考慮能否容忍膝蓋頂到前面座位、或不能挺胸穩坐的航程？

另外，因為選座位要加錢，所以如果妳不挑剔坐在飛機的前中後哪個部位？更不用時時和旅伴黏在一起、分開坐也無所謂（說不定自己坐會邂逅一個帥哥、認識新朋友呢！）如果能坐到哪都能睡，就超完美了！適合搭乘廉價航空非你莫屬！

□ 聞香不動、受凍不惜！

既然要坐廉價航空省錢，就應該堅持不在機上作無謂的消費！但廉價航空心機重的地方，就在於空姐空少會故意把飯加熱很香，吸引妳加購！通常一餐大概三五百元，嚴格來說也沒多少錢，但是如果可以忍受飢餓，或是聞著熱食、還堅持啃著自己的麵包（或說堅持挨餓，因為目前已有許多廉價航空公司禁帶外食），那麼妳絕對是 Queen of Budget Flight！

另外，冷氣也很心機！會開得超強、希望妳買條毯子，所以一定要帶件大外套，免得還沒開始旅行就先感冒了喔！

□ 能走耐操、靈機應變！

廉價航空的登機門通常都被發配邊疆（以桃園機場舉例，每次都在一航廈和二航廈的中間，光走過去就要一二十分鐘），而且有時候會沒有空橋，要自行走上飛機、或搭巴士，因此如果妳是容易腳痠的女孩，可能要在出發前好好練練腳力！

另外，許多廉價航空的起降甚至不在主要機場！（例如日本關西機場的廉航就在第二航廈起降，且和第一航廈之間沒有電車連接，如果想去搭新幹線或 JR 或機場巴士，就要坐接駁車到第一航廈才能搭）所以妳除了要走多一點路以外，更要查清楚所有的交通接駁狀況，到現場隨時應變找到路，免得才剛降落就哭哭了……

□ 紅眼熬夜就是我的本錢！

不是凌晨一點出發、就是早上五點起飛！熬夜到機場集合，對資深少女們來說本身就有點難度，很多人都這麼想：「沒關係我忍一忍，反正上機就睡！」這是非常值得嘉許的自助旅行精神！但別忘了要考慮下飛機後的狀況。例如，半夜抵達目的地是否市區巴士或電車仍有行駛？若搭計程車接送是否安全或費用是否昂貴？甚至是否願意睡在機場大廳等飛機？這些都會是必須思考的問題、也會造成額外開銷。

以上當然是以現實狀況作些嚴厲的評估，畢竟出去旅行開心還是最重要，如果與預期有落差，容易有很多失落和怨念。

但是如果有了心理準備，放開心胸、隨遇而安，其實廉價航空真的很不錯！空姐一樣會親切問好、協助登機，讓妳多少有賓至如歸的感受！就算座位擠一點、在航程中餓一下，但想到省下的錢，可以讓妳落地後吃頓大餐，是不是很歡欣鼓舞呢？

② 搭架構

出發時間確認後，請先花點時間做功課、了解妳的目的地，包括：研究整體地理位置、自己想要玩樂的活動及分布區域、大致上在每個區域需要停留的時間……等等資訊，初步規劃出一個粗略的行程表，方便訂房和接下來的細部規劃。

例如：峇里島 6 天 5 夜

日程	主活動	活動區域
第一天	飛機抵達、逛街	庫塔
第二天	水上活動、斷崖夕陽……	庫塔
第三天	皇宮、藝術節慶……	烏布
第四天	火山日出、梯田美景……	烏布
第五天	廟宇洗禮、入住 Villa……	水明漾
第六天	SPA、伴手禮、飛機起飛	

③ 找住宿

大架構有雛型後，就可以根據活動區域訂飯店。

記憶中，十幾年前在歐洲自助旅行時，從不知道自己每晚會落腳何處？總是拖著行李來到火車站，找到 information center 後開始照著黃頁一一打公用電話，詢問旅館是否有空房？價錢如何？交通方式怎麼到達？但是今天，只要在 App 上用手指點一點，馬上知道哪家旅館有空房、哪種選擇最便宜？一刷卡就把住宿問題全解決了！google map 更直接告訴我們交通方式！

科技的發達降低了自助旅行的門檻！只是五花八門的 App、和成千上萬的住宿選擇，還是足以讓我們舉雙手投降。以下提供幾個尋找住宿方向，希望能縮小大海撈針的範圍，讓妳多點靈感和頭緒。

1 · 從便宜的開始選

預算雖是小資女孩的第一考量，但也不能為了省錢犧牲旅行品質！因此想辦法訂到便宜大碗的住宿才是最終目標！

首先，可以直接上訂房網站，例如 Agoda、Hotels.com、Expedia、airbnb……等，尋找妳的住宿日期空房，並以價格排列。接著，在陳列的各家旅館中尋找評價不錯的，通常我只關注 10 分當中有 7 分以上者，這樣可以很快篩選掉許多不必查看的選項。但是請別忘了觀察評價的分母，畢竟是由 2 人評鑑為 7 分、或 200 人評鑑為平均 7 分，公信力是有差別的。

接著可以看看各家旅客的留言，來決定某些缺點自己能否接受？例如，旅館內沒有電梯對年輕力壯的我來說可能沒有差別，但隔音不好影響睡眠就難以容忍了！一分錢一分貨，住宿有缺點是正常，100% 完美就跟中樂透一樣太幸運了！

如果妳夠認真想省錢，此時妳還可以記下看上眼的幾家旅館名稱，分別上各家訂房網站或 TripAdvisor、HotelsCombined 等比價網再比較一下，看看有沒有更便宜的價格或方案？不過以過往經驗來說，比價網雖然查詢方便，但標示的價格常常不是正確價格，且往往比訂房網站提供的價格還高，因此建議還是耐著性子一一拜訪不同的訂房網站，資訊比較準確。

最後，就是拿出省錢的功力和運氣，善用訂房網站常有的不同優惠：訂十晚送一晚、刷指定信用卡享折扣、累積點數折抵房價、本日特惠……等等促銷活動，找到最經濟實惠又舒適的住宿！

訂房網站有時會出現一種「神秘房型」或「機密價」，即是以超值低價吸引顧客，但顧客不知會住在哪間飯店？等級評價如何？一切都是一場賭注，端看自己能否接

受。美國訂房網站 Priceline 也以盲目競標「由你喊價（Name Your Price）」的方式運作，妳把自己希望住宿的價格、地區、等級條件列出，如果該地區有符合的飯店願意接受這條件，就等於競標成功，必須要以此條件即刻訂房，不能棄標、也不能取消。以上這些方式的確有機會以便宜價格住到非常高檔的飯店，但不幸的話可能只是入住飯店賣不掉的房型，各有利弊風險，是另類的訂房方式。

2 · 從類型開始選

有時好不容易放自己一個大假，總想好好享受一番，所以在住宿方面可以考慮豪華一點的選擇，例如：有些人決定非五星級不住，或指定要住 villa！一個人旅行的女孩也可考慮住宿青年旅舍，一方面房間有人氣，不顯孤單、較有安全感；二方面可以和世界各地的旅人交換心得，認識新朋友也是很棒的旅行過程。如果妳已經爬文找到心中理想的住宿，可直接在比價網、例如 TripAdvisor 輸入飯店名稱，看看哪個訂房網站的價格最優惠，下訂即可。

如果妳還在茫茫大海中搜尋住宿，則可上訂房網站尋找妳的住宿日期，在側邊「進階篩選」的欄位中，勾選妳想要的住宿類型（渡假村、別墅、青年旅館……），即可依價位和評價進行選擇。

但是有些訂房網站其實沒有「青年旅館」的類型選項，所以指定青年旅館的女孩們，可能要多搜幾家網站，或從「旅舍」、「民宿」等類型中去翻找。另外，每家網站對「渡假村」等名詞定義不太一致，是否跟妳想像的獨門獨戶、有自己院落和泳池的別墅 villa 相符？還是只是小木屋獨棟住宿、但泳池和戶外空間是共用的 resort？建議要多觀察一些網路照片或網友評價以後再下訂，免得與期望有出入。

3 · 從區域開始選

出國旅行，交通往往是最大宗的費用，也是最耗時間成本的因素。尤其峇里島或普吉島這些常有塞車的地方，困在車陣裡看著太陽漸漸下山是最令人捶胸頓足的煎熬，所以選擇合適的住宿區域是個明智的決定。

從上一步驟搭好的架構當中，可以先鎖定住宿的大區域，再用訂房網站的「進階篩選」來搜尋該區域的旅館。住得離主活動地區越近，可以越輕鬆自在、越晚起床展開行程，否則即便活動有人負責接送，卻要一大早起來拉車、花一兩小時抵達目的地，其實也一種勞心勞力。

不過，以本書介紹的四個海島來說，帛琉和長灘較無住宿區域上的差異，因為島嶼小、大部分車程都不超過 20 分鐘，住在哪裏都可以進行任何活動，唯一的差別只有晚上外出逛街是否方便而已。

但要特別注意，即便是選擇特定區域，也有中心和郊區之分，例如：普吉島最繁華的區域是「巴東海灘」，但訂房網站設定的「巴東」卻是沿著巴東路（Patong Rd.）南北向 10 公里都涵蓋，如果妳愛走跳、卻沒了解地理位置而住在巴東郊區，則晚上想出門逛酒吧或按摩還是得叫計程車，會額外增加許多花費。因此，下訂之前多看幾眼地圖，甚至可用 google map 模擬一下搭車或走路的距離，深入了解住宿地點與各活動地點之間的距離，才能真正事半功倍的選擇到合適的住宿區域。

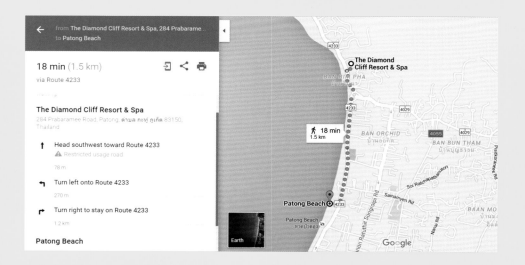

如果行程仍有變動的可能性，則建議先看清楚「取消條款」再決定是否下訂；或是訂購可「免費取消」的房型。訂房網站常有的糾紛都是在取消與退款時發生的，這樣做可以降低一些風險。

為何不買「機加酒」就好？
很多人會問：為何要這麼辛苦地一家家查機票和飯店？買「機加酒」不是很方便嗎？

機加酒這類機票與住宿的套裝其實優點很多，對時間就是金錢的人來說，省時省事就是最大的利多。而機加酒的總體缺點就是飯店選擇有限，只能選擇少數幾家有搭配的住宿，有時並不符合旅行者需求。

從價格來看，如果妳有耐心把機票和飯店分開查價的話，會發現以同樣的艙等和飯店來說、機加酒的確比分開買來得省錢，房型也有機會得到升級，尤其在帛琉這種星級飯店多數配額給旅行社的海島上，機加酒比自行訂購更容易訂得到空房；但如果剛好遇到旅展及機票特惠、或是訂房網站促銷價格等狀況，機加酒不見得比較便宜。

機加酒有兩種，一種是航空公司與飯店業者配合的「航空自由行」，一種是旅行社自行包裝的「團體自由行」。航空自由行通常天數很短，都是三天兩夜或兩天一夜的套裝，但可自由決定出發和回程的機票日期，旅館也能用原先的優惠加住幾晚；延後回程時若不想住宿同一家，也可自行訂購別家旅館。團體自由行則是團去團回，天數和日期都已固定、不能自行決定；機位是團體票，可能不能選擇飛機座位、也不能決定想坐在誰旁邊，飯店一但下訂了也不能任意更換；對旅行來說比較沒有彈性，但價格會更加優惠。

其實旅行沒有對方式、只有適合的方式！本書是提供詳盡的訂購步驟，但只要自己覺得滿意，機加酒對籌備自助旅行來說也是很棒的選擇！

④ 磨細節

魔鬼藏在細節中！特別是旅行時間有限的女孩們，為了不在旅途中虛耗光陰，一定要好好磨一磨，才能確保旅途的順暢開心！而磨細節沒有什麼撇步，一定要多做功課、多爬文，排好行程後可以沙盤推演一翻，或請教有經驗的旅人。一般而言，妳可以先把想玩的活動列出來，用以下問題來問問自己：

1． 季節和時期 ？

位處熱帶的島嶼通常四季如夏，但還是會有乾雨季、淡旺季之分，船班、車班的時間可能有所異動，某些行程甚至是「季節限定」。例如，從普吉島出海的斯米蘭群島（Similan Islands）被譽為泰國處女地，珊瑚環繞、海水純淨，但基於永續保育的概念，泰國政府每年僅在 10 月份至隔年 5 月份開放遊客登島。另外，某些節慶會為島嶼帶來不同風貌，像是峇里島的過年「安寧節」（Nyepi）前後數日會舉行全年最盛大的遊行和慶典儀式；但安寧節當天全島必須安靜休息，人們不能外出、交談，車輛、飛機航班也全面停駛，如果想要體驗與眾不同的峇里島，除了要選對時節前往，交通狀況是否正常運作也要調查清楚。

假日也是行程規劃要考量的重點，例如：帛琉的國家歷史博物館每週日都會公休。又例如峇里島人雖多數信奉印度教，但公共事務是遵循回教政府的行事曆，每週五和週六才是休假的「週末」；齋戒月更是許多行業都半歇業，像是金巴蘭魚市場在齋戒月時鮮少漁民出海，氣氛顯得格外冷清、也較少新鮮魚貨。清楚了解假日及各季節的營業時間，以免到了現場才吃閉門羹、掃興打壞了旅行心情。

旅行的淡季和旺季也是考慮因素，旺季不僅機票和房價比較貴，且任何預約的代價會較高，例如訂房、訂旅遊活動行程可能要求全額訂金，取消的規則也較嚴格，有時甚至規定無法退費。本書介紹的峇里、普吉、長灘三個海島都有乾季、雨季之分，雨季時旅行的成本確實比較低廉；帛琉淡旺季則不受氣候影響，而是因世界遊客前往的時間而有高低價之分：暑假、4 月底 5 月初的日本黃金週及中國五一長假都算

旺季（high season），12 月底的聖誕及新年假期、和 1 月底 2 月初的中國新年假期則是最貴的超旺季（peak season）

此外，也記得把「自己的」季節時期評估在內。例如，生理期可能會遭遇一些旅行狀況：水上活動是否合適、峇里島規定生理期不能進入廟宇參觀、生理期不建議進行身體部位的泰式傳統按摩……等等。又例如，如果本身體質容易暈車暈船，則應評估是否進行某些季節的某些活動？像是普吉島在雨季時節（每年 6 月份至 10 月份）雖然離島行程照常出海，但風浪較大，甚至突如其來颱風大雨也可能打壞行程，倘若擔心上船受苦受難反而玩得不愉快，則也得把這些因素細細考量。

2 · 活動如何安排？

旅行當中的主要行程可大致分為以下幾類：

參觀式的行程：例如公園、廟宇、海灘、碼頭……這些通常是自由參觀、或僅收取微薄門票的景點，端看自己對這些地方的興趣來排定時間，妳可以當個死觀光客、拍張到此一遊照片就閃人，也可以慢慢循著腳步深入探索當地風情人文。如果是跟團旅行，這樣的地點導遊通常會說：「廁所在大門口左手邊，我們 20 分鐘後上車。」但是自己出發旅行，享受的就是自由與深度的各種可能性，除了細細參觀以外，還要加上拍美照的時間，也不能錯過景點旁的吃吃喝喝，更不能忽略與其他人潮擁擠排隊的時間，甚至奢侈地給自己一點發呆時間、觀察人來人往的趣味，所以建議可盡量安排在 1 至 2 小時較理想。

活動式的行程：離島出海、水上活動、山林冒險、秀場表演、體驗課程、按摩SPA……海島上有各式各樣豐富的活動可以參與，而且當地都有 local tour 的行程可和世界各地旅人一起出發，這些當地活動只要運用基本英文即可玩得盡興開心！行程都會有既定的活動時間和流程，且大部分有附贈旅館接送，因此安排行程時只要把活動和交通時間都計算進去即可。

參加活動較困擾的，其實是行程的內容、價格等購買上的比較。許多活動在現場購票絕對是最昂貴的（例如普吉島的人妖秀、叢林飛索），有些行程甚至不預約就無法參加（特別是出海行程）。因此在海島熱鬧的大街上、海灘旁，常會有無數種行程可以預購，不論是小販擺攤、或是沿路拉人叫賣，如果妳是一個認真做功課的旅人，想必能在這些選擇中找到內容豐富、價格合理、又值得信賴的活動行程。

不過說真的，對於不擅長討價還價、又沒耐心一攤攤比較的女孩來說，這過程是勞心傷神、且耗費旅行時間的！此時妳可以請在地的旅行社、或旅館業者協助安排，在地業者的價格大多是透明化的，因為他們從行程公司取得的價格更優惠，因此費用搞不好比妳在街上大肆殺價所談到的還要便宜！且為了維護品質長遠經營，他們推薦活動內容也會盡可能讓人有口皆碑，這是我非常推薦、也最能省去麻煩的購買方式！

當然，對於不惜一切省荷包的小資女來說，還有一種購買票券的方式有可能讓妳取得更優惠的價格！台灣或香港有些政府立案的在地行程票券公司，如 KKday、KLOOK、Hopetrip 等，在這類網站交易購買相對有保障，並提供許多配合銀行的刷卡優惠，只是價格不見得會最漂亮。淘寶絕對是票券的一級戰場！以目前機制來說，即使沒有支付寶、也可用信用卡或 PayPal 來支付，認真淘的話買到半價以上都大有可能，著著實實省下一大筆旅費！但是評估賣家的信譽、評價、取得票券的方法（通常是以 Email 發送電子票券，並用微信或淘寶專用通訊軟體「阿里旺旺」與客服連繫）都要慎重斟酌，花時間做功課是省不了的，如果沒有把握還是不要輕易下單！

血拚式的行程：包括到指定店家吃美食、買伴手禮等等行程，一切的時間、預算就要看自己的喜好來安排。有些女孩視吃吃買買為旅行宗旨，在出發前即已訂好目標：到長灘島一定要喝到芒果冰沙、到帛琉一定要吃到硨磲貝、到峇里島一定要便宜買POLO衫、到普吉島要一定血拚便宜華歌爾內衣……。但對我個人來說，行程走得順利、玩得盡興比較重要，吃和買也許隨遇而安就好、不用太強求。如果為了一些妳在台灣也吃得到、買得到的東西，而繞路、排隊、耗盡心力，旅程反而不見得會

相對有趣。所以建議只安排兩三樣如果妳沒吃到、沒買到會超後悔的項目，專程前往、盡情享受！其他時間還是好好體驗當地風情吧，才不枉大老遠飛這麼一趟呀！

3．行程表

把各類活動的季節性、參與地點、時間、注意事項、應備物品都研究完成後，列在妳的行程表中，讓所有內容一目了然！標註好需要預訂的部分後，就可安排交通、並開始預約所有行程內容。

日期	行程		預訂	交通	備註
7/7 四	白天：				泳衣 雨衣 防水相機
	0800-1630 出海：攀牙灣全日行程（附午餐）		預訂出海	行程附接送	
	傍晚／晚上：				
	1800-1900 泰式特色 Herbal ball SPA		預訂 SPA	從旅館步行	
	1930-2100 晚餐：巴東夜市				
	2130-2230 西蒙人妖秀		預訂看秀		
7/8 五	白天：				防蚊 防曬 泳衣
	0800-1630 神仙半島全日自由行		預訂包車	包車 8 小時	
	0900-1000 Siam Safari 騎乘大象體驗				
	1030-1130 參觀山頂大佛				
	1200-1330 午餐：拉威海灘海鮮				
	1400-1500 半島最南端 Prothemp Cape				
	1530-1600 卡塔海灘下午茶				
	傍晚／晚上：				
	1730-1930 晚餐：懸崖餐廳 Tunkka cafe			旅館旁租借機車	
	1930-2030 伴手禮				
	2030-2230 泰式傳統按摩		預定按摩		

⑤ 排交通

排交通其實與「找住宿」、「磨細節」兩個步驟是同時進行、相互對照的。各島嶼適合的交通狀況和交通工具不同，峇里島適合包車、普吉島可考慮搭公車或租機車、帛琉仰賴單點接送、長灘島則靠步行和嘟嘟三輪車即可暢行無阻。交通細節於各章節將一一介紹，此步驟只是提醒女孩們要從整體行程架構來思考，逐項對照：先設想點與點之間有幾種方式可前往？再依各點交通狀況來考慮半天或全天的交通安排。最後亦將交通安排統一列於行程表中。

⑥ 做準備

行程、住宿、交通都安排好了，距離出發只剩臨門一腳！

1．護照簽證

出發前一個月，最好就要提醒自己檢查各項準備：護照是否過期（至少有 6 個月以上的期效）？目的地是否需辦理簽證？（簽證狀況請見各章節說明）並開始準備辦理證件的各項資料、及符合規定尺寸的照片。

護照辦理相關事宜，請參考「外交部領事事務局」網站。目前網路上皆可預約時段、線上填表，預約當天前往報到申請後，約 4 到 5 個工作天可領取。但若不幸妳忙到出國前幾天才發現，可以申請速件，每提前 1 天多繳 300 元。

第一次申辦護照一定要本人臨櫃（辦事處位在：台北、台中、嘉義、高雄、花蓮），過期或遺失則可以代辦。如果不想親自跑一趟，或是居住的縣市沒有辦事處，可考慮找旅行社代辦，一般會收 200 元到 500 元不等的代辦費，扣掉親自前往辦事處的車費、也許還算合理划算。

2 · 預算

依據行程表上的內容請先估計每一項的花費預算，並進行分類：哪些款項是在國內就刷卡付清的？哪些需要當地付款？吃飯和購物預估要花多少錢？

住宿和參加活動的費用都是固定的，請依訂購和查價的狀況編列在預算表中。但吃飯和購物的預算則最難掌控！還好現在網路資訊發達，查詢餐廳的菜單和價格都不是大問題。

本書介紹的幾個島嶼中，長灘（菲律賓）、峇里（印尼）、普吉（泰國）物價都比台灣略低，若到一般餐廳吃飯，可用台灣的外食的預算估計，這樣刻意「高估」就不怕帶太少錢；但若到大飯店或國際型的餐廳（米其林或國際大廚於當地開設的餐廳），則要用歐美的用餐預算來估計，也就是台灣的 2-3 倍左右。

帛琉使用的貨幣是美金，除了少數農產品以外所有物資都仰賴進口，當地餐廳也多是外地人開設，路邊的漢堡餐車一個漢堡最低 8 美元，街上中國餐廳一碗炸醬麵 10 美元，物價幾乎可與美國看齊，因此編列預算時也不宜太拮据。旅途中各項環節的價格區間，可參考各章節說明。

3 · 匯兌與刷卡

把預算概算出來，才知道要攜帶多少現金，並在台灣預先進行匯兌。一般來說，在

國外當地市中心使用美金換錢的匯率一定最好！因此可在台灣換妥美金，攜帶出境。

有時，一下飛機抵達機場就有可能需使用當地貨幣，例如：辦落地簽證、給司機或行李員小費、上收費廁所、甚至口渴買飲料喝等等。若擔心無錢可用的狀態，也可在台灣先換小額的當地外幣，或一到當地機場馬上在機場匯兌一小部分，其餘抵達市中心再換。

台灣每一家銀行的換匯狀況不一，不僅匯率有差別，手續費的收取方式也不同，有些銀行不收手續費，像是台灣銀行、郵局；有些固定收取 100 元到 300 元不等；有些則按換匯的金額收取 0.5% 到 1% 的手續費。建議可上「比率網」比較各家銀行的匯率和手續費，精算一下才不吃虧。

但在台灣跑銀行之前，如果目的地不是總行、只是地方分行的話，建議還是打個電話詢問比較保險。個人有幾次經驗可分享：一次莽莽撞撞在下午 3 點 20 分衝進一家免手續費的地方銀行，換匯隔天出國使用的外幣，結果一到才發現這家銀行並沒有足夠的外幣現鈔可以換給我！但眼看附近其他銀行都關門了，只好隔天一早抵達桃園機場時再換錢，乖乖繳 200 元手續費給銀行；另一次也為省手續費想到郵局換匯美金，事先打電話向該郵局確認有足夠現鈔、並可兌換到下午 5 點半，於是一樣莽莽撞撞在下午 5 點 20 分衝進郵局，結果郵局雖有足夠金額，卻都是充滿摺痕的舊鈔、且面額多是二十元的小鈔，只好放棄換匯、隔天又在機場乖乖繳手續費。

為何不能接受太舊或面額太小的美金鈔票呢？因為這些鈔票是要帶到國外兌換當地貨幣的，有些換匯地點不願收受舊鈔，擔心會是偽幣。在某些國家美金面額的大小甚至會影響兌換匯率，包括普吉島和峇里島都是這樣的狀況，拿 100 美元紙鈔換錢的匯率高於 50 美元紙鈔，差價有可能到 5% 左右。因此，除了換些零錢帶在身上備用以外，美金最好都以大鈔和新鈔為主。

另外要特別留意，攜帶外幣入境是有上限的：普吉島 2 萬美金、帛琉及長灘島 1 萬美金、峇里島約 8 千 7 百美金（印尼盾一億元），若超過上述金額，在入境填寫海關申報單時需申報，否則被查到的話，超出上限的金額都會被無條件沒收。

其實旅行時帶太多現金在身上也不安全，因此到當地後較大的支出、可先查詢是否接受刷卡？在台灣能完成支付的機票、住宿、預約的交通工具……等等，就盡可能先完成付款，到當地才能既安全又安心。

在國外刷卡，Visa 和 Master 都算世界通用，百貨公司、旅館、活動行程公司刷卡都沒有問題，但一般餐廳或賣店則不見得普遍。而刷卡手續費則是每家銀行狀況不同，但是當店家詢問妳要用台幣或當地幣別刷卡時，記得一定要選當地幣別！這個用台幣（或其他非當地幣別）結帳的系統稱作 DCC 動態貨幣轉換機制，也就是當妳使用台幣結帳時，店家與當地銀行會用當天匯率立即結匯，但當地銀行不但要賺匯差、還會把手續費也計算在結匯匯價中，換句話說用這種方式換算台幣的匯率是非常差的！持卡人被收了多少手續費都不自知，很可能吃一餐飯就虧掉幾百元台幣！所以

還不如先刷當地幣別，回台灣繳卡費時再繳結匯手續費給本國銀行，不但手續費資訊透明，實際上也較省錢！

此外，出國旅行常遇到一種信用卡「預授權（pre-authorized debit）」的狀況，一般是在住宿飯店 check-in 時，為預防有些房客使用付費服務後卻不付費（如撥打長途電話、點餐、使用 mini-bar 飲料零食等狀況），因此會先要求放一筆押金（deposit）在飯店櫃台。押金可以使用現金支付，但金額有可能比房價還高，且抵押的那一筆貨幣就不能在旅途中任意使用，因而更多人選擇使用信用卡預刷的方式來支付押金。預授權是預先凍結一筆押金，但不會扣款，在 check-out 時若確認有消費才會向銀行進行請款；如果沒有任何欠費就會把授權取消。無論如何預授權的刷卡簽單、和住宿時的帳單發票（invoice）都要保留好，次月並詳細檢查信用卡帳單，倘若被飯店額外扣款要盡快要求銀行止付、或聯繫飯店退款。

4 · 保險

保險是個人意願，為了不讓自己或家人在不幸遭遇意外時負擔過重，許多旅人也會選擇購買保險來多買安心。

其實刷卡買機票通常都有附加「公共運輸工具期間旅遊平安險」，各家銀行規定不同，有的只保搭飛機期間、有的則凡是大眾交通工具（地鐵、公車、渡輪……等）都有含納。

但為了安全和心情著想，建議除了刷卡保險外，還可購買包含「海外醫療」的「旅遊意外險」。畢竟出門在外，誰也無法預料會發生什麼事情，若小小受傷或身體不適、需在當地進行醫療，許多國家的醫療是貴得嚇人，住院費用更不得了！即便海外醫療費可在回國後向健保申請，可是健保給付的金額不過數萬元、相當有限，因此花小錢把保險買足的話，可避免回國後因為這些意外而負債。

若妳有長期配合的保險專員，可以直接請對方協助辦理，一通電話聯繫對方後刷卡或匯款即可完成，保單會直接郵寄到妳家；若沒有熟識的，則可在機場的保險公司櫃台直接購買；也可聯繫信用卡公司的客服，信用卡公司通常都有合作的保險業者會協助辦理，有些較高級的信用卡，此類保險也會隨機票刷卡直接附贈。

需不需要買「旅遊不便險」？這則是見仁見智。保險內容通常包含：行程延誤、行李延誤或遺失、證照遺失、行李破損等等面向的賠償。比較常見的狀況是：行李沒到，航空公司可能承諾隔天會到、並幫妳寄至旅館，但妳當天沒有換洗衣物、也沒有日常用品可使用，則此期間妳購買的衣物、盥洗保養用品等等費用都由保險買單。另一種狀況就是班機延誤，也許造成妳在當地機場等待時，必須在很貴的機場餐廳吃飯、買很貴的礦泉水來喝，甚至因延誤而沒趕上轉機、必須在轉機機場多住一晚等待隔天班機等等狀況，這當中的食衣住行費用也都是保險負擔。

不過實際就上述狀況而言，行李延誤或遺失時航空公司也會賠償；班機延誤則必須

延誤 6 小時以上才能理賠；因為恐怖攻擊或國家法規致使機場關閉、或 2016 年華航罷工造成旅客行程延誤等事例，也不在不便險理賠範圍內。以一個星期的旅行天數來說，保險費大約就是幾百元到一千多元（依年齡、前往地區、前往天數，費率會不同），購買這樣的保險有沒有價值？遇到這些理賠事件的機率有多大？就靠自己評估和決定了。

購買保險後，若在國外遭遇任何可能理賠的狀況，記得一定要收好支出的費用「收據（receipt）」，若有就醫要索取「診斷證明書（medical certificate）」，若班機延誤、或行李遺失要當場向航空公司櫃台申請「延誤證明（flight delay certificate）」或「行李狀況證明（property irregularity report）」。如果有可能，也可在處理當下同步聯繫妳的保險專員，他會給予妳更多專業建議。

5 · 島嶼裝備
Ⓐ **服裝：**
海島的服裝穿搭建議以「透氣涼爽」為主，熱帶島嶼白天溫度都在攝氏 30 度上下，許多地點都沒有冷氣設備，加上濕度又高、汗水不易蒸發，如果穿著不透氣或不吸汗的衣物，不但常有汗流浹背的黏膩感、容易產生異味，更可能因悶熱而起汗疹，皮膚紅癢不美觀以外、還要用藥一陣子才會完全消退。穿著輕薄布料除了增加涼爽度以外，也不容易「卡沙」。海島大部分活動都在沙灘周邊進行，風一吹來細小沙粒就有機會附著在身上、卡在衣服縫隙或口袋裡，這些沙子可是連洗三遍都洗不乾淨的，為了不要帶太多紀念品回家，建議還是別穿針織、或有皺褶的材質，免得徒增困擾。

「防曬」是海島服裝的第二準則，雖然高科技的防曬乳液和彩妝可以有效抵擋紫外線，但每一兩小時就要補擦，且不能完全杜絕曬黑和曬傷，有些海域為了保護生態也禁止塗抹防曬油這類化學用品，因此最有效隔絕毒辣陽光的方式還是衣物遮蔽。平常在陸地上可依自己喜好穿著薄長袖外套、長裙等，出海時則建議一定要穿著長袖水母衣或防寒衣；因為海面上的陽光照射更直接而強烈，但處於清涼海水中不易

察覺，往往一上岸竟發現雙手雙腿已通紅腫脹，接下來幾天就是無止境的疼痛和脫皮，容易影響玩樂心情。水母衣可在當地購買，峇里、普吉、長灘的衣物都相當便宜，不計較品牌的話有機會買到價格品質都不錯的款式；帛琉因所有物資皆為進口，當地價格很貴，最好在台灣就預先準備。

很多人從沒想過頭皮會曬傷，直到曝曬後才發現頭皮紅腫、梳頭時引起脫髮，更可憐的是接下來一兩週不但奇癢無比，還會有片片的頭皮屑掉落，嚴重甚至必須向皮膚科醫師報到！所以請務必為自己選一頂適合海灘的帽子，最好還能兼顧脖子遮陽，畢竟肩頸是接受太陽直射的部位，帽沿大一點可降低曬傷風險。

即便海島上天天大太陽也要注意「防寒」，尤其出海時船行速度快、海上風又大，往往溼答答的身體一吹風，熱感冒的症狀便開始湧現。熱感冒是因天氣太熱、毛孔張開散熱，卻突然受冷風侵襲造成外冷內熱的失調，因此出海建議必備輕薄防風夾克，出入冷氣房時也要注意溫差穿著，免得生病掃興。而峇里島登火山看日出時，山頂氣溫全在 10 度以下，則需另外準備真正保暖的衣物。

碰過海水的衣物最好當天泡清水後洗淨，否則易泛黃或變質。海島飯店通常在每間房間設有獨立曬衣架，經過脫水、或用毛巾輔助雙手擰乾，晾曬一天即乾燥。如需換洗，這些海島上並不流行自助洗衣店，不論是飯店服務、或街邊的洗衣店都是人工服務洗曬燙，論公斤算錢、價格便宜。

說到前往海島穿帶的鞋子，夾腳拖當然是不可或缺的好朋友，但要注意它有兩大缺點：一是因為行走施力時一次次的拉扯、和穿久了塑膠原料因為時間而氧化，很容易解體！如果旅行途中鞋壞了，周邊又不巧沒有商店可購買的話就麻煩了。二是容易傷腳，不合腳型的鞋帶容易把大腳趾的虎口磨傷，海島上常要涉水上下船，更容易被異物刮傷、甚至滑倒。踏上海島當然要擁有一雙夾腳拖，但千萬別想一鞋走天下！海灘散步時最適合它，閒逛攤商店家時也不賴，可是許多行程還是要斟酌換鞋。例如，在普吉島的山間進行叢林冒險時，務必要有一雙耐走又能保護腳的運動鞋；峇里島攀登火山時更要穿著專業的登山鞋。對海島旅行來說，高跟鞋、靴子這些鞋子真的沒必要，但是按照行程準備適合的鞋子，即使行李會比較滿、比較重，還是不能忽略。

其實登山品牌的朔溪鞋、或是 Crocs 等品牌膠鞋也可以替代夾腳拖，在海島上穿著更加理想！因為它是包鞋可以好好保護腳，好穿不容易磨腳，只要不是太難走的山路基本上都能適用，在海島有時遇到淺灘時、也不會像拖鞋一樣容易被浪打走或漂走。原本這些鞋頭大、塑膠感重的鞋款讓人提不起好感，但後來陸續出現淑女款，不但短褲洋裝的穿搭都不違和，還順利陪我爬過帛琉水母湖前尖銳的礁岩路、長灘島濕滑的海蝕洞窟，是非常推薦的海島戰鞋！

Ⓑ **妝容：**

熱帶島嶼陸地上天氣炎熱，容易流汗出油，要特別著重保濕、並定時吸油避免脫妝；海灘飛沙容易附著在皮膚上，也可隨身攜帶濕紙巾或粉刷輕拍清潔。

出海的妝容狀況就截然不同了！不管化什麼、下水都會掉，像粉底或遮瑕膏這類產品一碰到水很容易結成塊狀或斑駁狀，也不適合使用。但為了拍照好看，也憂心素顏不敢見人，建議可著重在眼妝：用防水染眉膏和潛水眉筆打造基礎眉型，並用防水眼線筆或眼線膠筆畫出簡單眼線，讓眼睛看來有神即可，雖然還是有可能脫落，但防水筆的維持效果一般都還不錯。

請直接放棄睫毛膏和假睫毛，再防水的睫毛膏經過出油和海水浸泡，還是會讓妳變成熊貓眼；假睫毛也容易脫膠、貼不太住！曾經見過幾位日本妹各個頂著又長又翹的假睫毛出海，超好奇她們要如何維持？後來發現每個浮潛點她們都不下海，只坐在船上踢踢水曬曬太陽，為了愛美犧牲美景、真是可惜！直到抵達當日重點、絕不能錯過的潛點時，日本妹才一一戴好面鏡下水，但假睫毛經過半小時的浮潛還是抵不過浪潮，變成翹起的扇葉，上船後只好一直進行上膠補貼的動作。

在台灣事先嫁接睫毛是一個還不錯的方法，雖然碰到海水還是會東倒西歪或脫落，但戴緊面鏡不至於掉落得太離譜，切記下水前塗抹睫毛雨衣、離水後不要擦臉或揉眼睛，否則在旅途中睫毛少一片禿一塊又無處可補救，會非常懊惱！

另外在海上也要注意護唇，避免曬傷；尤其浮潛含著氣管泡在海中，嘴唇容易被浸得又澀又皺，可擦些滋潤修護的唇膏加以保養。

Ⓒ 包包：

海島旅行背的包包建議是防潑水材質，以防海水濺濕、或午後雷陣雨淋濕；多口袋和暗袋的設計解決許多旅人煩惱，不但能分別裝載護照、錢、相機等等更多隨身物品，也分散扒竊風險。

出海時不建議攜帶包包，重要證件、現金、貴重物品請全鎖在飯店保險箱內，只要準備一個防水袋可裝毛巾、外套等隨身用品；另外再備一個小防水袋、或夾鏈袋，裡面裝些許零錢小鈔，隨身繫腰間或放在海灘褲口袋，以便出海時有機會購買飲料零食、和支付導遊小費。

有些人會詢問自助旅行者或背包客是否就應該將行李都裝進背包、而不要拖個礙事的行李箱？說真的我個人旅行這麼多個國家，從來沒有背過背包出發。學生時期剛開始自助旅行，第一次前往歐洲也想要背起背包上路，但剛從歐洲回國的男同學勸退我，他說「除了帥以外沒有優點！」當然這是玩笑話，背包的機動性絕對比行李箱高很多，但也需衡量自己的體力條件，所有家當背在身上少說 7 至 10 公斤，自己是否真的有能力長時間負荷？或是出發前是否有時間練習背包健走？還好海島旅行的模式大多是把行李丟在飯店、天天出海去，較不會有扛著行李步行移動的狀況，因此帶背包或行李箱都沒有太大差別。

倒是行李安全要隨時留意！某些海島國家曾有行李在航空運送過程中東西遭竊的案例，機場太小、通關時間拖太長，行李都有可能擅自被機場人員搬離轉盤、移到旁邊，在沒人看顧的情況下有可能失竊、甚至被放進不屬於自己的違禁品，因而行李務必要上鎖，避免不必要的麻煩。

Ⓓ **相機**

旅行的戰利品之一就是帶回許多美美的照片。海島旅行絕對不能少了防水相機,若沒預算購買,台灣有很多租用商家,如機長私藏、旅行小幫手等,可直接網路付款、宅配到府,相當便利;最好也加租手環和浮力帶等配件,避免下水時意外手滑沉入海底。相機充電要注意當地插座和電壓狀況,並備妥轉接頭,雖然目前相機充電器大多具自動變壓功能,為求保險起見充電前還是要再三確認。每天回到住處要將防水相機噴氣吹沙,再泡進清水後風乾,細心照顧才能保持相機正常運作。

不過防水相機的拍攝模式有限,有時也容易因為水珠、起霧、遮光的一些問題導致影像模糊,因此我個人還是習慣攜帶另一台一般相機在陸地上使用。在海灘或船上使用一般相機及手機,最好準備防水套,一方面擋水、二方面防沙,海島上有許多小販兜售便宜的防水相機套或手機套,若不以潛水為考量、僅是防撥水功能的話,可考慮在當地購買。腳架和自拍神器也是拍出美照的好工具,但請記得要將它們放在托運行李當中,免得被海關沒收。

Ⓔ 其他裝備

旅行時建議攜帶些許常備藥品，海島旅行特別需要暈車暈船藥、和防蚊液及蚊蟲藥。熱帶地區有時衛生欠佳也容易鬧肚子，平時習慣使用的腸胃藥和消炎止痛藥都可備用，為冷熱交替而準備的感冒藥也建議攜帶。在這些島上看醫生不如台灣方便，若小狀況可用常備藥品處理最好，但若病情嚴重還是建議前往醫院。

為了環保訴求很多飯店已不提供牙刷牙膏，有些飯店僅備有簡單的肥皂，因此盥洗用品盡可能自行帶齊。建議先裝在塑膠袋綁緊、再放入行李箱中，免得託運過程中意外滲漏會沾汙到行李箱中的其他物品。放在隨身行李中的盥洗或保養用品，每罐容量必須是 100 毫升以下，且放在透明夾鏈袋中供海關檢查，若不合格可能會全數被沒收或丟掉。

海島飯店不一定會提供吹風機，或風力不臻理想，如出門在外隨興一點也可不必攜帶。這幾座海島的便利商店和藥妝店也都不多，慣用的個人衛生用品包括護墊、衛生棉、棉條、濕紙巾也宜自行攜帶，有備無患。

生理期可以去海島嗎？

每位女性的生理期狀況不一，倘若月經來潮時不影響妳平時的作息，那麼照常可以去旅行沒問題！有些人會為了海島旅行而吃藥調整經期，調經藥有黃體素、或避孕藥等多種，每個人體質對藥物反應不一，因此調經失敗者也非常多，建議生理期來潮時使用衛生棉條或月亮杯，一樣可以在海島從事水上活動。

趟若無法適應棉條及月亮杯，海島上也有許多活動可以進行，尤其峇里島和普吉島戶外活動和沙灘運動都很豐富，可好好待在陸地上享受、不需勉強出海或下水。

不知為何網路上許多人問到「生理期下海潛水會不會引來鯊魚？」的有趣問題，根據 Asian Diver 的專欄醫生表示：鯊魚只對魚血感興趣，除非妳襲擊牠、或進入捕食區干擾鯊魚覓食，否則鯊魚不會對妳感興趣，目前也還沒有任何鯊魚攻擊月經來潮者的記錄。而且在海中因為水壓關係，基本上經血是不會外漏、海水也不會流入陰道的，因此正常使用適合自己尺寸的衛生用品即可，不需太過焦慮。

BORACAY

CHAPTER ① 長灘

海水湛藍純淨，沙灘冷冽如石
躺在炙熱驕陽下，清涼得恰到好處

這裡的人們隨和好相處
還會遇見不同國度的朋友
笑容總是洋溢四周
盡興享受逐浪的快樂

我感謝上帝
天堂對我來說本是遙不可及
但當我踏上長灘島
我覺得已經抵達天堂

──Island Called Boracay/ 詞曲：Ferns Tosco

菲律賓女歌手 Ferns Tosco 一曲唱盡長灘島的美好。這裡本來是菲律賓原住民 Ati 族人種稻和養羊的居住地，即使早在 1970 年好萊塢電影《敢死部隊（Too Late the Hero》就曾前往長灘島取景，但電影中叢林戰場的場景並未引起大眾注意這座小島。1980 年代因為這裡風景優美但消費低廉，一些背包客開始在此停留腳步；直到 1990 年，英國知名旅遊書籍《B.M.W. Tropical Beach Handbook》把長灘島列為「世界最美海灘」，小島的觀光才真正開始興旺，也成為浪漫的代名詞！

長灘島是台灣旅人喜愛、更是旅遊業者大肆推廣的目的地，每年農曆春節旅行團必定主打長灘島，即使團費「高貴很貴」還是阻擋不了大家前往熱帶島嶼的興致。我個人則認為對自助旅行的初學者來説，長灘島其實是一個很好的練習地點，因為島小，亂走也不會迷路；且觀光發達，破英文、甚至比手畫腳就能暢行無阻！對小資女子來説，充滿碧海藍天且消費水平不高，絕對可以達成高貴不貴的目標，成為最棒的渡假勝地！

飛往長灘

① 登島海陸空大作戰

前往長灘島是一項挑戰，因為須經過空、陸、海三種交通方式的洗禮，才能順利踏上天堂島嶼。過程雖然艱辛，不過把海陸空大作戰也當作旅行的一部分，其實是種享受，因為路途本身就是一道風景，過程中可以更熟悉這個國家的面貌、更認識這片土地上的生活狀態，是非常美好的體驗！

從台灣上飛機開始，到登上長灘島，最短的交通時間從 5 至 6 小時起跳，因此旅程的第一天和最後一天通常都是交通時間，交通途徑有以下幾種方式：

> Ⓐ 台北→（2 小時 20 分鐘）→馬尼拉→（1 小時）→班乃島卡提克蘭機場→（5 分鐘）→班乃島卡提克蘭碼頭→（20 分鐘）→長灘島卡班碼頭
>
> Ⓑ 台北→（2 小時 20 分鐘）→馬尼拉→（1 小時 20 分鐘）→班乃島卡利博機場→（2 小時）→班乃島卡提克蘭碼頭→（20 分鐘）→長灘島卡班碼頭
>
> Ⓒ 台北→（2 小時 30 分鐘）→班乃島卡利博機場→（2 小時）→班乃島卡提克蘭碼頭→（20 分鐘）→長灘島卡班碼頭

1・空 馬尼拉轉機

台北飛往馬尼拉尼諾伊艾奎諾機場（MNL，Ninoy Aquino International Airport）航程約 2 小時 20 分鐘，國籍航空如華航及長榮每週有固定班次，廉價航空也有亞洲航空（Air Asia）和宿霧太平洋航空（Cebu Pacific）可選擇，尤其宿霧太平洋航空有時會打出台北飛馬尼拉「0 元機票」的促銷，只需支付稅金，若能搶到絕對賺到！

長灘島上沒有機場，因此從馬尼拉機場飛往長灘島必須先降落在旁邊的班乃島（Panay）上，再前往位在班乃島西北端的卡提克蘭碼頭（Caticlan Pier）搭船登陸

長灘島。班乃島西北部有兩個機場，第一個是距離卡提克蘭碼頭只有 5 分鐘車程的卡提克蘭機場（MPH，Caticlan Airport，2002 年以國會議員的名字重新命名為 Godofredo P. Ramos Airport 以資紀念），這是一個民用小型機場，本來只能降落螺旋槳飛機，班機有限、機票難訂、且行李會限重 10 公斤以內。但因世界觀光客蜂擁至長灘島，卡提克蘭機場不斷擴建，2016 年底已可降落容納近 200 人的 A320 型飛機。這對前往長灘島來說真是一大福音，從馬尼拉出發的班次大為增加，每天有十幾班固定航次，飛行時間也只要 1 小時，帶來更多便利性。

班乃島的另一個機場是距離卡提克蘭碼頭近 2 小時車程的卡利博國際機場（KLO，Kalibo International Airport），這是島上的主要機場，雖然規模不算大，但在卡提克蘭機場擴建前是前往長灘島最重要的機場，每天有十數架航班從馬尼拉飛往卡利博機場，且來自台北、香港、中國、韓國、新加坡等國際航班也僅能在卡利博機場降落。

出發地	航程	轉機點	航程	目的地
台北（TPE）	2 小時 20 分	馬尼拉機場（MNL）	1 小時	卡提克蘭機場（MPH）
中華航空（China Airlines） 長榮航空（EVA Air） 菲律賓航空（Philippine Airlines） 亞洲航空（Air Asia） 宿霧太平洋航空（Cebu Pacific）			亞洲航空（Air Asia） 宿霧太平洋航空（Cebu Pacific） 宿霧東太平洋航空（Cebgo） 菲律賓航空（Philippine Airlines） 菲鷹航空（PAL Express） 凱捷航空（SkyJet）	
台北（TPE）	2 小時 20 分	馬尼拉機場（MNL）	1 小時	卡利博機場（KLO）
中華航空（China Airlines） 長榮航空（EVA Air） 菲律賓航空（Philippine Airlines） 亞洲航空（Air Asia） 宿霧太平洋航空（Cebu Pacific）			亞洲航空（Air Asia） 宿霧太平洋航空（Cebu Pacific） 宿霧東太平洋航空（Cebgo） 菲律賓航空（Philippine Airlines） 菲鷹航空（PAL Express）	
台北（TPE）	2 小時 30 分			卡利博機場（KLO）
旅行社包機：菲律賓航空（Philippine Airlines）、宿霧太平洋航空（Cebu Pacific）、華信航空（Mandarin Airlines）……。				

從馬尼拉轉機飛往 MPH 或 KLO 的機票價格差異不大，訂票時較需考量轉機銜接的時間、以及能不能接受前往碼頭的車程遠近。在馬尼拉轉機則是需要詳細規劃，因

為馬尼拉機場有 4 個航廈，T1 到 T4 航廈之間距離都很遠，彼此沒有通道連接，從戶外步行基本上也須將近一小時，因此若轉機的登機門在不同航廈時，必須搭乘接駁巴士或計程車。

原則上，若搭乘菲律賓本土的菲律賓航空（Philippine Airlines）或宿霧太平洋航空（Cebu Pacific）、且前後段飛行都是同一家航空公司，即使在不同航廈轉機也不用擔心，航空公司會安排 24 小時的接駁車載送；但若前後段是不同航空公司，則須自行前往轉機航廈。機場設有免費接駁車行駛在各航廈之間，約 20 至 30 分鐘一班，尋找「Transfer Service」或「Shuttle Bus」的指示牌即可候車，不過免費接駁車營業時間僅在上午 6AM 至半夜 2AM，因此凌晨抵達轉機的乘客須自行搭排班計程車前往其他航廈，計程車資是 150 披索左右（約 120 元台幣）。

從台北飛往馬尼拉轉機時，無論在哪個航廈降落，下飛機時都跟著「Arrivals」的指示前進，通過海關檢查、入境菲律賓、提領行李以後，再前往轉機的航廈，在「國內線（Domestic Flights）」航空公司櫃台重新 check-in 和托運行李後再登機。以下為馬尼拉機場 4 個航廈的主要起降航空：

• 第一航廈（Terminal 1）主要為國際航空公司，如華航（CI）、長榮（BR）都是在 T1 起降，若台北 - 馬尼拉段搭乘以上兩家國籍航空，肯定要接駁到 T2 或 T3 或 T4 才能轉機至班乃島。
• 第二航廈（Terminal 2）主要為菲律賓航空（PR）的起降航廈，國際線與國內線都在同一棟。若前後段飛行都搭乘菲律賓航空，只要過海關入境後，走到同一棟的國內線即可搭機前往班乃島。
• 第三航廈（Terminal 3）主要為宿霧太平洋航空（5J）的起降航廈，國際線與國內線都在同一棟。因此若前後段飛行都搭乘宿霧太平洋航空，只要過海關入境後，走到同一棟的國內線即可搭機；即使部分國內線在不同棟搭乘，宿霧太平洋航空也會安排接駁車載妳過去。此外，亞洲航空（Z2）國際航線也是在 T3 起降，但菲律賓國內航線是在 T4，因此若前後段飛行都搭乘亞洲航空，仍要自行搭車從 T3 接駁到

T4 轉機。

• 第四航廈（Terminal）完全是菲律賓國內線，若購買宿霧東太平洋航空（DG）、菲鷹航空（2P）等國內線，或亞洲航空（Z2）菲律賓國內線，都是須從其他航廈來到 T4 轉機。

菲律賓的航班常有遲飛狀況，從台北飛來馬尼拉後還要先入境、提取行李，再從國際線走到國內線、甚至搭車換不同航廈，加上機場周邊常會塞車、有時接駁到另一航廈會耗費半小時以上，因此轉機時間一定要充足，建議至少保留 4 小時以上。

2 • ✈ 包機直飛

有些旅行團會標榜「台北直飛長灘島」，但事實上仍是抵達卡利博機場（KLO），再轉搭巴士前往卡提克蘭碼頭。這種直飛航班通常是多家旅行社一起向航空公司申請的包機，許多旅行社都以「機 + 酒」的套裝在販售直飛機位，長灘島幾乎一年四季都有包機，倘若不想至馬尼拉轉機，可以考慮購買套裝；旅行經驗較不足、或擔心馬尼拉轉機太過複雜的自助初學者，也建議訂購直飛包機的套裝。

如果旅行社提供的「機 + 酒」飯店無法滿足自己，希望能自由挑選住宿，則旅行社也有可能把沒賣完的零星機位開放給散客，即是「湊團票」、「計畫票」或「神秘機票」。因為包機不一定有空位，所以購買還是要靠運氣，可以多上網搜尋，或直接打電話向「機 + 酒」套裝或出團的旅行社詢問是否有空位。此外這類機票有許多限制，例如：限定出發日期和旅行天數、不可更改日期也不可退票、不保證可累積航空公司哩程數、不能指定座位、且出發當天才能在機場向領隊人員取得機票⋯⋯等等，建議開票前一定要看清楚機票規定再做決定！

3 · 陸 機場前往碼頭：

抵達班乃島的機場後，接著要前往位在長灘島對岸的卡提克蘭碼頭（Caticlan Pier）搭船。如果班機降落在卡提克蘭機場（MPH），距離碼頭只有 600 公尺左右，大部分人會搭乘機場門口排班的嘟嘟三輪車（Tricycle）前往碼頭，一台車可搭 3 人，費用 50 披索（約 40 元台幣）而已。許多身強力壯的自助旅人所幸選擇拖著行李走路去碼頭，其實步行時間也才 10 分鐘，不至於太辛苦。

班機降落在卡利博機場（KLO）距卡提克蘭碼頭則有 70 公里遠，需要乘車 2 小時經過一段山路、及許多沿海村落才能抵達。雖然聽起來路途遙遙，但沿途風光其實很有趣，可以看到五顏六色裝潢帥氣的嘟嘟三輪車滿街跑，茅草建築的農村風光也別富詩意，市區、田野、熱鬧、荒蕪，不同景象交替閃過眼前，一段段對比強烈的視野也頗有欣賞公路電影的感受。

這段路程有幾種交通方式，人多的話可選擇包車，10 人座的廂型車（VAN）大約 2千披索（1600 元台幣左右），好處是專車接送，一出機場即隨上車隨出發，且 24小時服務、即使班機凌晨降落也不用擔心。建議請飯店協助預約，或與較大的租車公司如 Southwest、BLTMPC Boracay 以 Email 預約，不過只能以英文信件溝通需求。

若人數無法包車，可選擇搭乘巴士、或湊客的廂型車。湊客廂型車在機場門口有許多寫著「Transfer to Boracay VAN」的搭車攤位，一般車資是 250 披索左右（約 200元台幣），24 小時都有人在攬客，人數載滿就出發。巴士則主要有 Southwest 和 Island Star Express 兩家公司在營運，座位比廂型車寬敞舒適，單程票價約 300 披索（240 元台幣左右），巴士的固定班次原則上是上午 6 點到晚上 8 點，但目前服務標榜只要有飛機降落就有車，因此半夜或凌晨也會零星安排發車，兩家都可在網站上預約訂票：

http://www.southwesttoursboracay.com/
https://www.islandstarexpress.com/

4 · 🌊 往長灘島的船班

卡提克蘭碼頭的航站不大、規模類似台灣的火車站。航站內可直接購買船票,並且還須另外在櫃台支付碼頭稅(Terminal Fee)25 披索(約台幣 20 元)、和環境稅(Environmental & Admission Fee)75 披索(約台幣 60 元),這是每位登上長灘島的遊客都必須付出的費用,用以促進長灘島旅遊的永續營運,付費後持收據證明才能登船。

船班有兩種,大多數人搭乘的是在船身兩側加裝長型浮材的螃蟹船(banca),這種長舟因為船身較窄、雙邊架艇能增加平衡和穩定,而架艇又很像螃蟹伸出長長的

兩隻螯在海中漂行，因此被稱為螃蟹船。螃蟹船的船票是 25 披索（約台幣 20 元），另一種馬達快艇（express）票價則為 30 披索（約台幣 24 元）。正規船班時間從上午 6 點到晚上 7 點 20 分，不過半夜仍不定時有私人加班船，票價會比白天貴上 4 倍左右。卡提克蘭碼頭碼頭出發的船班一般停靠在長灘島最南端的卡班碼頭 Cagban Jetty Port，但六月到十月之間若風浪太強，有可能會改停在 Tambisaan Jetty Port。

從碼頭上船或登岸通常沒有岸梯、都是透過一片木板架起的小橋通行，提著厚重的行李又要平衡步伐，其實有點吃力，此時都會出現一位身穿「Potter」T 恤的專業行李員搶著幫忙，或提或扛、只要行李被他碰到都要支付 20 披索（約 16 元台幣）的小費，如果想省 20 披索或不需要幫忙提行李，在一開始就要予以拒絕，免得產生糾紛。

5 · 登島 碼頭前往住宿飯店

歷經了海陸空大作戰，恭喜終於成功登島了！上島第一件事最好先把行李放進住宿飯店，才能擺脫拖油瓶、好好享受海島玩樂。碼頭旁會有排班的嘟嘟三輪車，可以直接搭車到飯店，視遠近價格有所不同，若飯店在白沙灘（White Beach）周邊、或島嶼中南部，價格約每車 100 至 125 披索（約 80 至 100 元台幣）；若在北部的 Yapak 區域則費用會多 70 元台幣左右。另外也可以考慮搭廂型車或載客的小貨車，一車可以坐 6 人以上，定價是每車 250 披索（約 200 元台幣），多人分擔下來不算太貴。

如果覺得以上陸海接駁都太複雜，請全部忽略跳過！直接訂購「Door to Door」接送服務，從機場接送到飯店門口，一路搞定！且半夜也可接送，不用擔心班機幾點降落、有沒有巴士船班等問題。Door to Door 是一出機場時就會有人舉牌等妳，或直接去指定櫃台報到，接著專人送妳上車、指引妳搭船、並載送妳至飯店，車資、稅金、船票全都附了，甚至可能可說中文溝通。Door to Door 有多種預約方式，但價位落差大，以「卡利博機場→卡提克蘭碼頭→長灘島碼頭→飯店」的價格舉例：飯店代訂的費用是最貴的，來回大約 1500 披索（約台幣 1200 元）起跳；巴士公司如 Southwest 和 Island Star Express 官方網站上訂購的價格其次，來回約 1155 披索（約台幣 925 元）；KKday 等行程公司大約 800 元台幣，淘寶大約 750 元台幣，行程公司或淘寶商家基本上都是與 Southwest 合作，確認航班資訊無誤後才付費完成訂購，服務十分周到。

老實説，前往長灘島的交通接駁轉乘多次，不但把旅行經驗值大大提升、對體力來説也的確是個挑戰，但因為觀光客多，所以就算妳在途中不知所措時，也會有熱情的大嬸小弟跳出來指引妳；眼觀四面耳聽八方，常常會遇到講台語的同鄉人，可以一起做夥抵達目的地。相信我，一上島，所有的事情都比其他海島來得簡單輕鬆！

② 簽證

持中華民國台灣護照入境菲律賓需要辦理簽證，但從 2015 年開始已開放申請電子旅遊憑證（ETA，Electronic Travel Authorization）、及線上刷卡付費的服務，不用親自跑一趟辦事處，而且費用比親辦便宜 100 元台幣，非常便利實惠。

申請電子簽證的網站全都有中英文對照，在網頁上填妥個人護照資料、預計入境日期、菲律賓住宿地點、緊急連絡人……等等詳盡資訊，並以線上刷卡、網路銀行或

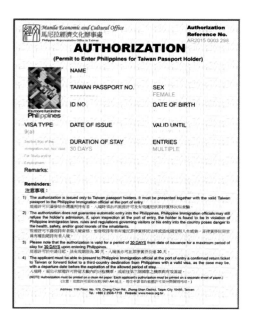

ATM 轉帳完成付費手續後，就完成申請了！系統 24 小時運作，只要靜待馬尼拉經濟文化辦事處回覆審查結果的 Email，如果資料沒有問題，基本上 30 分鐘內就可以收到審核許可，簽證會以 pdf 附加檔案夾帶在電子郵件中；但若資料有疑慮、有同名同姓狀況、或可能在入境黑名單中，則會改以人工手動審查，回覆時間需要 2 至 3 個工作天。取得電子簽證後 30 天內必須入境，所以千萬別心急在出發前兩三個月就提早申請，否則簽證會過期。首次入境後 30 天內可多次入境。申請網址：

https://onlinetravel.meco.org.tw/EVISA/

線上電子簽證的效期只有 30 天，如果想停留超過 30 天的旅人，還是得攜帶護照正本、身分證影本、2 吋彩色照片至台北、台中、或高雄的馬尼拉經濟文化辦事處申請紙本簽證，或找旅行社代辦；15 歲以下的申請者也必須親辦。

出入境

1・證照查驗

入境時必須填寫「入境單（Arrival Card）」和「健康申報表（Health Declaration Card）」，飛機上空服員會發放，或在海關前也可拿取。入境卡只有單面，主要是填寫個人資料，內容包括：姓名、護照號碼、聯絡資訊、來菲國目的、航班……等等，以英文正確填寫並簽名即可。健康申報表除了個人基本資訊、聯絡方式、航班以外，還須填寫過去 30 天曾前往的國家、勾選過去 30 天身體不適的症狀、及勾選是否前往過

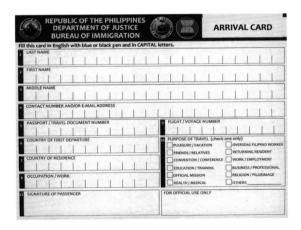

醫院或屠宰場等傳染高風險場合。菲律賓觀光部的官方網站上有詳盡的表格中文翻譯，可參考：

http://www.itsmorefuninthephilippines.com.tw/info/immigration_and_customs

2 · 行李檢查

• 根據菲律賓觀光部官方資料，入境已不再需要填寫海關申請表格，但旅客隨身攜帶的菲幣不得超過 1 萬披索，且外幣現鈔及有價證券總值不得超過等值美金 1 萬元。若金額超出，需照實填寫「現金申報表格 Currency Declaration Form」，否則得處罰款 5 萬披索以上、20 萬披索以下，或面臨 2 年以上、10 年以下有期徒刑。

• 馬尼拉（MNL）機場入境後的行李檢查跟台灣桃園機場類似，海關有綠色和紅色兩條通道，如果沒有物品或現金需要申報，直接走綠色通道即可，個別被海關人員要求過掃描器或開箱檢查，再進行配合。

• 卡利博（KLO）是一個小機場，整個機場只有一個行李轉盤，查驗證照後若沒有在轉盤上看見自己的行李，可能是下一個航班的行李已到，先前的行李會被移到一旁，需要自行尋找。領完行李還要經過人工的行李檢查，由於當地入境區域沒有 X 光機，所以排隊得耗上半小時到一小時，在這裡就要開始習慣悠閒緩慢的菲律賓步調。

各機場行李通關之特殊規範及注意事項如下：
• 毒品走私者將被判處死刑。
• 違禁品：毒品、槍械、爆裂物、易燃物、麻醉藥、化學劑、活體動植物、生鮮肉類等，且禁止攜帶子彈形貌或手槍形貌之裝飾品或玩具。
• 行李出關時機場人員可能會核對收據與行李條號碼後才放行，須妥善保存所搭乘航空公司之行李收據。
• 入出境旅客隨身行李中所攜帶之液態物、噴霧器、凝膠等之容器不得超過 100 毫升，

必須全部置放在透明可開封之塑膠袋中。

3．通關後

• 在馬尼拉轉機的旅人，通關後會看見許多換匯櫃台，機場匯率雖稱不上最好，但會較長灘島來得好，因此可考慮在此換錢。馬尼拉機場有多家銀行設櫃，可多比較各家匯率和手續費後再換。

• 包機直飛卡利博機場的遊客，走出機場後在騎樓處有換錢的小攤位，如果上長灘島前需支付車資、船資、稅金的話，建議可先兌換一點現金，大多數則抵達長灘島購物區後再兌換，匯率會較機場好。

• 馬尼拉機場、卡利博機場都有電信公司櫃台可購買 SIM 卡，以菲律賓兩大電信公司 Globe 和 Smart 為主，價格是固定的，多數人選擇的是上網總流量 1GB 費用 500 披索（約台幣 400 元）的方案、或總流量 5GB 費用 1000 披索（約台幣 800 元）的方案。購買 SIM 卡時服務人員會協助安裝，應確認暢通。不過說真的，長灘島上許多地方收訊不良，在海灘或出海也很難一直帶著手機，島上路線簡單也不太需要網路地圖，若與旅伴集體行動也不需頻繁聯繫，其實出門在外幾乎不會用到網路，甚至飯店的 WiFi 就夠用了。至於台灣傳來的公事，都來渡假了就別理會了吧！

4 · 出境時

菲律賓全國約由七千多個島嶼組成，在每座島移動時都必須繳交使用機場或碼頭的航站稅（Terminal Fee），由於都是離開某個島、或離開菲律賓國土時繳交，因此大部分人稱此為「離境稅」。僅有馬尼拉機場（MNL）起飛的機票已將離境稅含在票價內、不用另外繳稅，其他機場都需至固定櫃台支付離境稅，取得收據才能登機。每個機場或碼頭的稅率不一樣，以長灘島為例，從卡提克蘭機場（MPH）搭乘國內線到馬尼拉轉機每人需繳 200 披索（約 160 元台幣）；從卡利博機場（KLO）搭乘國內線到馬尼拉轉機需繳 200 披索（約 160 元台幣）、搭乘國際線包機直接返回台北則需繳 700 披索（約 560 元台幣）。

繳稅流程是先至航空公司櫃檯報到 check-in 取得登機證，再前往 Terminal Fee 櫃台繳交費用，拿到收據後連同「離境單（Departure Card）」一起交給海關人員查驗，才可通關登機，否則不會放行。離境稅只收現金、不能刷卡，所以千萬不要把身上的錢花光光，要預留足夠的額度來繳錢；如果菲律賓披索用光的話、櫃台會收美金，但美金匯率比較差就是了。

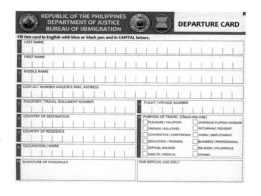

島上交通

長灘島面積僅有 10 平方公里，約是台灣綠島的三分之二大。島嶼形狀類似一根狗骨頭，長度約為 7 公里、骨頭中央最窄處寬度不到 1 公里，從北到南貫穿全島只有一條稱做「Boracay Hwy Central」的主要道路，一般人都稱其為「Main Road」因此很難迷路，無論去哪也都距離不遠。

① 雙腳萬能

11 路是在島上最好的交通工具，因為長灘島最大的特色即是食衣住行育樂全都集中在 4 公里長的 White Beach 周邊，吹著海風、踏遍細沙就可以享受所有玩樂，是這座島嶼舒服又迷人之處！從 White Beach 北邊的 Station1 到南邊的 Station3，邊走邊逛約 2 至 3 個小時可以走完全程；前往商店和餐廳集中的 D'mall、或 D'Talipapa 海鮮市場，都從 Station2 步行 5 至 10 分鐘即可到達，散步是最愜意、最適合島上步調的旅行方式。

② 嘟嘟三輪車

嘟嘟三輪車（Tricycle）是島上最便利的
交通工具，隨招隨停、而且價格便宜。
三輪車主要是摩托車加裝車頂和外掛車
廂改裝而成，前座與後座各可承載 2 位
成人，時速大約只有 40 公里，是東南
亞很常見的計程車。嘟嘟車收費沒有公
定價、是用喊價，在 White Beach 周邊

移動基本上需 60 至 80 披索（約 48 至 64 元台幣），其他包括去最南邊的碼頭、或
最北邊的貝殼沙灘（Puka Beach）及島嶼至高點（Mt. Luho）都有機會搭乘，價格從
100 開到 500 披索以上都有可能，長距離或包車記得一定要殺價。原則上嘟嘟車只
能在 main road 水泥鋪設的主要道路上行駛，不能開進東西兩岸的沙灘，所以在島
嶼南北向移動時較合適，嘟嘟車不能抵達的地方還是要靠步行。島上也有摩托計程
車（moto taxi）或貨車改裝的嘟嘟車，但不如嘟嘟三輪車來得普及便利。

③ 飯店接駁車

倘若飯店並非位在 White Beach 周邊，一般都會附有免費的轎車或廂型車接駁往返
主要道路、White Beach 周邊和 D'mall，有些飯店有固定班次，但大多都是隨叫隨出

發，舒適又便利。且如果人在外面想要
回飯店，可打電話請接駁車隨時來接，
沒有辦 SIM 卡或當地電話的話，更可請
D'mall 門口的警衛協助免費撥打電話或
無線電呼叫，可善加利用作為島內移動
時的交通工具。

住宿長灘

長灘島面積很小，各種水上活動也幾乎都包含全島接送，因此想住哪一區都可自由選擇。大多數的渡假村或飯店都集中在島嶼西向的白沙灘 Station1 到 Station3 之間，部分座落於島嶼東向的布拉伯海灘（Bulabog）上，北部及南部的小丘陵上則有一些居高臨下、視野寬廣的住宿選擇。

長灘島的高級住宿大部分是渡假村（Resort）的形式，多數會與他人共享同一棟建築物或樓層，島上只有極少數真正的獨棟別墅（Villa），例如布萊德

彼特熱愛的香格里拉渡假村（Shangrila Boracay Resort）當中設有 Villa 房型、或是長灘島最知名的高級 SPA 聖地曼達拉森林溪谷 墅（Mandala Villas and Spa）等，這些 Villa 住宿幾乎遺世獨立建在山坡上，像是處於天堂的世外桃源、與熱鬧喧囂的海灘有一段距離，適合喜愛窩在 Villa 享受一切設施和片刻寧靜的旅人。

許多 Resort 則是沿海而建，雖然沒有私

Henann Resort
Henann 集團在長灘島就有 4 個五星級渡假飯店，包括潟湖渡假村（Henann Lagoon Resort）、花園渡假村（Henann Garden Resort）、海灘渡假村（Henann Prime Beach Resort）、Spa 渡假村（Henann Regency Resort And Spa），分別座落在 Station1 和 Station2 周邊，地緣佳、環境設施也優美，且常常有折扣特惠，運氣好就能以 2 千多元台幣享受到五星級住宿服務，價格親民，也是許多台灣旅人的最愛！
網址：http://henann.com
價格區間：一般季節價格多在每晚 3 千到 4 千台幣

人沙灘、但是步行到公眾海灘距離也不遠，可盡情擁抱藍海白沙；渡假村內則環繞著泳池、躺椅、美食，讓住客可以隨時墜入放鬆狀態。有幾個特別知名的渡假村，例如梁靜茹舉辦婚禮的探索海灘渡假村（Discovery Shores Boracay）、沿懸崖而建的蜜月聖地娜咪別墅（Nami Resort）、利用天然洞窟環境所設計而成的西灣海景別墅（West Cove Hotel）、或是歷史悠久運用原木茅草竹編搭建而成的菲式木屋星期五飯店（Fridays Boracay），即便沒有足夠預算可以住進這些飯店，也可考慮前往享用下午茶，享受短暫的迷人奢華。

Lingganay Boracay Hotel Resort

位在長灘島東南部的小山丘上的四星級渡假村，周邊有 Tulubhan 海灘、紅樹林，渡假村本身更擁有一個隱密的小型私人沙灘。以中古世紀花園城堡的概念建成，不但有諾大的花園、美麗的噴泉，城堡內更處處滿置充滿特色的鐵鎧壁飾、古董家具。兩座 24 小時的泳池洋溢著不同風情，一座在城堡環繞下盡情慵懶，另一座則以無邊際的視野望向遼闊海洋，是一個高 CP 值的渡假好選擇。

地址：Tulubhan, Manoc-Manoc, Malay, Boracay

電話：+63 36 288 5734

網址：http://www.lingganay.com

價格區間：每晚約 2000 元台幣起跳

當然，島上也有民宿和青年旅館，適合背包客價位的青年旅館選擇並不多，盡可能趁早預定才能保證有床位。民宿的價格則落差極大，有些地理位置好的民宿甚至比星級飯店還要昂貴，山丘上的幽靜民宿則可能有車輛到達不了的狀況、須靠自己的雙腳拖著行李走一段上坡路才能抵達，建議考慮喜好類型、交通狀況、和可負擔的預算，再行訂房。

倘若希望感受住宿的多樣性，建議一半的時間住在 White Beach 周邊，享受白天悠閒、晚上迷醉的海島風情；另外二分之一的時間則可住在較寧靜的山坡上，不但能用不一樣的角度遠眺俯瞰長灘島，且沿著山坡而立的渡假村大多建有無敵海景的無邊際泳池，與住在海灘邊的情調截然不同。

季節與行李

①　氣候

長灘島屬於熱帶季風氣候，每年從 10 月份到隔年 5 月都是主要吹拂涼快東北風的乾季，氣候溫暖、降雨量少，尤以 10 月到 2 月濕度較低、平均氣溫在 28 度左右並不太過炎熱，是全年氣候最舒適的旺季。每年 6 月到 9 月則是潮濕高溫的西南季風雨季，除了常有間歇性雷陣雨以外，White Beach 所在的西部海岸浪潮也較大，戲水或出海都較為顛簸。此外，長灘島雖與菲律賓北部颱風生成區距離遙遠，但仍有遭遇颱風的機率，颱風若來襲不但菲律賓政府會實施禁海令，水上活動取消不說、也禁止離開島嶼，島上地勢低又容易淹水，在 6 月到 9 月颱風季節旅行需要多點好運！而多數旅人覺得最煞風景的，則是雨季時 White Beach 上會立起一整排用竹竿、帆布搭起的擋風牆，避免風吹沙飛進沿海的店家餐廳裡，拍起照片來視野也會有所侷限。即便氣候多變，長灘島一年四季仍都有來自世界各地的遊客，很多人喜愛在雨季享受遊客較少、寧靜清閒的長灘，就算偶有暴雨，但熱帶氣候來得快去得也快的特性，讓風雨過後的驕陽依舊大放晴朗。

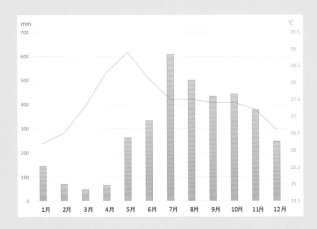

	一月	二月	三月	四月	五月	六月	七月	八月	九月	十月	十一月	十二月
平均溫度℃	26.2	26.5	27.3	28.3	28.9	28.1	27.5	27.5	27.4	27.4	27.2	26.6
雨量mm	146	71	49	67	261	332	608	500	434	443	377	247

2 行李

全年著夏季衣物，防曬用品不可少，雨具也有備無患。長灘島的插座跟台灣一模一樣是雙孔扁型，但是電壓卻是 220 伏特，電器用品若本身具有自動變壓功能即可直接使用，否則最好自備變壓器。

3 節慶

節慶	日期	習俗活動
阿提阿提汗節（Ati-atihan）	每年日期不一，通常一月份的第二個星期天到第三個星期天，為期一週	這是長灘島上最大的節慶，主要紀念天主教的聖嬰，Ati 是指長灘島和班乃島最早期的原住民，因而遊行隊伍會以原始、戰鬥的陣仗出場，來紀念感恩今日的和平。長灘島的遊行是在 White Beach 上舉行，參與者用煤炭塗黑身體，穿上色彩鮮豔羽毛或傳統服飾，隨著鼓聲起舞，場面熱鬧非凡可說是菲律賓版的嘉年華會，最後在教堂中以溫馨的彌撒做結尾。
國際風浪板大賽（Boracay International Funboard Cup）	每年一月份，日期不一	從 1989 年起，長灘島即成為亞洲最大的風帆比賽地，比賽場地位在東岸的布拉伯海灘（Bulabog）上，比賽項目包括風帆板、風箏衝浪，每年一月份來自世界各地的高手都會聚集在此一較高下，也吸引大批遊客和媒體湧入觀戰。2017 年的國際風浪板大賽於 1 月 7 日至 1 月 13 日舉行。

沙燈競賽 （**Sand Lantern Contest**）	3 月 31 日	White Beach 上的一大特色景觀就是沙燈，從小孩到大人都有能力堆起一座城堡般的華美沙燈，夜裡綴上點點燭光浪漫又美麗。沙燈競賽於 1999 年首次舉辦，目的是鼓勵島上的藝術家展示才華、製造漂亮迷人的沙燈。幾年後，開始吸引來自全球的沙雕藝術家前來參賽，成為每年三月的美麗風光。
沙灘雷鬼音樂祭 （**Beach Reggae Festival**） 與 **美食節** （**Boracay Food Festival**）	5 月 11 日	每年在 White Beach 舉行的雷鬼音樂祭是島上最令人期待的音樂饗宴，為期 4 天整個島上充斥著知名 DJ 播放雷鬼音樂、樂手現場演唱更是從不間斷，熱情又不拘束的樂章與長灘島的氛圍非常搭調。此外，長灘島美食節也在同一時期舉行，為期 3 天可在全島各飯店、餐廳，用試吃價格品嚐最新穎的食譜、及來自菲律賓各地的特色佳餚，菜色從傳統到西式創意料理應有盡有，每年選出全島最佳主廚更是一大盛事。
村落節慶 （**Fiesta**）	各村落日期不一	長灘島上共有三個村落（barangay），每個都擁有自己的節慶。島嶼北部舉行的 Yapak Fiesta 在 2 月 10 日、島嶼南部舉行的 Manoc-Manoc Fiesta 在 5 月 24 日、White Beach 區域的 Balabag Fiesta 則在 12 月 28 日舉行。慶典是多采多姿的菲律賓慶祝方式，遊行、舞蹈、歌曲，展現菲律賓人樂觀開朗的精神，村中耆老也會透過戲劇、說故事等方式將傳統民俗文化傳承給下一代。
跨年	12 月 31 日	迎接新的一年是長灘島最熱鬧的一刻，不但歌舞昇平、沙灘派對狂歡慶祝，最吸引人的是凌晨在 White Beach 上絢爛飛舞的煙火，從 Station1 到 Station3 四面八方都有煙火，甚至連海面上的船隻都在施放，將天空染成五彩亮麗，帶來令人難忘的跨年。

 時差

格林威治標準時間（GMT）+8 小時，與台灣沒有時差。

女子安心建議

① 菲律賓在大家心目中常有治安堪慮的印象，馬尼拉等大都市連便利商店門口都站有荷槍實彈的保全，以防止搶劫；南部島嶼處於激進回教恐怖組織「阿布沙耶夫」（Abu Sayyaf）的活動範圍，綁架外國人勒索事件頻傳；菲國現任總統杜特地（Rodrigo Duterte）自 2016 年 6 月底上任後力行鐵腕掃毒，許多地區因血腥掃蕩而動盪不安。但位在北部的長灘島，因為是菲律賓最重要的國際觀光勝地，每年帶來大筆收入，整個島嶼直接由菲律賓旅遊局管轄，無論是政府、或當地人民都盡力維護治安，因而島上犯罪率低、且隨時有擅長英文的旅遊警察進行巡邏，在 Station3 設有警察局和旅客服務中心隨時提供協助，對女性來說是一個安全的旅遊環境。但如遇重大急難狀況務必聯繫位在馬尼拉的駐菲律賓代表處 24 小時急難救助電話：+63-917-8194597。

② 為維護整潔，長灘島的所有沙灘都禁止邊走邊喝酒、也嚴禁吸菸，否則會被開罰單取締，罰款 500 披索（約 400 元台幣）。另外，因為世界遊客眾多，長灘島的白沙正迅速減少、島上景觀遭受破壞，因而嚴禁遊客帶走長灘島上的細沙或小鵝卵石，初犯者將罰款 2500 披索（約新台幣 1770 元）或判處有期徒刑 1 至 3 個月。

③ 在當地餐廳用餐時，菜單的價格表上常出現「++」符號。第一個 + 代表售價須再加上 10% 的服務費，第二個 + 代表售價還需徵收 12% 的政府稅，因此吃一頓飯需加收 22% 的額外費用，計算價格時別忘了加進去。在商店購物也會附加 12% 稅金，無論是長灘島或菲律賓各地都沒有提供外國人退稅的優惠，因此詢價時別忘了要問問是未稅（tax excluded）還是含稅（tax included）。

④ 以觀光維生的長灘島是一個小費文化盛行的地區，只要有人提供服務，無論是提行李、服務生、按摩、與沙雕拍照等等，按慣例都需另付小費，通常是 20 披索（約 16 元台幣）起跳。基本上在世界各地支付小費都不適合給予硬幣，因為在刻板印象

中硬幣是丟給乞丐的，收到硬幣的人有可能會覺得受辱生氣，在菲律賓也有這樣的觀念，最好多準備幾張 20 披索的鈔票在身上，以備不時之需。

⑤ 在長灘島選擇水上活動可以各家比價後再行決定，但務必要找有執照的公司才有保障。路上會遇到許多揽客拉攏，雖然低於行情的優惠價格、和俗又大碗的套裝行程總是超吸引人！可是沒有證照自行湊團的業者（當地人俗稱海蟑螂）卻不能在安全上給予任何保障。近年曾發生旅客在沙灘邊找了已被停牌的拖曳傘業者，談妥價格出海後，竟因繩索過於老舊斷裂導致兩位旅客直接墜海；也發生過參加跳島行程、出海後居然被勒索，遊客因不願付費而在浮潛時被丟包在海中。長灘島的旅遊財是大家都想瓜分的大餅，不法業者欺騙遊客的劇碼時時上演，破財事小、生命無價，多上網做功課、謹慎選擇口碑信譽良好的業者才能玩得安全至上。

⑥ 出海的交通工具以螃蟹船（banca）為主，雖然如同蟹螯一般的雙邊架艇能增進平衡，但窄長的木造船身遇到大浪大風還是可能不穩。曾有旅行團在海中遭逢暴風雨，遊客為了躲避右側噴進來的雨水而全往左側移動，船體不平衡造成翻覆致命。因此搭乘螃蟹船時務必要穿著救生衣，且包括座位、行李重量都要力求平衡，若有緊急狀況時聽從船員指示、不要擅自行動，才能確保安全。

⑦ 對女性來說，旅行時的如廁問題很重要。上廁所在長灘島其實不會太困難，海灘上雖然都沒有公廁，但畢竟遊客的活動範圍內幾乎都有店家或旅館，有禮貌地借用都不至被拒絕，廁所幾乎都是西式馬桶，只是乾淨度品質不一。D'mall 中有公共廁所，每次使用要收費 5 披索（約 4 元台幣），整潔還算可以，在附近活動時可善加利用。

⑧ 長灘島的夜生活盛行，許多人喜歡在酒吧小酌、夜店狂歡，島上曾發生數起女性遊客被性侵的刑事案件，但調查顯示犯罪者多是在當地喝酒邂逅的他國遊客，因此乾杯開心之餘，也要切記自己身在人生地不熟的國外，一定要保持清醒、保護自己才能遠離危險。

⑨ 若住宿在距海灘較遠的山丘上，夜間盡可能搭乘飯店接駁車，避免單獨在路上行走、也不要單獨搭三輪嘟嘟車。長灘島除了主要道路和 White Beach 沙灘路以外，大部分都是暗巷小弄，曾有七十多歲的老人家在暗巷中被奪走錢包、也有一群台灣女生在暗巷中因背包遭搶而拖行受傷，雖然這些都是少之又少的零星案例，但不要讓自己陷入敵暗我明的劣勢才好。長灘島的條條小巷都通主要道路，別貪圖一時方便穿越暗巷，走到下一條燈火通明的地區再通行也不遲。

⑩ 偶而會遇到老人小孩乞討的狀況，但政府和當地居民都是不允許也不歡迎的，因此許多國際連鎖店家都有保全站駐門口，就是為了避免乞討者進入店中騷擾顧客。在長沙灘享受日光浴時，也可能遇見兜售貝殼手鍊的小女孩們，有些兜售不成就直接把貝殼綁死在妳手腳上、讓妳一時解不開而要求付錢，甚至會動用成人親友出面討錢，一條棉繩串成的廉價貝殼動輒開價一兩百元台幣，倘若一開始就無意購買，最好要求她們離開、或直接自行遠離。

⑪ 飯店內失竊的狀況時有所聞，許多甚至發生在五星級飯店內，若苦無證據即使向飯店反應也不一定能獲得賠償解決。在長灘島工作的服務人員來自菲律賓各省，畢竟信仰不一、素質不齊，因此自行警戒還是比較重要。離開房間務必將貴重物品鎖在保險箱內，其他物品也最好丟進行李箱、並將行李箱也上鎖。

⑫ 菲律賓第三大城納卯在 2016 年底發生爆炸後，政府隨即宣布全國進入無限期的「高恐攻威脅等級狀態」；2017 年中馬尼拉觀光渡假賭場攻擊事件更讓某些地區進入戒嚴。長灘島雖然沒有被指為高風險區域，但畢竟外國人士較多，旅行時盡可能提高警覺、注意周遭環境，避免涉足複雜或人潮擁擠的場所較為安心。

屬於女子的長灘

① 妳與妳倆的行程

日程	行程	交通	住宿	預訂
第一天	轉機 / 抵達長灘島	機場接送	寧靜山坡住宿	機場接送
	白沙灘漫步迎夕陽	飯店接駁車或嘟嘟車		
	沙灘星光音樂晚餐			
第二天	出海跳島一日遊 tour（行程包含：珊瑚花園、鱷魚島、BBQ 午餐、水晶島、普卡沙灘）	tour 含接送	寧靜山坡住宿	出海 tour
	沙灘路菲式料理	飯店接駁車或嘟嘟車		
第三天	布拉伯沙灘日出散步	嘟嘟車	白沙灘周邊渡假村	
	D'Talipapa 逛街購物	步行		
	海鮮市場午餐			
	迪尼威沙灘探索			
	貴婦下午茶			
	風帆船賞日落			風帆船
	享受 SPA			SPA
第四天	早午餐	活動含接送	白沙灘周邊渡假村	水上活動
	水上活動			
	沙灘日光浴	步行		
	D'mall 伴手禮購物			
	D'mall 異國料理			
	傳統菲式按摩			
第五天	前往機場 / 轉機	機場接送		機場接送

② 妳們的行程

日程	行程	交通	住宿	預訂
第一天	轉機 / 抵達長灘島	機場接送	白沙灘周邊渡假村	機場接送
	白沙灘漫步迎夕陽	步行		
	沙灘星光音樂晚餐			
	夜店熱舞狂歡			
第二天	早午餐		白沙灘周邊渡假村	
	水上活動	活動含接送		水上活動
	D'mall 逛大街	步行		
	D'mall 異國料理			
	海盜船賞日落			海盜船
	傳統菲式按摩			
第三天	出海跳島一日遊 tour（行程包含：珊瑚花園、魔術島跳水、BBQ 午餐、水晶島、普卡沙灘）	tour 含接送	寧靜山坡住宿	出海 tour
	沙灘路菲式料理	飯店接駁車或嘟嘟車		
	沙發酒吧小酌談心			
第四天	山頂越野車	活動含接送	寧靜山坡住宿	越野車
	海鮮市場午餐	步行		
	D'Talipapa 逛街購物			
	飯店游泳沙灘日光浴	飯店接駁車或嘟嘟車		
	飯店 Buffet 饗宴			
	享受 SPA			SPA
第五天	前往機場 / 轉機	機場接送		機場接送

沙灘信步浪漫綿延

長灘島的名字本身就來自大海：16 世紀西班牙人初到菲律賓殖民時，發現當地有豐富的貝殼（sagay）可採收，因此把這裡稱作 Boracay。也有一說認為 Boracay 來自當地語言「白色棉花」，用來描述這沙灘的細緻雪白、和海浪打上岸邊時撞擊出來的美麗泡泡。海岸線被白沙包圍的長灘島就像是一個美麗神話，自九零年代起，每年都有不同媒體將長灘島評選為「全世界最美麗的沙灘之一」、「亞洲最美沙灘」、「全球第一的熱帶海灘」、「世界最棒島嶼」、「一輩子必去的景點 Top 10」。在台灣的我們有幸身為它的鄰居，當然也要把握地利之便好好踏遍這座島嶼的迷人沙灘。

① 日夜皆美白沙灘

美國鄉村搖滾歌手吉米巴菲特（Jimmy Buffett）曾說：「這世上若有天堂，我相信那裏一定有片沙灘！」走在長灘島的白沙灘（White Beach）上，對許多人來說就像漫步在天堂；雖然現今的長灘島觀光客眾多，這個天堂可能略顯熱鬧嘈雜，但如詩如畫的風光仍舊讓它魅力不減！綿延長達 4 公里的 White Beach 位於長灘島西岸，沙子質地潔白細柔，且沙灘坡度平緩、沒有險灘斷層，海水又透明純淨，是最適合踏浪游泳的海濱。從沙灘頭逛到沙灘尾，就可以耗掉整整一天的時光，浪漫悠閒地咀嚼這世界最美！

整個沙灘由北到南分為 Station1（一號碼頭）、Station2（二號碼頭）、Station3（三號碼頭）三個區域，以往本來是船隻可靠岸的碼頭，從班乃島的卡提克蘭碼頭搭船時可依飯店位置選擇在任一碼頭下船。但後來海灘上的遊客逐年增多，為維護安全，自 2006 年後所有交通船僅能在島嶼南部的卡班碼頭 Cagban Jetty Port 下客，Station1 及 Station3 允許少數水上活動船隻在此接駁；Station2 因為人潮最多而將海灘全面淨空、禁止任何船隻停靠，可以安心在海灘散步戲水。

Station1 是沙質最白皙細緻的區域，許多豪華的渡假飯店佇立在此，因此海灘上可見許多浪漫陽傘、茅草涼亭、沙發躺椅提供飯店住客休憩使用，不時還可看見工作人員用沙耙在地上刮出花紋圖騰，增添幾許曼妙氛圍。沿著椰林漫步，岸邊除了高級飯店以外大多是餐廳和音樂酒吧，店家不多、景觀較為單純清幽。

長灘島的景點之一「聖母礁岩（Willy's Rock）」即位在 Station1 潮間帶，由火山礁岩形成三座在海面上突起的黑色大石，名字取自於礁石旁的旅館 Willy's Beach Club Hotel，因為第一顆大石上供奉著聖母瑪利亞的雕像，因此華人又常稱此為聖母礁岩。上午退潮時分來到這裡，可沿著樓梯攀上岩石欣賞塑像和周邊景致；漲潮時分這座礁岩則像一艘軍艦般飄搖在海中央。嚴格說來這不是什麼了不起的景點，僅僅因為 4 公里的長長沿岸都是平緩白沙，只有這一塊巨石異軍突起，成為當地顯著的地標。礁岩附近有兩家最著名的芒果冰沙店：Jonah's 和 Jony's，店內位置不多，建議可購買寶特瓶裝的外帶杯，一邊在椰樹下散步一邊暢飲，享受原汁原味的熱帶島嶼風。

Station2 是長灘島最熱鬧的區域，全島最大的商店區 D'mall 即在此區沙灘後方，沙灘路上店家餐廳接連林立，眾多攤商更是跟著人潮聚集在此：把帽子和太陽眼睛層層疊起表演特技般兜售的大叔、把沙地當樹窗展示著海龜石雕的少年、刻著沙燈拍照一次索價 20 披索的男孩、揹著保溫箱叫賣鴨仔蛋和豬皮的小哥⋯⋯形形色色的在地生意匯聚著充滿菲式特色景緻；遊客更是沙灘上最有趣的風景：奔跑的孩子、散步的情侶、照相的美女、打球的猛男，不同動態形成活力滿滿、熱情歡樂的長灘島風景！花費 200 披索（約 160 元台幣）租一張躺椅在 Station2 喝杯調酒、曬曬日光浴是最棒最寫意的享受！

往 Station3 方向前行會發現店家漸漸減少，由於 Station3 人潮不多、開發較慢，可說是整個 White Beach 最寧靜的區域，但長灘島遊客中心（Tourist Center）位在這區，舉凡船班航班詢問、換鈔、問路等疑難雜症，都可以在這裡獲得解答，還可以寄明信片，或購買長灘島的地圖簡介。另外，如果妳在尋找合法又價格合理的活動行程，也可考慮往 Station3 走，島上主要的水上活動多由這個碼頭出發，附近聚集幾家擁有店面的活動公司，不但選擇多元、安全有保障，有些甚至提供中文導遊。

倘若深入從 Station3 往 main road 方向逛逛，可以找到較為在地化的商店，從簡陋裝潢的雜貨店、菲式口味的餐食、到價格合理的服飾，讓人暫時跳脫出高貴渡假小

島的框框。這一區還可看見全島唯一的清真寺，印象當中菲律賓是一個天主教國家，但菲律賓南部的民答那峨島（Mindanao）事實上是屬於馬來人種的穆斯林自治區，全國有 5% 的人口信奉伊斯蘭教，包括長灘島在內的各省各地也分布許多穆斯林社區。長灘島是一個極度開發的純粹觀光島嶼，大部分居民來自外地打工人口，當地文化色彩相對薄弱，來到島上宗教信仰中心聽著他們虔誠的禱告聲，算是可以接近一下真實的當地生活。

隨著天光轉暗、晚霞漸起、向晚涼風拂來，黃昏時分待在 White Beach 是超浪漫的選擇！這裡是全島最適合看夕陽的地點，迎向西方的角度、毫無遮蔽的視野，加以氣候良好、海洋上不易結聚厚重雲層，使得 White Beach 的夕陽乾淨清透，鵝黃色的光眩餘暉渲染著整個天空、泛映在整片海面，是來到長灘島絕對不能錯過的時刻。

天黑後 White Beach 的夜也極度迷人！Station1 多家餐廳或酒吧都有獨特的火舞表演，用繩子綁著熊熊燃燒的火球，在舞者手上如同耍扯鈴、甩溜溜球、使雙節棍般花式旋轉用力揮舞著，和著音樂搭配著舞步、下腰、跳躍、隊形變換等高難度動作，還會請觀眾上場互動，組成刺激精彩的一場秀。悠閒迷醉的 Lounge Bar 也是 Station1 的一大特色，慵懶地躺在海灘沙發上喝酒、談天、聽浪、吹海風、看星星，人生一大樂事莫過於此！

Station2 則是吃喝玩樂樣樣囊括！多家餐廳在沙灘椰林下陳列戶外晚餐，現烤的肉串海鮮在爐火上滋滋作聲、等著妳大快朵頤，來杯啤酒是最最暢快的滿足。一間接著一間的酒吧洋溢著駐唱歌手的悠揚歌聲，菲律賓因深受美國文化影響，鄉村搖滾和 R & B 曲風都唱得格外出色，JAZZ 和 BOSSA NOVA 更是海島上不可缺乏的樂章，待在 Station2 好像參與一場盛大的音樂祭，身體心靈整夜都深深陶醉在音符之間。此外，大部分的夜店和舞池也集中在此，大放電音「動次動次」的節拍讓人嗨翻到通宵達旦。

② 風起好浪布拉伯沙灘

長 2.5 公里的布拉伯（Bulabog Beach）是長灘島另一個主要海灘，位在島嶼東側，與白沙灘的 Station2 對稱臨海。「Bulabog」這個字本意是形容強風的沙沙聲，此處吹拂的風強大但不具侵略性、持久又可預測；加以外海有珊瑚礁環繞，形成一道天然屏障阻絕大浪，使其成為風力運動的理想地點，甚至被封為「亞洲最佳風箏衝浪海灘」。

從 White Beach 步行到布拉伯沙灘只要 10 分鐘，相較於 White Beach 是觀光客的天堂，布拉伯海灘反倒被水上運動愛好者佔據，每年 11 月到 4 月是風帆浪板、風箏衝浪的最佳時機，五彩斑斕的風箏飛揚天際、各色繽紛的風帆航行海面，把整個海灣點綴得熱鬧非凡。每年 1 月還會舉辦亞洲最盛大的國際風浪板大賽，吸引世界各地的好手競相參與。

布拉伯沙灘的發展密度較低，白天氛圍比 White Beach 來得寧靜清閒，退潮時可直接走到珊瑚環礁附近，在潮間帶踏踏浪、看看野生的海星海膽。雨季時期，因為 White Beach 迎西南季風、風浪過大，因此水上活動會匯聚集在布拉伯沙灘出海；此時的布拉伯沙灘上也不像 White Beach 會搭起醜醜的防風牆，這個季節在布拉伯拍沙灘照會更唯美。

這片沙灘的夜生活顯得零星，但凌晨卻是最棒的旅行時光，優雅的初陽從海平面徐徐升起，平靜的洋面像鏡子般映照著須臾變幻的美妙，伴隨著緩緩駛來進港靠岸的漁船，打著赤膊膚色黝黑的漁人將漁獲綁成一串串、用扁擔扛起踱步在沙灘上，一幅美麗又原始的畫作真實呈現在眼前，描繪成不同風情的長灘島。

③ 貝殼故鄉普卡沙灘

長灘島北端有片安靜淨土，沒有渡假村或店鋪林立、也沒有人群的熙熙攘攘，浪潮拍打著沙岸的溫柔細語是唯一聽見的聲音。這座遺世獨立的普卡沙灘（Puka Beach），地質是白沙與普卡貝殼混合的海灘，踩踏觸感比 White Beach 來得粗糙刺腳，但景觀更符合大多數人心目中夢想的熱帶島嶼：除了藍天、白沙、碧海、椰子樹、和茅草搭起的遮陽棚以外，什麼也沒有。

這裡是當地人蒐集普卡貝殼的地點，普卡貝殼特殊之處在於經過激烈的海水沖刷過後，每個貝殼中央都有一個天然孔洞，可以直接用繩子串起作為首飾。一九七零年代後期貝殼在菲律賓市場的價值不低，普卡貝殼甚至是當時衝浪者的時尚象徵，長灘島當地居民便靠撿拾普卡貝殼維生，當地習俗相信離鄉遠行時戴著普卡貝殼可以保護自己不受傷害。

從商業中心 Station2 搭嘟嘟車來到最北邊需要將近半小時，路程因為行經山坡稍嫌顛簸勞頓，因此許多帆船出海或跳島行程會把普卡沙灘當作停泊的一站，從 White Beach 航行到普卡沙灘只要 10 分鐘左右，遊客可用更舒適快捷的方式踏上這片樂土。此處海面下的坡度陡斜，整個海面呈現深水的靛藍，搭配米色的貝殼灘頭，與長灘島其他海灘的景觀不大一樣；但北風使海浪較湍急，比起游泳、這裡更適合做日光浴享受悠閒時光。

漂流木搭起的遮陽棚毫不整齊劃一，各有姿態的線條美襯托著自然舒適，椰子樹葉鋪在其上即成屋頂，躺在下方竹子編製的長椅上，感受葉隙間灑下的陽光點點柔和落在身上，吹著微風實在有種荒島漂流的浪漫情懷。不過比魯賓遜更幸福的地方在於妳可隨時點一杯美味的芒果冰沙，這個沙灘雖然缺乏餐廳美食，但飲料和冰淇淋可以滿足部份需求，只要花 100 披索租用長椅，小販自然會親切地詢問飲品需求，適合喜歡與自然和自己相處的人，帶個點心來野餐放空。

④ 迪尼威沙灘

與迪尼威沙灘（Diniwid Beach）相遇是一個巧合！傍晚散步到 Station1 盡頭時見到一群當地小孩圍繞蹲坐在礁岩旁，好奇趨近探探他們在做什麼？發現他們正徒手在礁石下捕小魚、抓小蝦，用透明塑膠杯或寶特瓶盛裝著戰利品開心向我展示，不一會兒卻又全都倒回海裡去了，想來這些小生物不是他們的晚餐，只是放學後的一個遊戲而已。於是隨著他們的腳步往更大礁岩探索，拉著繩索沿著礁石邊緣濕滑小徑前行、再鑽過小巧海蝕洞後，迪尼威沙灘就乍然出現在眼前。

這是一片小小海灘，沙子不若 White Beach 潔白，灘上矗立著一顆顆形狀不規則的墨黑巨岩，踏入海中時不時會被突起的礁石刺痛或絆腳，但這一切看似缺點的特色都不能抹煞這片海的舒適寧靜。雖然與 White Beach 只有一牆（一石）之隔，但那種成天派對的享樂主義似乎也被隔絕在千里之外了！泡在迪尼威的海水裡，抬頭便望向綠意扶疏的山崖、低頭就瞥見水中優游的小魚，戴著面鏡和呼吸管在這浮潛也是不錯的享受。山壁上的高級渡假村 Nami 與這片海灘遙遙相望，延伸到海中央的陽台上常有新人舉辦婚禮，伴著這片寧靜山海簡直浪漫爆表。

隨著黃昏漸近、潮水漸退，布滿綠藻的潮間帶隨之裸露，幾位大人吆喝指揮著孩子們前來幫忙，各個使著魚叉的身手就像天生獵人，瞬時間一條條新鮮的海魚、螃蟹、甚至章魚就這麼輕易捕獲了，孩子們臉上嶄露出豐收的喜悅神情，提著一串串漁獲散步返回村落。這是一個很生活化的沙灘，彷彿回到小時候樸實單純的鄉下時光。

縱身躍進晶亮大海

長灘島是座渾然天成的海上樂園，無論是遊歷天然海島、或是參與水上活動，都能感受刺激精彩樂趣無窮，像晶亮果凍一般的淡藍海水，更讓人時時有跳進擁抱的衝動！

1 海上漂流島嶼巡禮

長灘島最熱門的海上活動是「Island Hopping」也就是出海跳島，跳島行程的基本元素是乘著螃蟹船出海浮潛和 BBQ 午餐，以往還會在航程中讓遊客體驗釣魚，不過為維護海洋生態資源，長灘島市政府從 2015 年底已禁止遊客海釣；至於跳島是否登陸不同島嶼則可依自己的喜好選擇，各家旅遊公司提供多樣行程，包括跳哪些島嶼？午餐吃什麼？都有不同內容，價錢也會依次有高有低，單人費用從幾百元披索到兩三千都有，可預先在 Klook 等網路行程平台訂購，或是在 White Beach 的海灘路上比價殺價，但無論如何務必尋找有執照的合法公司，才能保障安全與消費權益。

跳島最火紅的浮潛地點是珊瑚花園（Coral Garden），位置在 Station2 的外海，也被稱為 House Reef，這是一座美麗的海底森林，因為範圍從海下 4 公尺延伸到 12 公尺，因此無論浮潛或深潛都是不錯的潛點。朵朵玫瑰珊瑚（Cabbage Coral）是此處的特殊景觀，被稱為花園實不為過！另外也可見到燕魚、蝶魚、鸚鵡魚等熱帶魚種，和各色各樣的海星與海膽。船家通常會提供面鏡和呼吸管，大夥兒穿著救生從螃蟹船上撲通撲通跳下海，澄澈清透的海水帶來廣闊的視野，可以好好享受海中漂浮的悠閒，但浮潛較難見到大型生物或成群魚群。為保育海洋生態，在長灘島浮潛是要另外繳稅的，從 2016 年起調漲至每人每次 40 披索（約 32 元台幣），出海的船公司或旅行社會另行向遊客收取。

鱷魚島（Crocodile Island）也是跳島的熱門浮潛點，鱷魚島位在長灘島的東南方，島上並沒有鱷魚，只是島的形狀和綠蔭色澤看起來像隻鱷魚。鱷魚島從一九八零年代長灘島發展觀光初期，就被視為是珍貴重要的潛點，時至今日仍是出海遊客必到景點，雖然此處風浪較大，但看見熱帶魚群和大型魚類的機會也較多，張牙舞爪的獅子魚、兇猛迅速的海鰻都是大家在鱷魚島浮潛時睜大眼搜尋的對象。

魔術島（Magic Island）是地圖上查詢不到的一個名字，它是長灘島東南方一個私人小島，上島必須支付 150 披索（約 120 元台幣）的登島費。這是一座面積很小的島嶼，島上唯一能進行的活動就是「懸崖跳水（Cliff Jumping）」。這項活動是緣於長灘島附近的班乃島上有一個知名的跳水景點 Ariel's Point，該處進行的活動就是無限量供應酒精飲料、然後讓遊客從高度不同的懸崖跳台上往海裡縱身一躍，體驗下墜的速度感和落海的興奮暢快！這個活動深受西方遊客喜愛，不過從長灘島搭船到 Ariel's Point 需要 2 小時左右的長程，於是聰明的生意人決定在長灘島附近的魔術島上搭起一座類似的懸崖跳台，雖然高度和刺激度不如 Ariel's Point，但是近水樓台的優勢仍然吸引許多極限運動愛好者登島。當螃蟹船開近魔術島時，就可看見一整面用竹子和木條搭起的跳台，從 3 公尺到 10 公尺層層築起、越來越高；跳台上總有毫不猶豫翻身蹦水的勇者、也有躊躇不決進退兩難的自我挑戰者，尖叫聲、起鬨聲、笑鬧聲不絕於耳，不管彼此是否認識？是何國籍？大家都像朋友一樣彼此打氣、互相鼓舞，小小島上充斥著滿滿的熱鬧氛圍。懸崖跳水的海面上雖有救生員、岸上也有隨時準備拋下游泳圈的工作人員，但參加活動前仍得簽署切結書，一切意外都須自負責任。島上只有販售簡單的飲料和零食，遮陽涼亭也需要另外付費，一般跳島行程可能只會在此停留一小時，讓熱愛冒險的旅人試試膽量。

水晶島（Crystal Cove Island）是長灘島東南方的私人島嶼，因島嶼周邊海水如藍水晶一般晶亮清透而命名。船近島時第一眼看見的是造型可愛的涼亭、城堡般的瞭望台、和漂流木搭起的橋樑步道；下船後腳踩著細粉般的白沙、穿越石頭堆起的隧道正式登島。島上種植許多熱帶植物，還有一個小巧鳥園，以不破壞自然的方式妥善建設，散散步大約 20 分鐘可繞完全島。妳可以選擇攀上制高點以 360 度的視野欣賞湛藍海洋，也可以站在懸崖邊體驗海浪拍打礁石的激情壯闊。最值得體驗的是洞穴探險，島上有兩個海蝕洞，Cove1 是沿著木造樓梯由上往下鑽，洞內像一個天然的室內游泳池，隨著微微打進來的浪潮可在海蝕洞內漂浮游泳，或爬到洞外的竹筏上跳跳水、曬曬日光浴；Cove2 則需穿越竹子搭起的獨木橋涉水而進，運氣好潮汐不高的話可彎腰闖進洞內的另一個矮穴，前行 10 公尺後竟豁然開朗地來到小島另一側，這裡的海水真的像果凍一般剔透澄瑩，除了藍還是藍，泡在海中或遙望遠方小島、或仰望天空冥想，好希望腦海中有台照相機可以永遠留存住這片刻的美麗！水晶島的登島費用為 200 披索（約 160 元台幣），島上有良好的環境維護和路線規劃，甚至有官方網站可導覽參考，是跳島不容錯過的目的地！

http://www.boracaycrystalcove.com

跳島行程的午餐通常是在水晶島附近不知名小島上享用 BBQ，自助餐形式的 BBQ 只有簡單幾樣烤肉串、烤魚、海鮮串加上白飯，並非現場火烤、而是由廚房統一烹調後大鍋送出，屬於口味偏鹹的菲律賓式料理；倘若加價或較高檔的午餐，則會以套餐方式提供一人一隻大明蝦或螃蟹。餐食的等級可在購買行程時就向旅遊公司詢問確認。用餐環境是戶外搭起的竹棚，較炎熱也容易有蚊蟲，大夥通常無心細細品嚐都以充飢方式匆匆吃完、便整裝待發準備下午行程。傍晚返航前，有些行程會停靠長灘島最北邊的普卡貝殼沙灘，沙灘上悠閒放鬆的原始氛圍，能為鎮日海上漂流的巡禮畫下完美句點。

Allan B. Fun Tours

《寂寞星球（Lonely Planet）》和台灣許多部落客都推薦的船公司，專營出海行程，服務非常專業，價格也很親民，Island Hopping 可能只有台灣旅行社報價的一半，但包括午餐、遊船設備都是一般水平，除了西方旅客外，許多菲律賓當地人、或馬來西亞遊客喜歡參加這家公司舉辦的一日遊行程。在 Station1、Station2 各有一家店面。

電話：+63 908 178 4762

網址：https://www.facebook.com/boracayfun101/

價格區間：一日遊包含午餐、但不含上島門票及潛水稅，每人約 600 元台幣

② 精彩刺激水上樂園

長灘島的水上活動也相當熱門，最常見的橡皮艇類活動，像是香蕉船（banana boat）、飛魚（fly fish）都很受歡迎。長灘島的香蕉船是兩條蕉併在一起，一條船可以坐 10 人以上，很適合一群好友一起上船瘋狂尖叫，費用一次 15 分鐘每人 250 披索（約 200 元台幣）。飛魚是比較新興的水上活動，仰躺在橡皮艇上、雙手抓著安全繩，當水上摩托車一往前急拉、飛魚艇就直立躍上水面不斷彈跳，有時甚至會飛離海面，能享受速度快感、測試膽量以外，體力更要夠好才不會鬆手摔落海中，費用一次 15 分鐘每人 500 披索左右（約 400 元台幣）。

拖曳傘（parasailing）是長灘島上值得一玩的水上活動，雖然許多海島都有拖曳傘可玩，但長灘的特殊之處在於一把傘竟可搭乘 2 至 3 人！且一般拖曳傘是讓玩家站在沙灘或海上平台起飛，但長灘島直接讓玩家坐在拉傘的快艇上，從船尾像放風箏一般放

線，讓玩家慢慢升空到天際。拖曳傘升到一定高度後，隨著風向在空中盤旋飛行，在上面可好好欣賞沿岸潔白的沙灘、島上青翠起伏的地形、以及遼闊蔚藍的海洋，與同伴一起尖叫、歡笑，體驗遨遊空中的自在更是難能可貴的經驗！一個飛行傘每 20 分鐘是 2 千披索左右（約 1800 元台幣），若三人共乘每人只要分

攤 600 元。在海灘上問一圈水上活動價格，會發現拖曳傘價差較大，但無論怎麼殺價請一定要找合格執照的商家。

水中漫步（Helmet Dive 或 Sea Walker）也是相當推薦的一個項目，不會潛水、不用戴呼吸管氧氣罩，只要肩膀上頂著一個大大的空氣頭盔，就可以在教練帶領下用安全輕鬆的方式下沉到水下 10 公

Red Coral Sports
島上頗具規模的一家旅遊活動公司，專營越野車和水上活動，尤其擁有自營的潛水中心，無論是水中漫步或體驗潛水都可提供服務或教學。主要的店面位在 Station1，白沙灘上也常見到該公司的推銷臨時攤位。
地址：, Balabag, Boracay Island, Malay Aklan
電話：+63 36 2885665
網址：http://redcoral.webs.com/

尺。下水前教練會詳細說明各種溝通手勢，如在水底有不適的狀況可隨時溝通。從海上平台一步步下水，肩上頭盔的重量就像一個巨大砝碼，很快就把人整個往下壓、向下沉，剛下潛時容易因為耳壓變化、雙腳騰空的不安全感而緊張害怕，但不一會兒馬上發現頭盔雖不密合、但在水底形成一個氣室，耳邊聽到咕嚕咕嚕的聲響一直把新鮮氧氣灌進來，大口深呼吸絕對沒問題，這才把心安定下來！在教練穩定牽引下往水底移動、踏上海底沙礫，魚兒深知有食物馬上就游在周圍接近等待，大多都是熱帶小魚和海星環繞，自己好似身處水族箱中與海底生物親密接觸，感受十分興奮奇妙！水中漫步活動原本盛行於澳洲大堡礁，參與一次至少都要三四千元台幣，但是在長灘島 20 分鐘每人只要 1300 披索左右（約 1000 元台幣），用實惠的價格感受人生當中從未有過的全新體驗！而且通常會贈送水底攝影的 DVD，讓妳把曼妙的海中回憶帶回家珍藏。

長灘島水上活動隨著季節不同會變更活動海域，但因活動都有包含 White Beach 周邊的接送，只要和旅遊公司確認好集合方式，其他事宜不用操心。

③ 海上落日感動時分

浪漫的藍色風帆在海上飄揚，是長灘島最特殊的景觀。風帆船（sailing boat）是菲律賓沿海重要的交通工具，船身是極窄的木造螃蟹船，運用風力來接駁交通或運送貨物；許多地區每年還會舉辦造船比賽、風帆彩繪、帆船競速等盛會，來保存發揚這項傳統工藝。長灘島發展觀光後，搭乘帆船隨風逐浪也成為時尚的水上活動，有趣的是搭風帆船時並非真正乘坐在「船上」，船家會在兩支向外延伸的螃蟹腳架艇上用麻繩編一張繩網，讓乘客像坐懶骨頭一樣或坐或臥地倒在網子上，完全放鬆享受風與海的擁抱。

傍晚是最佳搭船時機，長灘島擁有最棒的夕陽，每個傍晚都以千變萬化的姿態樣貌訴說不同心事，人們總說這裡有欣賞夕陽的一百種方式，但風帆船上的黃昏絕對令

人最難忘！船身隨著風的推進徐行，速度比想像中來得快，但動作卻是輕柔溫和地默默滑動，生活在都市、習慣工業生活的我們，此時此刻竟完全仰賴大自然力量帶我們去遠方，這種經驗多麼奇妙。風帆載我們迎著海風朝斜陽奔去，水面被晚霞染成金黃的波光粼粼，海天一色瞬間的光影變化讓人讚嘆，眼睛看著美麗暮靄、耳朵聽著濤濤波瀾、身體吹著沁涼微風、心情洋溢滿足感動，只有暢快可以形容這種狀態！海面上有許多出海欣賞日落的帆船，即使距離極近也能安然擦身而過，船長用雙手調整風帆，技巧純熟操控得宜；返航時也僅僅把帆面一轉，就輕易帶我們回到沙灘岸邊。風帆船座位周邊沒有任何安全設施，因此一定要穿著救生衣以防落海；航程中會被濺起的海浪噴濕，穿著泳衣比較方便。每次航行大約 30 分鐘，費用是每人 600 披索左右（約 480 元台幣），可向專辦水上活動的旅遊公司預約，隨興一點也可黃昏時再到沙灘沿岸直接找風帆船長接洽，往往會得到更優惠的價格；人數夠多還可以包下整艘船，不受時間與路線限制盡情揚帆乘風。

這兩年長灘島還流行一種船上夕陽派對，坐在可容納 40 位乘客、名為藏寶船（Booty Boat，也有人稱為海盜船）的大型螃蟹船艇，於傍晚時分出海。一出航就展開激烈的水槍大戰，全船乘客不分男女、無論國籍，見人就尖叫開槍的「濕身」派對馬上將氣氛炒熱。接著船長會將船艇下錨在海域清澈的定點，可從 3 公尺甲板上挑戰跳水，或游在海中擁抱熱帶海水的溫暖。最後在浪漫夕陽相伴下沿著長灘島西海岸返航，船上提供無限暢飲的酒精飲料和零食，有人隨著音樂擺動起舞、有人躺在甲板上聊天放鬆，一起迎向唯美的落日，在熱鬧烘托下歡送一天的尾聲。航程約莫 2 小時，每人費用約 1800 披索（約 1440 元台幣），因有人數限制建議要提早向旅遊公司預約。

立槳浪板（Stand Up Paddle）也是在海上欣賞夕陽的另一種方式。簡稱 SUP 的立槳浪板是以衝浪板改良的水上運動器具，平衡站立在板子上、以槳划行，就可自行在沿海水面上探險，發現屬於自己的偉大航路！長灘島的 White Beach 因為沙灘坡度平緩、浪潮也相對溫和，很適合 SUP 活動，初學者大約練習半小時就可以抓到訣竅自由划行。站在 SUP 上感受落照餘暉，除了能以不同視角等待太陽掉落自己腳下的海平面，更重要的是能在海上找到無人打擾的一方天地，長灘島擠滿遊客的任何景點都很難得到清靜，但在海面上也許會擁有完全屬於自己的平靜片刻。參與 SUP 活動需要穿著救生衣，沙灘旁許多攤位可租用，不限時計次費用每次約 300 披索（台幣 240 元左右）。

陸上溜達別具特色

長灘島的經典絕對是沙灘、海水、日落,耗費所有時間躺在沙上、泡在海裡一定不會後悔!不過陸地上還是有些別具當地風格、好玩好逛的特色,建議可花半天的時間四處走走逛逛。

① D'mall 購物大街散步

來到長灘島最常聽到的地名可能是 D'mall,D'mall 不僅是島上最大型的商業區域,也是一個最顯著的地標。D'mall 是位在 Station2 後方、與 main road 接壤的區域,D'mall 前廣場像是長灘島的中心樞紐,來自全島的接駁車都在這裡往來接送,各種活動行程也把這裡當成集合地點,旅行必備的好吃好買在此更是應有盡有!這是一個專為觀光客設置的人行徒步區,鋪設完善的水泥路面點綴著可愛的長椅和路燈,成排種植著綠蔭搖曳的椰子樹,像在招手歡迎世界各地的遊客。

一座座櫥窗陳列在步道兩旁,店面普遍不大,但設備新穎各式類型一應俱全:最常見的是餐廳,小有名氣的希臘菜 Cyma Greek Taverna、義大利柴火烤披薩 Aria、西班牙海鮮料理 OLE 都深藏在 D'mall 裡等著大家去發掘;海灘用品店、紀念品店、品牌服飾也大受歡迎,有名的手繪 T 恤店 LONELY PLANET 和 islands souvenirs 在 D'mall 都可訂購客製繪有自己名字的長灘島 T 恤;D'mall 入口的超級市場更是必逛,如果想喝喝菲律賓國

Aria

2003 年開幕,靠近 White Beach 的 D'mall 入口,融合義大利烹調和長灘島食材的創意料理,招牌是柴火窯烤的薄皮海鮮披薩,義大利麵和新鮮的沙拉也頗受歡迎。露天座位區可直接坐在白沙灘上,白天觀察形形色色人來人往、夜晚聽海浪看星星,十分愜意輕鬆的用餐環境。

地址:Beachfront, D'mall of Boracay, Boracay Island, Malay Aklan
電話:+63 36 288 6223
網址:http://www.aria.com.ph/site/boracay
價格區間:一份披薩約 400 元至 500 元左右

產啤酒 San Miguel 生力啤酒、或超多種口味的瓶裝調酒，可以在這裡大肆採購，零食、泡麵買回飯店，宵夜更是有著落了！其它旅途中的各種需求：藥妝店、外幣換匯、電信公司、SPA 按摩店等等，也都以攤販或小店的型態琳瑯滿目地座落在商場各處。D'Mall 的中央還有一個迷你公園，其中的摩天輪是觀光客到此一遊的必拍景點。

 D'Talipapa 商圈傳統好逛

Station3 後方與 main road 連接的區域稱作 D'Talipapa，這也是一個購物徒步區，不過商品比較趨近當地人生活所需，因此可看見不少蔬果店，蔬菜種類與台灣相去不遠，但可察覺椰子和青芒果是熱門商品；和台灣傳統市場一樣的溫體肉攤也在其中，肉販使勁用大菜刀砍著肉塊，西方遊客像挖到寶一樣個個看得嘖嘖稱奇；麵包店販賣著菲式傳統的餅乾糕點，當地人前來訂購蛋糕，外表樸實沒有過多裝飾，卻讓我回味起小時候的生日蛋糕；雜貨店高高掛滿隨身包，從

咖啡和茶包、到洗髮精或沐浴乳，全都是一人份小包裝一次性使用的包裝，原來菲律賓人擁有及時行樂的生活觀，發週薪的他們每每領到薪水幾乎馬上花光，因此大罐裝的日用品對他們來說太過昂貴買不起，隨身式小包裝、需要使用時再買，才符合他們的生活習慣。

D'Talipapa 有幾條窄窄的巷道專門販售服飾，價格便宜、品質不差，想要挑幾件海島風洋裝、海灘背心的話，可以鑽進巷弄裡認真翻找。紀念品也目不暇給，貝殼或編織類的手工藝品、椰子油製品、芒果乾零食，都是低價好買的戰利品。在 D'Talipapa 殺價是基本功夫，且這一區的物價平均比 D'Mall 低了 3 成左右。

最值得一逛的是 D'Talipapa 的海鮮市場，一缸缸大水盆中盛滿生猛海鮮，對哪一項有興趣老闆就活跳跳地抓到妳眼前，要妳摸摸肉質、掂掂重量，最受歡迎的莫過於龍蝦、明蝦、紅蟳和石斑魚，攤商各個拿起計算機用不標準的英文、零碎的中文單字招呼拉攏，希望用最便宜利多的價錢吸引顧客。不過長灘島沿岸禁止釣捕，本地漁民大多也僅在淺海作業，因此大部分的海鮮仍是從班乃島運來，新鮮度還不錯，但價格不如想像中的俗又大碗。海鮮市場其實是享受一種活絡的在地氛圍，對觀光客來說唯一的購買訣竅就是要「買活的」，然後耐心地一家家比較品質、討價還價。因為觀光客太多，這裡的小販多少會有一些奸巧手段，例如把妳精心挑選的海鮮趁秤重時偷掉包，或是找零時少找錢、再告訴妳剛剛喊價的就是這個價格；務必要隨時盯緊自己的海鮮和荷包，以免受騙。

海鮮市場周邊全是提供代客料理的餐廳，有中式料理、西餐料理、還有菲律賓當地料理，選擇自己喜好的口味後進店將海鮮秤重，每一種海鮮和每一種烹調方式都有不同的料理價格，例如川燙會比糖醋便宜、炸墨魚比墨魚燉飯便宜，圖片和價格都清楚列在菜單上，語言不通也可以比手畫腳溝通。料理費平均大約 1 公斤 150 至 200 披索，服務費和政府稅可能都是另計，一餐吃下來通常幾千元跑不了，人多分攤比較多樣又划算。

③ 沙灘路尋在地美食

每當聽到有人說想來長灘島吃美食，我總在心底偷偷皺眉頭。對來自美食王國的我們來說，平心而論只有在海鮮市場大快朵頤原汁原味海產、算是長灘島上最具特色的美食了，其它除了五星級飯店頗具水準的菜色以外，最豐富的還是外地引進的料理：從日韓料理、印度咖哩、歐式套餐、美式披薩漢堡全不缺乏，星巴克、麥當勞、甚至連台灣的連鎖珍珠奶茶都有好幾家！不過在 White Beach 沙灘路上仔細逛逛，還是有機會品嚐一些具有當地特色的好料。

沙灘 BBQ 自助餐對長灘島的旅人來說是最方便美味的當地料理，下午六點以後的 White Beach 總是瀰漫著烤肉味，像是各家 BBQ 大比拚的一場盛會：大火烤架上炭烤著大生蠔、大蛤蜊、各式肉串，疊得步步高升一層層的螃蟹和大蝦，還有整塊大牛排在爐上噴著肉汁、爆發香氣，讓人走過路過都不想錯過，趕緊找位子坐下大快朵頤。全隻上桌的菲律賓烤乳豬（lechon baboy）更是當地傳統，烤乳豬源於西班

牙料理，許多西班牙語系或曾被西班牙
殖民的國家都有類似食物，小豬去除內
臟後整隻穿在一支長棍上以炭火燒烤至
熟透，然而只有菲律賓還會在豬肉上塗
抹一種由雞肝、大蒜、胡椒、醋調製而
成的醬料，使得乳豬烤得皮脆肉嫩又帶
鹹香，每到年節一定是全家團聚時的桌
上佳餚，難怪被譽為菲律賓國菜，來到
長灘島一定要嚐嚐！

菲律賓人是出了名的熱愛燒烤，White
Beach 路邊常見賣著烤肉、烤熱狗、串
燒的小販，與其說是吃美食、不如說是

吃氣氛，因為每攤都只有一兩樣種類可選，份量不多、烤起來口感也偏鹹偏乾柴，但是跟當地人一起圍著攤子等肉烤好，老闆時不時還親切地和妳聊上兩句，貼近當地民情的感覺其實很不賴！

真的想吃飽的話可以走進烤雞（litson manok）專賣店，White Beach 沙灘路上 Station1、Station2 和 Station3 都找得到，光是站在門口看一隻隻全雞串在長桿上不停旋轉火烤就已垂涎三尺，金黃的色澤、誘人的氣味，任誰都想點個半隻一隻來大飽口福。烤雞店常常要大排長龍才吃得到，雞肚子裡塞著香草烤起來香味四溢，一口咬下多汁軟嫩令人吮指回味，烤鹹豬肉也是店內招牌，沾上酸味梅子醬、或香料鹹醬汁，清爽提味讓美食更加分。

> **Andok's**
> 1985 年從一個小攤子創始的烤雞專賣店，將菲律賓傳統菜餚轉變為快餐化，平價供應讓世界各國的人更容易親近菲律賓料理。2004 年起在長灘島開設分店，目前在長灘島共有 6 家分店，24 小時服務讓清晨衝浪完、或夜晚派對後的遊客都能隨時一飽口福。
> 地址：Boracay Hwy Central, Malay, Aklan
> 電話：+63 999 322 3922
> 網址：http://andoks.com.ph/
> 價格區間：全隻烤雞約 220 元台幣

沙灘路上也有幾家菲律賓傳統料理，菲律賓雖然是距離台灣最近的國家，可是相較於泰式料理、越南料理來說我們對菲律賓食物比較陌生，口味也許吃不慣，但這是一種嚐鮮和了解當地飲食的機會。酸湯（Sinigang）是非常道地的菲律賓菜餚，喝起來有一種透進牙齦的酸溜嗆勁，不是醋的口感、比較接近水果酸味，熱騰騰、鹹澀澀地入口又有些混搭的不協調感。湯的酸味主要來自醃製發酸的肉類和羅望子，

Gerry's Grill

氣氛有如美式餐廳，其實也是一家菲律賓連鎖餐館，用平實的價格即能在舒適環境中品嚐菲律賓傳統料理。酸湯和米飯必點，這裡的炭烤海鮮也很有名，鐵板碎肉也值得一嚐！可選擇在室內用餐，或在沙灘上踩著柔滑的沙子享受在地佳餚。

地址：Station 1, Mito's Place Balabag, Boracay Island

電話：+63 36 2881458

網址：http://www.gerrysgrill.com/

價格區間：肉類或海鮮主菜一道約台幣 200 元

佐以蔬菜、四季豆、芋頭等配料，當地人一道湯配一碗飯就解決一餐，能夠在天氣襖熱時讓胃口大開。如果無法接受酸湯的獨特風味，牛骨湯（Bulalo）是很容易上癮的選擇，把牛骨和牛腱與黑胡椒粒、蔬菜一起燉煮熬製，味道濃厚鮮美，牛肉啃完後還要吸吮大骨裡的骨髓。菲律賓烤魚也是道簡單美味的佳餚，將去骨魚肉刷上椰子油烤成外焦裡嫩的金黃色，淋上金桔或特製的香料醬汁，搭配當地傳統的蒜頭飯一起享用，色香味感官都得到大大滿足。

④ Mt. Luho 登頂至高遠眺

長灘島的陸上活動實在不多,使得魯厚山(Mt. Luho)似乎也成為一個熱門景點。其實這只是一座海拔 100 公尺高的小山丘,卻是長灘島的至高點,站上瞭望台可以遠遠欣賞布拉伯沙灘和島上唯一一座高爾夫球場的景觀,綠油油的山坡與藍盈盈的海洋互相搶戲,即便風景並非特別驚人,仍是以不同角度凝視長灘島的一種經驗,倘若海灘與夕陽都已看膩,有多餘時間再考慮前往 Mt. Luho。上山需付入園費 50 披索(約 40 元台幣),山頂還有一座簡易鳥園飼養大型水果蝙蝠和猴子供觀光客拍照。

想要散步登上 Mt. Luho 只要從布拉伯沙灘的北端沿著唯一一條上坡路前行，大約 20 至 30 分鐘腳程就可抵達。為了增加這個景點的趣味性，島上還有駕駛 ATV 四輪驅動越野車上山的活動，租車費用約 1 小時 1400 披索（折合台幣 1120 元左右），車種有兩類：以方向盤操控類似 Go Car 的小賽車、或是類似騎乘摩托車的沙灘車，由於長灘島的海灘完全禁駛這些車輛，因此主要是開在 main road 的水泥路上，上山之後則是崎嶇的石頭路。駕駛 ATV 雖然需要一定的技巧，不過時速最快只有 30 公里，並非特別刺激快感、比較像在路上兜風。有些人選擇搭乘嘟嘟三輪車上山，但因車體本身馬力不太強，可要有顛簸搖晃 30 分鐘的心理準備。

沉浸渡假奢侈時光

與其他海島相比，長灘島的景點少、不用趕路跑行程，最適合好好善用飯店設施、或躺在島上感受人生的美好：一整個下午泡在飯店游泳池也不嫌無聊，一本書一杯咖啡就在躺椅上享受光陰，或發呆、或曬日光浴，在長灘島上，時間就是最奢侈的支出，能擁有真正放鬆的渡假時光！

如果這些無法滿足妳，也可以當個名媛貴婦，悠閒品嚐高檔美食、或來場舒暢的SPA 按摩，體驗短暫迷人的寵愛奢華。

① 悠閒享受貴婦下午茶

午候時分的長灘島往往碧空如洗、赤日炎炎，是最曝曬炙熱的時段，躲在屋簷下迎接海岸風光、享用美食甜點對怕黑怕熱的女性來說是最棒的選擇之一！

長灘島有幾個知名的下午茶景點，旅行社最常強打的是探索海灘渡假村（Discovery Shores Boracay）的英式下午茶。座落在 Station1 細軟白沙旁的探索渡假村因為歌手梁靜茹曾在這裡舉辦婚禮而聲名大噪，住宿一晚要價上萬元、是島上數一數二的高級飯店。若無緣住上一宿，來這裡參觀用餐也是另一種體驗。英式午茶的三層盤上裝盛著果醬司康、馬卡龍、小蛋糕、可頌、三明治等甜鹹點心，隨心情可搭配咖啡、調酒、或當地最著名的芒果冰沙。渡假村內雖然沒有私人沙灘，但戶外用餐區和沙灘酒吧以毫無遮的視野面對海洋，加上溫馨的布置、無微不至著稱的服務態度，令人擁抱一個輕鬆愉快的午茶時光。

倚著石壁、沿著洞窟建造而成的西灣海景別墅（West Cove Hotel），由於位在長灘島的隱密邊陲、風光景觀特別不同，也成為下午茶的熱門地點。入口處要爬樓梯經

過幾個原始自然的湛藍海蝕洞穴，並支付 150 披索（約 120 元台幣）的入場費才可進入旅館。彎曲的步道領著大家的腳步一直延伸至海中央，回頭一望整座建築，才發現層層上築的白色露台，有點類似土耳其棉堡的景觀概念；蜿蜒不規則又特立獨行的建築形狀，又充滿著西班牙高第風格；突出的海岬更像是一座三面舞台，以 270 度的視角把蒼穹汪洋盡收眼底，尤其是夕陽西下時分，站在居高的露臺上瞭望斜陽，更是美不勝收！這裡沒有所謂的下午茶套餐，僅能單點輕食或飲料，但是絕美的風光便足以餵飽每位旅人的心！

位於 Station2 海灘旁的海風咖啡廳（Sea Breeze Cafe）因為從裝潢到人員服飾都以希臘風情的浪漫藍白為基底，走在沙灘上很難不注意它的存在。擁有美麗海景的下午茶是美味多元的 Buffet，可以飽餐一頓、也能坐下來輕鬆享用點心。如果待久一點還可體驗到天黑時所有廚師、侍者一起動起來的歡欣鼓舞！動感舞蹈一首接一首從 No Body 跳到 PPAP，無論專業與否、不管舞姿美醜，每位工作人員都忘我投入散發魅力，充分感受到這座海島想要帶給大家的盡情歡樂。

早午餐近年也在長灘島盛行，也許因為長灘島的夜晚熱鬧精彩、適合狂歡，大家隔天都睡得很晚才起床覓食。而全天候供餐的早午餐文化，也可為悠閒的午茶時刻提供吃飽又吃巧的選擇。D'mall 摩天輪旁的 Lemoni Cafe 是著名的早午餐店，純白的牆面桌椅展現著清爽明亮的氣息，班尼迪克蛋、德國香腸蛋、鮮蝦歐姆蛋等各種美式早餐讓胃口大大滿足。White Beach 上的 Aria 則提供菲式早午餐的選擇，芒果的微澀酸甜加上烤魚的清淡爽口，從呼吸的空氣到咀嚼的溫度都充滿濃濃的菲式情懷，令人難忘。

② 按摩 SPA 全身疏鬆

長灘島按摩 SPA 產業是因應觀光客來到海島想要按摩放鬆的需求而誕生，不像峇里島或普吉島擁有悠久的紓壓芳療歷史，選擇也有限，最具特色的是大喇喇趴在海邊的沙灘按摩。White Beach 上有多處擺放著整排躺椅，阿姨大姊們叫賣推銷以 1 小時 350 披索（大約台幣 280 元）的便宜價格享受按摩，有些甚至鋪塊浴巾在地上就直接做起生意來。於是看見許多穿著比基尼或泳褲的男男女女，即便身旁人來人往熱鬧嘈雜，仍不動如山地趴在沙灘上任人揉捏擺布，景象相當特殊有趣！沙灘按摩分為油壓和指壓，著泳裝的皮膚上通常難免沾黏海沙或風砂，建議最好油壓以潤滑減緩沙子在身上摩擦的粗糙刺痛；阿姨力道十足的手勁、加上海沙的觸感，是一種天然去角質的療程，但若剛曬完烈日、身上有曬痕甚至曬傷時，千萬不要輕易嘗試沙灘按摩，否則按摩可能成為酷刑，1 個小時的療程大概只有痛不欲生可以形容！

倘若不想在沙灘上受到注目禮，可以尋找店面式平價按摩，在 White Beach 路邊、main road 上、或 D'Mall 都有不少選擇，價格大約在 500 披索以下（折合台幣 400 元左右）。大部分按摩店都是無隔間設計，按摩床陳列一排，以布幕或輕隔間簡單遮掩。平價按摩一樣有指壓和油壓兩種療程，指壓穿著自己的寬鬆衣物即可，油壓則須脫光剩下小褲褲、以一條沙龍布遮蓋身體。菲式按摩通常由背部開始一路按腳底，沒有太特殊的手技，主要運用指腹針對肌肉按揉捏，翻身後從正面按摩頭臉及肩頸，達到舒筋活骨、消除疲勞的放鬆舒緩。按摩結束須另外支付小費給按摩師，行情是 50 披索起跳，依個人喊價功夫有時事前殺價可以談到免小費。菲律賓人個性比較開朗隨興，並不適應戰戰兢兢無微不至的服務，因此有時按摩師會彼此聊天、好奇窺探客人購物的戰利品、或做些台灣人普遍認為不太專業的舉動，但理解他們的民族性、其實笑笑帶過也不須太在意。

> **Palassa SPA**
> 長灘島上知名的平價按摩，優雅簡潔的裝潢洋溢熱帶風格，按摩師傅們的藍色制服是最顯眼的招牌，在 Station1、Station2、Station3 各有一家分店，是口碑不錯、CP 值高的店家。大部分的空間不分男女、沒有隔間，女性最好穿比基尼前往較能避免尷尬走光。
> 電話：+63 36 288 9888
> 網址：http://palassa-spa.weebly.com/
> 價格區間：依不同療程 60 分鐘約台幣 280 元至 350 元

一般平價油壓，都是使用當地椰子油。菲律賓出產高品質椰子油，尤其隨處可看見攤販用中文書寫的招牌上標明「處女椰子油」是長灘島上熱銷的產品。有些遊客以訛傳訛誤認處女是把未完全成熟的椰子摘下來煉油、更有特殊功效，其實處女椰子油是指未經精製的初榨椰子油（virgin coconut oil），濃濃帶甜的椰子香，攝氏 24 度以下就會變成白色濃稠固態狀，是一種性質穩定又含高量飽和脂肪酸的好油。菲律賓人常拿椰子油來護膚護髮，保養之外也能殺菌抗病毒；食用椰子油則會快速被身體吸收運用，不會在體內堆積、不易變胖，增加好的膽固醇更能預防改善特定疾病。長灘島上有各式椰子油可採購，包裝精美或俗又大碗都有，也可向按摩店家購買，但不需要很費力地扛一堆回家，因為台灣也同樣買得到便宜又品質好的產品。油壓按摩完後不須特地洗澡，可讓椰子油保留在身上，能滋潤肌膚並且達到防曬的效果。

除了平價的按摩店外，長灘島上有多家高級 SPA 會館，許多是世界連鎖品牌，從環境到按摩技巧各具賣點，價位多在台幣 2 千至 3 千元以上。其中最受台灣人歡迎的是熱石 SPA，熱石按摩的起源有一說是美洲的印第安文化，據說西藏傳統也有記載運用熱石進行治療的醫術，熱石 SPA 的精隨主要是在全身精油按摩過後，運用礦石熱敷讓肌肉深層放鬆，並用熱度幫助精油滲透皮膚底層，暢通淋巴氣結、釋放壓力疲勞。另外，由台灣中醫師開設，結合草藥、靈修和阿育吠陀（Ayurveda）概念的身心 SPA 也是近幾年長灘島的新寵。

Lava Stone SPA

繞著水池而建的木造走廊、和紙拉門，日式風格的建築設計頗有電影場景的氣氛。SPA 療程從一杯排毒功效的諾麗果汁開始，其後選擇自己喜愛的精油，推拿過後即運用來自夏威夷火山的天然礦石來熱敷按摩，最後並奉上熱茶增進血液循環，細緻的服務流程讓人有賓至如歸的舒暢感受。

地址：Sitio Lugutan, Boracay Island

電話：+63 36 288 6862

網址：https://www.facebook.com/Lava-Stone-Spa-172720546110309/

價格區間：2 小時療程約 2500 元台幣

近年菲律賓觀光局大力推廣的菲律賓土法 Hilot 療程，也是頗具特色、值得一試的一種 SPA。Hilot 是菲律賓世代相傳的古老療法，療程從問診開始，了解平時飲食的口味、日常習慣、是否曾患疾病等等資訊後，由治療師診斷體質屬性、挑選最適合的推拿技法。療程一開始先將溫椰子油和香蕉葉覆蓋在全裸的上半身，進行和緩身心的熱敷，接著治療師以中式穴位按摩的方式推開阻塞淤滯處、增進體內能量均勻，傳統菲律賓人認為這種療法可以驅除病痛，對現代人來說，在優雅安靜的環境由專業治療師調和身心平衡，達到修復身體勞累、釋放心靈壓力的功效則是最棒的放鬆享受，來到長灘島不妨用這種純菲式 style 好好愛自己一下！

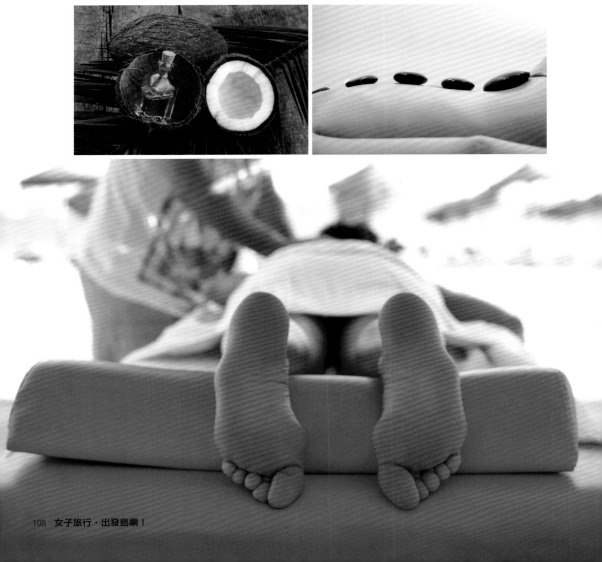

PHUKET

CHAPTER ②　普吉

「泰國的珍珠」普吉島對台灣人來說一定不陌生！電影《海灘》裡的李奧納多只憑一張不知真偽的地圖，不畏險惡也要泳渡海洋、尋找夢想中天堂般的半月形白色沙灘；《BJ 單身日記 2》喀斯特海灣美景環抱下，休葛蘭對芮妮齊維格說著王子愛上胖公主的故事、展開浪漫追求攻勢；近年則有描述 2004 年南亞海嘯的《浩劫奇蹟》，隨著主角從恐懼中找到救贖希望，普吉這座小島彷彿也從災難中再度重生。

身為泰國最大的海島，安達曼溫暖的湛藍海水、熱帶風情的白色沙灘、奇形怪狀的離島與洞窟，讓這裡自 1970 年代與泰國本土的跨海大橋落成後，即發展成為世界著名的觀光島嶼。早在二十年前，普吉島就因為團費便宜，成為台灣員工旅遊和大學生畢業旅行的熱門地點；南亞大海嘯前每年到普吉島觀光的台灣旅客竟達 20 萬人，台灣是入境普吉島人數最多的國籍！海嘯過後雖然團體銳減，但更多人開始選擇在這座海島上自助旅行。因為團體旅行時只會記得普吉島的水上活動、人妖秀、猴子表演、或是強迫消費的眼鏡蛇藥店……但當妳發現「Phuket」這個字竟然是馬來西亞語？！普吉島以前竟是海盜窩藏寶藏之地？！島上竟有一個充滿歐洲風情小鎮？！妳會迫不及待地想用自己的足跡、用不同的角度和視野，深入認識這個台灣人最喜愛的小島！

飛往普吉

往普吉島的飛機

1 · ✈ 轉機

台灣飛往普吉島沒有固定的直飛航班,通常會在曼谷轉機,但也有些旅客會選擇不同廉價航空的搭配在吉隆坡、或新加坡等地進行轉機。根據個人經驗,最優惠、航程最短的方式仍是在曼谷轉機。

台北飛往曼谷航程約 4 個小時,固定的直飛航班多降落在曼谷的蘇旺納普國際機場(BKK,Suvarnabhumi Airport);廉價航空則降落在曼谷廊曼機場(DMK,Don Mueang International Airport,通常為廉價航空專門降落的機場)。

從曼谷飛往至普吉島的國內航班眾多,從凌晨到半夜每小時都有數班飛機,航程約 1 小時 20 分鐘,十分快捷便利。有點難定義它們是否為廉價航空?因為票價都非常便宜,常見的選擇是:BKK 飛普吉國際機場 HKT 的航班有泰國航空、泰國微笑航空(Thaismileair,泰國航空子公司,可累積泰航里程)、曼谷航空等;DMK 飛 HKT 則有亞洲航空(Airasia Thailand,國際及泰國國內航線)、鳥航(NokAir,專營泰國國內線)、泰國獅航(Thai Lionair,泰國國內與東南亞航線)等,但亞洲航空和鳥航的行李都要另外計費。一般來回的票價約在 5 千元台幣以內,但遇到促銷活動時甚至單程 7 百多元台幣就買得到,便宜到令人驚訝!

出發地	航程	轉機點	航程	目的地
台北(TPE)	4 小時	曼谷蘇旺納普機場(BKK)	1 小時 20 分	普吉島(HKT)
中華航空(China Airlines) 長榮航空(EVA Air) 泰國航空(Thai) 曼谷航空(Bangkok Airways)			泰國微笑航空(Thaismileair) 曼谷航空(Bangkok Airways)	

台北（TPE）	4 小時	曼谷廊曼機場（DMK）	1 小時 20 分	普吉島（HKT）
虎航（Tigerair）酷鳥（NokScoot）			亞洲航空（Airasia Thailand）飛鳥航空（NokAir）泰國獅航（Thai Lionair）	

購買機票時，建議先評估自己的需求，決定台北到曼谷段要搭乘一般航空還是廉價航空？再從曼谷降落的機場（BKK 或 DMK ？）決定曼谷到普吉段要選擇哪家航空公司？無論在哪個機場轉機，都需先過海關入境泰國，提領行李以後再前往「國內線航廈」，到航空公司櫃台重新 check-in 和托運行李後再登機。曼谷兩個機場的國際線轉國內線都有清楚的指標，BKK 甚至有中文指示，總之出關之後找到「國內出發（Domestic Departures）」的字眼，跟著走就不會錯！此外，因為要過海關入境、還要從國際航廈走到國內航廈，所以中間的轉機時間千萬要充足，建議至少保留 3 小時以上，避免排隊人潮眾多而沒有趕上飛機。

相反地，回程在普吉島登機時，要先搭乘國內航班（Domestic Departures），到曼谷下機領取行李後，再跟著「國際出發（International Departures）」的指示前往國際航廈，找到航空公司櫃台進行 check-in 和托運行李後，再通過海關出境登機。

2 • ✈ 包機直飛

旅行團有時以「台北直飛普吉」為號召，讓團員省去轉機的奔波與麻煩，可以輕鬆抵達普吉島渡假。這種直飛航班通常是多家旅行社一起向航空公司申請的包機，而當包機沒有坐滿時，旅行社有可能會釋出零星的座位讓散客購買，因此自助旅行者也有機會享受直飛的便利，這個票種被稱為「湊團票」或「計畫票」，也有航空公司打出「神秘機票」的響亮名號。

台北到普吉島的包機曾經興盛一時，但目前大部分旅行團也使用轉機方式，這樣的機票之所以神秘，就是因為它不定期、多在暑假才會出現、也不一定有空位，所以能不能搭乘完全要靠運氣！有心想要購買的話可以多上網搜尋「計畫票」、「神秘機票」等關鍵字，或直接打電話向出團的旅行社詢問是否有空位。

不過這樣的機票可能有許多限制，例如：限定出發日期和旅行天數、不可更改日期也不可退票、不保證可累積航空公司哩程數、不能指定座位、且出發當天才能在機場向領隊人員取得機票……等等，建議開票前一定要看清楚機票規定再做決定！

② 簽證

1．預先辦理

泰國的單次觀光簽證可在當地停留 30 天，請在出發日前 3 個月內申請（從申請日起算，簽證有效期只有 3 個月，在這 3 個月內必須要入境，否則簽證自動失效，因此不須過早申請），可親自前往台北泰國貿易經濟辦事處申請，分享親身辦理的經驗與流程如下：

Ⓐ 下載簽證申請表格，把所有資訊以英文填寫好，並用釘書針釘上身分證正反影本（未滿 18 歲請附戶口名簿影本）、貼上六個月內 2 吋彩色白底照片一張（頭部 3.6 公分至 3.2 公分大小）。（註 1：若非本人前往辦理，則申請人須填妥委託書，被委託的代辦者也要攜帶身分證正本供查驗。）

下載申請表格：http://www.tteo.org.tw/main/zh/services

Ⓑ 攜帶護照（至少六個月有效期）、簽證表格資料、台幣 1200 元簽證費用，前往辦事處（台北市松江路 168 號 12 樓，捷運南京松江站），送件時間是週一到週五上午 9:00-11:30。（註 2：泰國經貿辦事處每天都有幾百人前往申請簽證，光是排隊等候叫號大概需 1 至 2 小時，所以如果能 9 點一開門就到達會比較理想。）

Ⓒ 搭乘電梯抵達位在 12 樓的辦事處後，須先到電梯對面的服務台排隊，由工作人員檢查護照及資料，確認正確後才由工作人員幫妳抽號碼牌。（註 3：很多被退件的都是只寫了「飯店名稱」、沒寫「飯店地址」，記得表格要全部填妥，免得隊伍得重排一次。）

Ⓓ 拿到號碼牌後，螢幕上會顯示叫號，一個個進去櫃台繳件，再往指定櫃台繳簽證費。繳費後會領到一張收據，要妥善保存，是下午領件使用。（註 4：2016 年 10 月泰國國殤之後為了推廣觀光，泰國政府宣布自 2016 年 12 月起至 2017 年 8 月止，辦理簽證免收簽證費，落地簽證也改為半價。）

Ⓔ 下午 16:00-17:00 前往領件，一樣先在電梯對面的服務台抽號碼牌，領件時是 10 號或 20 號一起叫號，因此速度加快許多。叫到號碼後只要拿收據交給指定櫃台，核對身分無誤後，就可以拿到辦妥泰國簽證的護照了。

預先辦理簽證的好處是出國時不須擔心漏帶資料，飛機一落地也即可入境，把握寶貴的當地旅行時間。若居住在台北以外的縣市、或是擔心麻煩的旅人，建議可以請旅行社代辦，代辦費大約 300 到 400 元。

2 · 落地簽證
泰國提供包括台灣在內的全世界 21 個國家以觀光目的申請落地簽證（VOA，Visa On Arrival），持落地簽證可在當地停留 15 天。落地簽證的好處是不用為辦理簽證專程跑一趟辦事處或旅行社，更適合隨時說走就走的旅行；但入境時要先排隊辦簽證、再排隊入關，特別是在曼谷這種入關旅客非常多的大型機場，等待時間就要拉長許多，可能降落後 2 個小時以上都出不了機場，還要擔心託運行李在外面沒人領取，也會延誤當地行程，因此利弊之間就須自己衡量了。

辦理落地簽證需準備：護照正本（六個月有效期）、六個月內 4X6 公分白底照片一張、起飛日期為 15 天內且已確認機位之回程機票、在泰國居住飯店的訂房證明和飯店地址、簽證費 2000 泰銖（僅收泰銖、約台幣 1800 元，2017 年 8 月底前為半價優惠）。下飛機後走到 Visa On Arrival 櫃台（曼谷機場會有中文標示：落地簽證櫃台），以英文填寫申請表格，排隊繳交資料及費用。按規定一個人需至少隨身攜帶等值於 1 萬泰銖、或一個家庭攜帶 2 萬泰銖的旅費，才能申請落地簽證入境，但簽證官不見得會檢查，只要隨身備妥即可。若沒有太大問題，簽證官會在護照上蓋個章、即為入境簽證。常見的退件

有照片不合規格、或簽證費不收外幣等等，但在簽證櫃台附近都有拍照處或外幣兌換處，因此問題大多可當場解決。

前往普吉島依轉機或包機直飛狀況，有可能在曼谷或普吉島當地入境，無論是曼谷蘇旺納普國際機場（BKK）、曼谷廊曼機場（DMK）、普吉國際機場（HKT）都可辦理落地簽證。不過在 BKK 入境的話，可事先進行線上申請，但這並非在網路上就能

「完成」簽證辦理，僅僅是在線上填好表格、印出來帶到曼谷的落地簽證櫃台而已，節省了當場填表格的時間。

線上填寫落地簽證表格：https://extranet.immigration.go.th/voaonline

所有簽證完整及更新資訊，都請參考泰國經貿辦事處官網：

http://www.tteo.org.tw/main/zh/services

③ 出入境

1 · 證照查驗

入境時必須填寫「入出境卡（Arrival Card/Departure Card）」，飛機上空服員會發放，或在海關前也可拿取。像登機證一般長條形狀的入出境卡是兩張連在一起的，兩張的流水號是同一號碼。第一張正面是個人資料，要填寫的內容包括：姓名、國籍、護照號碼……等基本資訊以外，還要填寫泰國簽證上的簽證號碼、和在泰國當地的住址，這些資訊記得預先準備齊全。第一張反面是此次行程的調查，例如搭乘的是包機或固定航班？跟團或自助？職業及年收入？出發地與下一個目的地……等等，照實勾選即可。

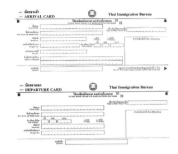

第二張只有一面，是出境卡，填妥基本資料就完成了。入境時海關會將第一張收走，第二張須自行保管好，離境時要出示。總有許多人離境時不小心遺失了出境卡！如果發生這種狀況，建議在 check-in 時就向航空公司再要一張、事先填妥，並在通關時告知海關人員原本的表格遺失，海關會將新舊兩張的流水號連結確認後，即可順利出關。倘若在海關前才發現遺失，也可以直接跟海關要表格，不過就必須有點尷尬地卡在隊伍前匆忙填寫了。

2 · 行李檢查

入境後的行李檢查跟台灣桃園機場類似，海關有綠色和紅色兩條通道，如果沒有東西需要申報，則不需填寫任何申報表，直接走綠色通道即可，如果個別被海關人員要求過掃描器或開箱檢查，再進行配合。但若攜帶了進口商品需要報稅，則要填寫「海關申報表格（Custom Declaration）」，從紅色通道通過。行李規定如下：

- 菸酒額度：200 支香菸、雪茄或煙草 250 公克以內，1 千 CC 的酒類。
- 違禁品：毒品、仿冒品、武器、彈藥、刀械、爆裂物。

• 需要申報物品：佛像、工藝品或古董、動植物、醫療或化學用品、電信設備、汽車零件⋯⋯等。

• 隨身現金入境時無上限，但出境時泰銖不得超過 5 萬、外幣加總不得超過 2 萬美元。

3 • 通關後

• 普吉國際機場的新航廈是 2016 年 9 月才正式啟用，若搭乘國際航班抵達普吉島的旅客會從新航廈入境。新航廈最大的特色之一是機場大廳外有大片的人工草坪，因此走出大廳後會看見一堆接機司機拿著姓名紙牌站在草坪前等待，草坪上也偶而會有野餐休憩的遊客，第一時間感受到普吉島的愜意。

• 從曼谷轉機的國內航班則從普吉國際機場的舊航廈起降，舊航廈有兩個航站 Terminal1 和 Terminal2，兩個航站腹地都很小，因此接機或等車的交通都較混亂，若約好接送最好能與對方通電話確認位置。

• 國際或國內航廈的都有換匯、小巴士或計程車接送、上網 SIM 卡購買等服務櫃台。如身上沒有泰銖可在此先換一小部分，其他待前往市區再換。

• 泰國各大電信公司無論在 3G 或 4G 上網都有非常優惠的方案，7 天上網無限吃到飽花費大約台幣 400 元左右，且全國價格是統一的，所以也可直接在機場購買，服務人員會負責安裝、確認網路暢通。在普吉島本島旅行時建議可開通網路，方便搜尋網路地圖。

4 • 離開/前往機場

普吉島的機場交通有四種方式,機場接送可請住宿飯店協助預訂,或在 KKday、KLOOK 等行程票券網站訂購,價格約 800 元台幣。除了預約機場接送以外,還可以搭乘普吉島機場巴士、小巴士(Van/Minibus)、或計程車。

• 從機場大廳會一路有機場巴士(Airport Bus)的指標,還會有穿著制服的工作人員指引,搭乘相當便利。機場巴士路線是從島嶼西北方的機場,經過中北部的女英雄紀念碑(Heroines Monument)、遊艇俱樂部(Boat Lagoon)等景點,前往東南邊的普吉鎮(Phuket Town)行駛,並沒有到達觀光客聚集最密集的巴東區域(Patong Beach),因此要特別注意前往的地點是否在行駛路線上?不過普吉鎮是全島的交通樞紐,也可考慮先到達普吉鎮再轉車去別處。發車時間為上午 8 點到晚上 8 點半,原則上 1 個小時只有 1 班車,票價非常便宜在 100 泰銖以內。詳細資訊請參考官網:http://www.airportbusphuket.com

• 機場大廳或機場外的候車區都有小巴士的售票櫃台,一台廂型車等坐滿 8 人才開車,主要的旅遊區域都有抵達,且把飯店地址交給司機的話可以直接把妳載到住宿地點門口,算是 CP 值不錯的交通方式!再加上 24 小時營運,就算搭乘紅眼航班抵達也不怕沒車坐。小巴士票價也都是公定的,依地點不同約 180 到 200 泰銖左右(約台幣 160 元到 180 元)。不過缺點就是會先將旅客載到中途轉運站,也就是一家旅行社,依據旅客目的地重新分配搭乘的車輛、也趁機推銷旅遊行程跟回程車票,重新分配的車輛一樣是人滿才開車,因此如果前往比較冷門的地點可能要等待一段時間。

• 普吉島機場有排班計程車，步出海關後會有 24 小時的 Taxi 服務台，服務台上有清楚的價目表，把目的地告知服務台人員，他們會寫一張行程分別交給妳和司機，單趟從機場到普吉鎮包含 100 銖的機場手續費總共約 650 泰銖（約台幣 580 元）、到巴東海灘約 800 泰銖（約台幣 715 元）。走出機場後也有非排班的計程車司機沿途攀談喊價，但是根據實際比價過的朋友經驗，喊價其實比公定費用低不了多少，因此建議還是向服務台叫車較為安全。

5 · 出境時

在普吉島購物有機會享受 6% 的退稅，由於發展國際觀光已多年，全島標有 VAT Refund for Tourists 的商店有將近 400 家，從服飾、化妝品、到電器、或超市都有，只要在 VAT Refund for Tourists 的商店於同一天、同一家店內買了至少 2 千泰銖的東西，結帳時可向商店領取 PP10 退稅表格（PP10 VAT refund form），並妥善保管收據，則在機場出境前可申請退稅。

若是搭乘國際航班直接從普吉島機場出境，則在普吉島機場的出境大廳可找到退稅櫃台（VAT Refund Office）。填妥每一張 PP10 表格，並帶著所有退稅物品、護照、收據，前往櫃台將物品過掃描器、繳交手續費 100 泰銖後，即可退稅。若購買物品總價在 3 萬泰銖以下，退稅可現場領現金；但若總價高於 3 萬泰銖，則只能以匯款方式退稅到指定信用卡帳戶中。

須特別注意的是，從普吉機場出境離開泰國才可以在普吉機場辦理退稅，如果搭國內線前往曼谷轉機出境的話，則要在曼谷機場辦理（只能在從泰國離境的機場辦理）。另外，到達機場時建議先辦退稅、再 check-in 行李，這樣退稅完還可將物品放回托運行李中，否則所有的退稅物品都要帶在手提行李中，較不方便。

島上交通

普吉島與台灣一樣是一個長型島嶼，有人說它橢長的形狀，看起來像垂墜在泰國南部的一顆珍珠、或一滴眼淚；又因為島嶼的東北、東南、西北、西南正好有四個尖形的凸岸，貌似四肢利爪，因此也有人說這座島是一隻胖蜥蜴的化身。島長48公里、寬21公里，島中央大多是綠樹成蔭的丘陵山崗，沙灘大多分布在西部，其中最知名的巴東海灘即是在西部海岸線的中央，因此觀光人潮主要集中在西部。不過因為整個島嶼不大，面積543平方公里約是兩個台北市的大小，各景點之間的距離都是20分鐘左右的車程而已，因此環島趴趴走是自助旅行者的最佳選擇。島上有幾種主要交通方式：

1 租機車

普吉島的道路不複雜，除了巴東海灘周邊交通較繁忙以外，其他路段的車流也不多，交通秩序算是良好、守法，說走就走、想停就停，且停車免錢，因此在島上機車旅行是非常推薦的一種交通方式！特別是想要環島、或單日前往多個景點的行程，非常適合租機車。只要平時在台灣有上路經驗的機車騎士，相信來這邊騎車都覺得輕鬆容易。

普吉島市區各處都有機車出租的服務，但最方便的方式其實是要求住宿飯店幫

普吉國際機場 Airport

拉古拿潟湖區 Laguna Phuket

幻多奇樂園 FantaSea

皇家遊艇碼頭 Royal Phuket Marina

水上市場 Floating Market

巴東海灘 Patong Beach　　普吉鎮 Phuket Town

查隆寺 Wat Chalong

納克爾德山 Nakkerd Hills

卡塔海灘 Kata Beach

奈涵海灘 Nai Harn Beach

拉威海灘 Rawai Beach

神仙半島 Prom Thep Cape

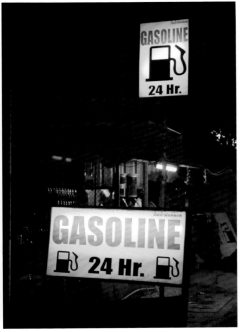

妳請租車商家到府服務，這樣妳可以直接在飯店借車、還車，省去一段來回租車行的交通，透過飯店介紹的商家也較有保障。泰國政府承認台灣的國際駕照，因此出國前只要前往台灣各地區監理所申請換發即可（若沒有攜帶國際駕照，有些商家會不敢把車租給妳，因此須事先備妥）。機車通常是125CC，租賃費用一天約250泰銖（合台幣230元左右），車上附2頂安全帽，如果擔心清潔問題可以事先在台灣的十元店買好安全帽衛生內襯墊。租機車不是要押護照、就是要放幾千元的押金，建議不要任意把自己的護照交給他人，因此事先應準備多一點現金以供押抵。租車時商家會紀錄油箱內有多少油？還車時須把汽油加到原來的刻度，否則要折抵油錢。普吉島路邊隨處都有投幣式的加油機，需要多少就加多少，十分方便；有時甚至可看見玻璃瓶裝的汽油一瓶瓶晶瑩剔透立在路邊，每瓶大約50泰銖而已，只是汽油品質不得而知，若為了不要騎到半路拋錨建議還是不要冒險。

泰國的交通方向和台灣相反，要謹記靠左騎！特別是巴東海灘往東通往普吉鎮、及巴東海灘往北通往幻多奇樂園的這兩條山路，因為觀光遊覽車特別多，路面又不寬敞，得特別注意安全靠著路邊慢慢騎；島嶼南部則車輛很少，是可以放鬆心情、邊騎邊欣賞風景的路段。路上的交通警察最常取締的是沒戴安全帽，再來就是無照；畢竟中國大陸的駕照不被泰國政府承認，必須透過公證等其他複雜方式才能取得合法性，因此據說警察特別喜歡攔下華人，抓到無照增加業績的機率很高！所以同樣身為東方面孔的我們，千萬要備好證件、並且遵守交通規則。如果是第一次在普吉島機車旅行，建議隨身攜帶手機或導航，但要注意 google map 搜尋的景點常有不精準的狀況，騎錯路或一直迴轉是家常便飯，建議先把準確的定位點儲存好。另外，普吉島在雨季時常有暴雨，因為路況排水並不好、有可能積水淹水，許多車禍也都是在暴雨時發生，所以遇大雨最好先找地方暫停休息，通常一小時就會雨停。

② 嘟嘟車 / 計程車

如果進行點與點之間的移動、且有多人分攤車費，建議可以搭乘 TukTuk 車。台灣人多把 TukTuk 車稱作嘟嘟車，是由小貨車改裝而成的客車，常會加裝五顏六色的燈光，並且大聲播放舞曲來吸引路人注意，在泰國各地都可看見。嘟嘟車好處是隨上隨下、價格比計程車便宜、且可以同時載運 6 至 8 人，適合當作一群好友出遊或小團體的交通工具；但缺點是搭乘起來沒有轎車這麼舒服，上坡時會感覺吃力、彎路或巔簸會震動得特別明顯，不太適合長途搭乘。上嘟嘟車前要先講價，消費水平大約是 10 分鐘的

路程 100 元泰銖（約 90 元台幣）左右、從巴東海灘搭到普吉鎮差不多 400-500 泰銖，但是價格高低還是要看當下談價情況，半夜會加價、車輛稀少的景點也很難殺價。

價錢是嘟嘟車常有的糾紛，常見狀況是司機亂抬價，如果遇到不合理的狀況一定要語氣和緩、但態度堅定地據理力爭，當然也要衡量別為了小錢讓自己陷入險境。最近有名的一個案例是 2016 年有一位英國旅客 Jack Brown 在他的社交平台上發布一段影片，訴說自己在普吉島坐嘟嘟車，只搭了不到兩分鐘、約 1 公里的路程而已，卻被司機海削收了 200 泰銖！他與司機爭論卻無效，最後只好在網路上呼籲大家注意。沒想到這段影片在網路上廣傳，形成強大批評和社群力量，普吉島大眾運輸部門受不了輿論，由部長出面代表道歉，並承諾盡快解決普吉島的各種交通收費問題。

費用糾紛也常發生在計程車身上，普吉島的計程車大多有安裝跳表，消費比嘟嘟車貴 3 到 4 成，但他們同時也接受喊價的計費方式。對初來乍到的旅人來說，跳表是最有保障又不會產生糾紛的方式；上車前一定要跟司機確認是「by meter ？」，並

先以 google map 查詢距離和乘車時間。但多待幾天對地理位置和乘車時間有些熟悉的話，也可自己評估狀況接受喊價，例如巴東市中心很容易塞車，此時用跳表就相對不划算。不過除了在巴東市區以外，普吉島的計程車不太容易隨處攔到，如需搭乘可以請飯店代為電話叫車。

③ 租車 / 包車

租車和包車都是適合環島、或單日前往多個景點的行程。租車價格不含油資大約一天 1500 泰銖左右（約 1340 元台幣），若單日搭乘嘟嘟車或計程車的機會超過 3 次以上，租車自駕也許是划算的選擇。事先可在國際經營的租車網站上預約，並在網路上辦好保險，從機場就可直接取車；當地的租車公司則是原地取車原地還，沿著巴東海灘有許多掛有「for rent」的招牌即是租車公司，價錢和車況比較參差不齊。

不過泰國與台灣的駕駛方向相反，雨刷和方向燈也是相反的，自駕需要一些時間適應以外，重要景點周邊還環伺著摩托車、嘟嘟車、遊覽車，不建議新手駕駛。當地的大飯店、大景點、百貨公司通常會規劃停車區域，並收取 5 至 10 泰銖停車費；郊區景點在不妨礙交通的地點即可免費停車。市區交通繁忙、單行道多，開車和停車難度較高，特別是巴東海灘附近許多條道路禁止自小客車停車、只有計程車或嘟嘟車可停，要格外留意。此外，普吉島警察喜歡攔下觀光客盤查，只要有一點點違規跡象，都有

可能開罰、嚴重甚至被扣車，因此務必遵守交通規則，駕照、護照也絕不離身，以免遭遇麻煩。

相較於租車自駕，包車是一個更理想的交通方式。在普吉島包車一天8小時約2500元台幣左右，幾乎都是寬敞舒適的廂型車，包含司機、油錢，且不需風吹日曬雨淋，還可以吹冷氣或在車上小憩，更不用煩惱停車問題，想玩多久就玩多久。如果想要包車，在路邊販售旅遊行程的小攤子上都可預約，當然也可殺價；不過比起在當地沒有品質保證地廝殺喊價，其實許多國際行程票券公司（如KKday、Klook、HopeTrip）都有提供普吉島包車服務，而且價格有可能是行情價的七折左右，划算又值得信賴，可以多多參考勤做功課。

④ 公車

不趕時間的愜意旅行，可以考慮搭乘公車。普吉島的公車總站在普吉鎮，粉紅巴士是在普吉鎮的市區內繞行，藍色的海灘巴士（Phuket Local Beach Bus）路線可以到達島上主要海灘景點，包括：巴東（Patong）、邦龍碼頭（Bang Rong Pier）、拉威（Rawai）及奈涵（Nai Harn）、卡塔（Kata）及卡倫（Karon）、卡瑪拉（Kamala）及蘇林（Surin）、攀瓦角（Cape Panwa）、查隆灣（Chalong Bay），乘客主要是當地居民，也有許多歐美背包客搭乘，對住在普吉鎮上的旅人來說是一個方便又特別的交通體驗。公車營運時間從上午7點行駛到下午5點，行車區間約30分鐘一班，有固定路線、在市區有固定站牌，但出了市區只要舉起手即可隨停上下車。大部分的車型是大巴士、或俗稱「大雙條」的貨車改裝車，車內沒有冷氣，上車時將車費交給專門收費的車掌小姐（通常是阿姨），單趟車資只要40到50泰銖（約台幣36到45元），不但省錢、能沿途好好欣賞風景、更能盡情感受當地人的生活步調，有緣的話和懂英文的乘客聊上幾句，享受自助旅行處處是驚喜的樂趣！第一次搭乘的旅人，最好直接去普吉鎮巴士總站等車，可以了解詳細的路線和搭乘方式。

住宿普吉

① 渡假別墅 Villa

普吉島的獨棟 Villa 多為連鎖集團以頂級為號召建造而成。島嶼西部由北至南約有十個世界級的渡假沙灘，各海灘都有知名華麗的 Villa 佇立，島上更不乏名氣響亮的特色 Villa：例如，CNN 報導「2016 年一定要入住的世界十二旅館」第一名就給了以鳥巢造型聞名的基馬拉別墅（Keemala Phuket），位在巴東海灘以北、半山腰上的基馬拉渡假村以熱帶雨林原始部落為概念，所有建材選用取自於大自然的木材、竹、水泥、天然巨石等，住宿 Villa 則包含鳥巢、樹屋、陶土、帳篷等不同設計的房型，鼓勵住客在森林中以慢活的概念享受自然的休閒時光。另一個名人的隱世渡假天堂則是位在普吉鎮南方的普吉島斯攀瓦別墅（Sri Panwa Phuket Villas），這是地獄主廚戈登（Gordon Ramsay）、饒舌天王史奴比狗狗（Snopp Dogg）、薩克斯風巨星肯尼吉（Kenny G.）等人最愛的渡假天堂。設計走天然舒適路線，以半開放式的傳統木屋（Bungalow）為造型，裝潢則糅合傳統泰國風格和現代極簡風，座落在普吉東南岸的懸崖上，不但位置隱密、更可無死角地鳥瞰整個安達曼海。普吉島的 Villa 在國際訂房網站和官網上都可以預約，許多官方網站甚至有中文版本，可以清楚查閱資訊、便利又毫無隔閡。

另外，普吉島還流行一種「豪宅住宿」，這些豪宅是建商蓋成一區數棟的豪華別墅，打算出售，但在賣出之前可以租賃給遊客短期住宿。新屋豪宅 Villa 通常擁有專屬的無邊際泳池、私人沙灘，住宿還同

時配置司機接送、以及專屬的管家和廚師 24 小時服務，讓人人都有機會體會富豪的奢華享受。這些豪宅由房地產公司負責管理，租賃除了是空屋活化的概念，也是行銷的一種方式，有些富商試住後覺得舒服就直接買下投資的案例比比皆是，倘若旅伴的人數較多、預算又充足，不妨一試。更多資訊可參考 Phuket.Net 網站：https://www.phuket.net/property/zh/

② 渡假村 Resort

許多人來到普吉島就是想要全天候享受陽光、沙灘、海景，因此沿海的渡假村是普吉島最熱門的住宿選擇。較具規模的大型渡假村主要還是集中在西部，倚著各大海灘而建，雖然並非擁有獨佔的私人沙灘，但與海相鄰的景觀優勢，加上渡假村內的

大小泳池、花園步道、運動球場、各式餐廳……等一應俱全的設施，讓渡假所需全都可在其中滿足，許多人即熱愛躺在渡假村內足不出戶，感受每分每秒的放鬆時刻。

大前研一曾在《旅行與人生的奧義》書中聲稱如果有「地上的極樂之地，一定就是這裡！」他指的即是位在蘇林海灘以北的阿曼渡假村（Amanpuri）。阿曼集團（Aman）是世界知名的五星級渡假村集團，1988 年開幕的阿曼渡假村是集團的第一個作品。這裡最早是集團創辦人阿德里安（Adrian Zecha）招待親朋好友的渡假屋，因居高遠眺位在面海的隱密山腰上，低調神祕又充滿綠意，受到不少國際名人青睞，因此即便它既不新穎也不華麗，卻高貴很貴、更是普吉島最知名的渡假村。

普吉島還有一區特別的潟湖渡假村，是位在島嶼西北方的拉古拿渡假湖區（Laguna Phuket）。這個人工潟湖環繞著五家世界級的五星飯店，包括悅榕（Banyan Tree Phuket）、喜來登（Sheraton Grande Laguna Phuket）、杜斯特塔尼（Dusit Thani Laguna Phuket）、拉古拿海灘（Laguna Beach Resort）和阿拉曼達（Allamanda

Laguna Phuket），在廣達 600 英畝的湖區內設有十數間高級餐廳、18 洞高爾夫球場、貴婦級美容 SPA 中心、戶外冒險活動中心、兒童娛樂園區、購物商城及 outlet，甚至還有一座純白浪漫的水上教堂可舉辦婚禮。實在很難想像在 1980 年代這裡只是一片散落著鏽蝕機具、遍布臭水塘與土堆的廢棄錫礦場，經過十幾二十年的養地發開，至今成為如此寧靜曼妙的天堂。飯店之間有專屬接駁車、潟湖遊船往返，也流行單車環湖逛遍全區，整個湖區被營造成鳥鳴水語的生態天堂，是一種另類的普吉體驗。

普吉島的渡假村多如繁星，價位從一晚一兩千到數萬元都有。因為島嶼不算大，加以各式活動幾乎都包含全島接送，即便自行租車解決交通問題也很容易，因此地理位置不見得是選擇住宿時的第一考量，而是優先思考喜好和預算，在各大訂房網站上依自己的需求進行篩選預訂。

③ 小資住宿

普吉島的小資住宿非常多元，從青年旅館（hostel）、服務式公寓（serviced apartment，通常指的是有客廳廚房等設施的住宿類型、或是小型的旅舍）、民宿（guesthouse）或 B&B（Bed & Breakfast）到優惠的三星級商務旅館，訂房網站上隨意就可找到近千家實惠的選擇，最低都是幾百元台幣就可以住宿一晚。

在普吉島住宿，便宜可不見得等於簡陋！許多服務式公寓或 B&B 竟然都擁有私人泳池，若地理位置選得好，無敵海景或百萬夜景也有機會盡收眼底！服務櫃台可以協助租車、訂行程，整體來說除了設備比較樸實、無法時時被服務人員環繞以外，與住在大飯店其實沒有太大差別，但價格可能是半價、甚至三折，奢侈地把假期延長也不用擔心預算爆表。

倘若真的很想省錢，更是建議可住在普吉鎮。普吉鎮是大多數當地人生活的區域，因此從食衣住行到按摩、買行程等，多方面物價都比各大海灘便宜三分之一左右，且普吉鎮是交通樞紐，無論出海、前往其他沙灘都很便利，是 CP 值極高的住宿選擇！

Good Day Phuket Boutique Bed & Breakfast

白色的矮屋包圍著湛藍泳池，清新舒適又浪漫的風格，讓人一眼就愛上這間旅館。位在普吉鎮的 Good Day Phuket 附近有三條公車路線，前往普吉老街只要 5 分鐘車程，附近還有 King Power 免稅店和五星級按摩中心，生活機能便利。而且最大的驚喜是：老闆來自台灣！

老闆 Alvin 以前是身價看漲的竹科新貴，自從認識普吉島廣東華僑的老婆後、也漸漸愛上這片土地，決定放棄高薪、遠離家鄉，攜手在這個島嶼上耕耘。夫妻兩人從談戀愛時靠英語溝通，到現在結婚生子在普吉島開業定居，先生泰文超流利、太太中文也標致得很，可以想像他們對這個民宿也像經營家庭一般地努力投入。

跳脫 Alvin 口中的「電子慘業」成為民宿老闆，因為用心和熱心竟也擔任起旅行救火隊的任務，從旅遊路線建議、訂購行程、租車協助、到迷路諮詢、爆胎道路救援、甚至生病送醫，總之住客發生任何狀況，只要傳一通 Line，Alvin 馬上義務解圍。有人說只要手機裡有老闆的 Line，就算語言不通也一切「免驚」了！對第一次自助旅行的女性來說，兼顧安全住宿和當地中文諮詢窗口，Good Day Phuketg 是個理想的住宿選擇。Alvin 最大的心願是將「不同於旅行團路線」的普吉風貌介紹給更多人認識，也把台灣最美的風景和最溫暖的熱情帶給每一位前往普吉島的旅人。

地址：60/76 M.2 Vichit Tambon Wichit, Amphoe Mueang Phuket, Chang Wat Phuket

電話：+66 76 390 757

網址：http://www.gooddayphuket.com

價格區間：每晚約 1000 元台幣起跳

季節與行李

① 氣候

普吉島屬於熱帶季風氣候，全年如夏潮濕炎熱，因受海洋季風帶影響分為乾季和雨季兩個季節。每年的 11 月到 4 月，來自亞洲高地乾燥的東北季風吹來，使得天氣晴朗穩定，濕度沒這麼高、海水也較平靜，是適合旅遊的旺季。5 月到 10 月份，從印度洋吹來的西南風帶著大量水氣，降雨量是乾季的好幾倍，海面上風浪也大、較易暈船，暴雨來襲時遊船常有停駛狀況；不過雨季的普吉島雖然暴雨總是來得又急又快、有時甚至伴隨狂風，但通常只會下一兩小時，風雨過後又是一片朗朗晴空，只要做好雨天備案依舊適合前往旅行。

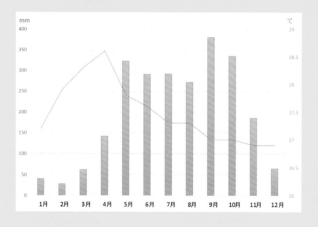

	一月	二月	三月	四月	五月	六月	七月	八月	九月	十月	十一月	十二月
平均溫度 ℃	26.2	26.5	27.3	28.3	28.9	28.1	27.5	27.5	27.4	27.4	27.2	26.6
雨量 mm	146	71	49	67	261	332	608	500	434	443	377	247

② 行李

全年著夏季衣物即可，防曬用品和雨具絕對必備！普吉島的標準電壓為 220 伏特，50 赫茲頻率，飯店內的插座一般有雙孔圓形與三孔扁型兩種，建議攜帶轉接頭，沒有自動變壓的電器也須使用變壓器，通常飯店櫃檯也可免費借用轉接頭及變壓器。

③ 節慶

節慶	日期	習俗活動
普吉老鎮節（Phuket Old Town Festival，亦為慶祝中國新年）	每年日期不一，通常是中國農曆新年後的周末	伴隨中國新年，普吉鎮中心的老城區會進行封街，舉辦各式慶祝活動：不但有燈光秀、遊行，更少不了華人的舞龍舞獅和傳統戲曲表演，另外可在城鎮上體驗搭坐古代黃包車、也可沿鎮中心運河免費乘船遊河；最重要的是五花八門的街頭小吃、搭配熱鬧滾滾的慶典氛圍，可以用不同面貌感受這古色古香的老城鎮。 2017 年的老城區慶典為 2 月 3 日至 2 月 5 日。

浴佛節 （Songkran，又稱宋干節、潑水節）	4月13日～15日	歷時三天的浴佛節等同於泰國人過年，按照傳統，人們會用彩旗和鮮花妝點佛寺，慶祝農耕豐收，並聽誦佛經祈禱感恩、接受僧侶灑法水祝福。接著走上街頭，提著各種盛水器皿互相潑水，代表著清除過去一年的髒汙與不幸，用純淨迎接新的一年。年輕人也用潑水來表達愛慕之心，普吉島上的各國遊客更是入境隨俗、帶著大小水槍共襄盛舉，成為島上的一大旅遊亮點。
九皇齋節 （Phuket Vegetarian Festival，又稱 Jia Chai 吃齋節）	每年日期不一，舉行於中國農曆9月初一～初九	普吉島特有的傳統，也是島上最隆重的節日。起源於19世紀前來普吉開採錫礦的中國移民工，當時礦工之間突發一種怪病，久治無效之下有人發起吃素，一段時間後怪病竟不藥而癒，人們認為這是吃齋虔誠感動佛神顯靈，因此每年農曆九月初一到初九，不但慎重禮佛，更要穿著白衣、不吃葷、不飲酒，並有集市和慶祝活動，在普吉島所有的中國寺廟附近都可以品嚐泰國素食小吃。 2017年的九皇齋節為10月20日至10月28日。
普吉旅遊嘉年華 （Phuket Travel Fair 又稱為巴東海灘狂歡節）	11月1日	從1985年首創至今已三十多年歷史，是為慶祝旅遊季節展開、讓遊客更了解普吉文化而舉辦的一個熱鬧繽紛慶典。每年這天，巴東海灘從早到晚展現各式活動，從一大早的布施功德活動、水上運動競賽、觀光客選美大賽，到日落後的爵士樂演奏、人妖表演、調酒技藝等等，來自世界各地的人們在這片沙灘上共度開心狂歡的一天。

超雷船節 （**Chao Le Boat Floating Festival**，又稱 **Sea Gypsy Boat Floating 海上吉普賽漂船節**）	每年日期不一，舉行於陰曆（lunar calendar）6 月 13 日～15 日、及 11 月 13 日～15 日	超雷人（Chao Le）是泰國南部海域一個神祕古老的海上民族，他們沒有固定落腳地，當一個駐紮的海灣資源用罄時他們就移往另一處，因此又被稱為泰國的海上吉普賽。在普吉島周邊有三個超雷部落，他們以捕魚為生、或從事潛水開採珍珠、攀高採集燕窩等危險性較高的工作。每年有兩個月圓之夜，超雷人會將木造的小船放入小禮物、自己的頭髮及指甲，放在海面隨波流走，以取悅海上的鬼神、為自己祈求好運。族人會繞著船隻跳傳統舞蹈，並且只有在這一天獲准進行他們的傳統 - 狩獵海龜並吃海龜肉。拉威海灘和普吉鎮北方的 Sapam village 是於 13 日舉行、普吉鎮東方的 Koh Sirey 於 14 日、普吉島最北端大橋以東的 Laem La 則在 15 號舉行慶祝活動。
水燈節 （**Loy Krathong**）	每年日期不一，舉行於泰曆 12 月 15 日	水面上火光點點、與水波相映，水燈節可說是泰國最美的節日。這個節日原為祭祀河神 Phra Kone Ka，傳統是將香蕉樹心製成的底座上花朵和香燭放在水面漂流，象徵將過去一年的罪惡帶走、並祈求來年平安；另外也會放天燈寄託美好的祝福。也有人說水燈節是泰國情人節，男女相約放水燈代表愛意的傳達。普吉島的水燈節舉辦在湖畔或海邊，當地人與遊客共襄盛舉，用水燈、天燈來祝福彼此。 2017 年的水燈節為 11 月 3 日。

 時差

格林威治標準時間（GMT）+7 小時，較台灣慢一小時。

女子安心建議

① 包括《BJ 單身日記 2》及凱特貝琴薩主演的《強迫入境》等多部知名電影，都曾描述女主角進出泰國海關時因幫他人攜帶行李，而被查出夾帶毒品、鋃鐺入獄的悲慘故事。泰國對於與毒品有關的一切犯罪都採取嚴厲刑罰，最重可處死刑。因此唯一原則是：別幫他人帶行李！連認識的、同團的都應拒絕；行李全部要上鎖，入境通關也盡量求快，最好守在行李轉盤前不要讓任何人有機會接近妳的行李；在機場時，不屬於自己的東西更不要去碰，即使海關指示妳幫忙拿提也都要斷然拒絕，網路上流傳不少被泰國海關誣陷而需塞錢解決、甚至被拘留的故事，真真假假不得而知，但今日的泰國是觀光大國，海關人員其實大多很和善，只要學會保護好自己，不帶違禁品、不超帶菸酒、管制物品照實申報，通常都能順順通關。有任何重大急難狀況可撥打位在曼谷的駐泰國台北經濟文化辦事處 24 小時急難救助電話：+66-816664006。

② 選擇包車前，最好要跟租車公司及司機談好行程原則，否則即使是自助旅行，也很可能跟旅行團一樣被司機載到腰果店、寶石店、燕窩店、珍珠魚皮店、眼鏡蛇藥店……等等這些妳一點也不想去的地方；即使不下車不想逛，司機可能也會堅持不開車，因為這是他們賺取小費佣金的一種方式。當然，協商不去購物店，包車車資有可能會相對提高，就跟參加「無購物旅行團」團費會比較貴是同樣道理，特別是與路邊旅遊攤位訂車時，最容易產生這類溝通糾紛，所以建議可找認識的當地人協助訂車，或向有品質保障的國際行程票券網站預約。

③ 在普吉島騎機車，只有百貨公司樓下的停車場會收費，其餘路邊畫白色斜線的停車格一般是免費停放的，個人經驗也沒遇過收費狀況。曾有網友分享把機車停在巴東海灘附近的小巷中，有位貌似穿制服的小弟出現向他收取 20 泰銖，並給予一張停車費收據；但當他逛街回來後竟發現機車不見了！收費小弟敲詐 1000 泰銖才告訴他機車在哪，原來被他們移到隔壁巷弄內，同時間幾位西方人也被這群人敲詐，

所以停車要盡量慎選公有地點。另外，騎車時也盡可能輕裝出發，身上不要背著包包，飛車搶劫的新聞偶有所聞，盡可能財不露白、不要成為歹徒的目標。

④ 普吉島大多數商店及超市的營業時間是到晚間 10 點，10 點過後除了夜市、酒吧街、海灘等觀光客聚集的地方以外，其他路上人車都稀少。女性晚上務必結伴出門，並建議只前往熱鬧人多的區域，以策安全。

⑤ 巴東海灘的酒吧街，沿路都有人推銷各種秀場表演，但表演場地往往在蜿蜒的窄巷內、或狹小密閉的地下室，這些場所無論是逃生安全、或人身安全方面，都是高風險的場域。曾聽說有背包客在地下室的秀場點一瓶泰國啤酒，就被押到小房間脅迫付帳上萬元的故事。當地人告知我們，務必選擇一樓的酒吧店家，因為門口就是人來人往的馬路、還有警察巡邏，對女性來說相對安全；另外，也不要被捎客說服拉客前往任何二樓以上或地下室的店家，在門口發現苗頭不對就要轉身走人，看人妖秀及成人秀最好也選擇大型秀場。

⑥ 普吉島的水上活動盛行，但有時因為法規不嚴格、或遊客過多而容易發生意外。例如，台灣的水上摩托車規定必須由教練駕駛、搭載遊客，但普吉島卻允許沒有執照的觀光客任意租借，幾乎每年都有因操作不熟悉相撞死傷的事故；而普吉島拖曳傘活動的起降都在公共沙灘上，雖然有隔離出安全活動區域，但有時易因風向而改變降落位置，可能不小心撞到或壓傷沙灘上的人群。因此進行活動前建議先觀察狀況，一定要有教練隨行，倘若場合的人數過多、太擁擠時，也可考慮等人潮散去再活動。另外，海灘若豎起紅旗代表風浪過大禁止游泳，要多多留意自身安全。

⑦ 開心渡假之餘也要與時俱進，多看新聞、多詢問導遊或當地人，了解當地法規的改變。例如泰國政府從 2016 年 5 月份公布禁止餵魚，違規者罰緩 1 萬泰銖；因此無論是在沙灘觀賞小魚、或浮潛時遇上大魚，都不要餵食。又例如，島嶼西北方的邁考海灘（Mai Khao Beach）由於與機場相臨，常有遊客在海灘上與即將降落的飛機冒險合照，但普吉國際機場在 2016 年 12 月公告：遊客若太靠近飛機，將依法判

處 5 至 20 年徒刑，最嚴重可判處死刑！邁考海灘附近的起降跑道隔離欄杆也將延長 8 公尺，所以前往遊覽時千萬別越界。

⑧ 泰國是個虔誠篤信佛教的國家，來到普吉島參觀大小寺廟要格外注重禮儀：進寺廟要脫鞋、脫帽；不能穿著無袖或露出肚子的衣服，小腿肚以上要遮住，因此禁著短褲、短裙或五分褲，破褲和曲線畢露的緊身褲也不合宜。許多寺廟會有免費租借沙龍長裙或長褲、披肩的服務，一般來說看到妳的服裝不及格時，廟方人員就會自動前來幫妳披上了。在泰國，信仰佛教的男子約定成俗一生中至少要出家一次，路上常可見穿著袈裟的和尚僧侶，他們非常謹守男女授受不親的原則，因此女性要注意千萬不能接近或碰觸到和尚僧侶，泰國也有「禁止摸小孩頭」的禁忌，認為會因此趕走好靈帶來厄運，應特別留意這些習俗。

⑨ 象徵泰皇的黃色旗幟以及泰皇肖像在街頭隨處可見，家家戶戶更會懸掛泰皇的照片。泰國有著舉世知名極為嚴苛的「冒犯皇室罪」，不能在公開場合批評泰皇和皇室成員；印有皇室象徵的任何書籍或紙張都不要亂揉亂放；甚至連硬幣掉到地上都要以迅雷不及掩耳的速度撿起來，因為上面有泰皇的鑄像，任何人認為妳對肖像不敬都可以向警察檢舉！從 2016 年 10 月，在位七十年、深受人民愛戴崇拜的泰皇蒲美蓬駕崩，全國進入長達一年的國喪期，普吉島當地的旅遊業沒有受太大影響，泰國政府甚至用免簽證費方式希望盡快復甦觀光，普吉鎮的農曆春節活動也照樣張燈結綵，不過當地人多會穿著黑色服飾，在這段期間也盡可能尊重當地文化及國喪期間的低調態度。

⑩ 在普吉島找廁所不算困難，每個沙灘或觀光區都設有廁所，除了少數免費以外，大部分需要支付 5 到 20 泰銖不等的費用，並會發給衛生紙，收費的廁所都是現代化的西式廁所，使用習慣並無不同，環境大多還算乾淨。此外，各景點之間距離都不遠，景點旁通常也是旅館、商店密集，臨時前往借用廁所都不會被拒絕。

⑪ 各大海灘及觀光景點常可遇到拉生意的說客，推銷內容從旅遊行程、水上活動到

按摩都有，有一種常見的詐騙伎倆是：說客跟妳談好了便宜實惠的價格，把妳帶到旅行社或按摩店門口，請妳將費用支付給他後即可去櫃檯前排隊參加活動、或直接進店按摩，收了錢後說客會告訴妳他還要回去剛才的地方繼續招攬生意，但沒想到妳進店或進櫃台後，工作人員竟完全不認識剛才那位說客？！自然也不會承認妳已經支付過費用。並非路上的推銷人員都不可信，有時真的可以跟他們討價還價得到不錯的條件，但費用一定要直接支付給公司本身、且要索取收據，才有保障。

⑫ 在普吉島，無論是看人妖秀、成人秀、或參加叢林探險等等活動，現場購票永遠是最貴的選擇，差價甚至可能會是 2 倍以上！因此若能事先做好行程規劃、確定活動日期，在網路上購票會非常划算！幾家知名的國際行程票券網站各自都有不同優惠，可多做功課比價；此外，普吉島現在為中國遊客旅行的熱門目的地，因而淘寶上也有五花八門的廉價選擇，我個人也曾成功在淘寶上買過人妖秀和其他活動的票券，省下不少荷包；但建議購買前要多觀察對方是否為銷售量大且信譽良好的賣家，並在淘寶保障可申請退費的 10 天之內確認票券訂購完成。

屬於女子的普吉

① 妳的行程

日程	行程	交通	住宿	預訂
第一天	轉機 / 抵達普吉島	機場接送	渡假村（巴東）	機場接送
	巴東海灘黃昏漫步	步行		
	馬林夜市美食			
	西蒙人妖秀			人妖秀
	巴東孟加拉路酒吧街	渡假村接駁車		
第二天	攀牙灣一日遊 tour（行程包含：船遊攀牙 + 獨木舟探險 +007 島 + 水上人家 + 房間島與無人海灘）	tour 含接送	渡假村（巴東）	攀牙灣 tour
	泰式傳統按摩			傳統按摩
第三天	披披島 + 蛋島一日 tour（行程包含：小披披島沙灘 + 海盜穴 + 猴子沙灘 + 大披披島通賽灣 + 蛋島浮潛）	tour 含接送	B & B（普吉鎮）	跳島 tour
	藥草球按摩			藥草球按摩
第四天	查隆佛寺	海灘巴士	B & B（普吉鎮）	
	拉威海灘海鮮午餐			
	神仙半島			
	奈涵海灘			
	普吉老鎮 + 美食購物	普吉鎮巴士		
	普吉行人步行區（周日）			

| 第五天 | 叢林大象營半日 tour
或 叢林滑索半日 tour | tour 含接送 | B & B
（普吉鎮） | 叢林 tour |
| | 前往機場 / 曼谷轉機 | 機場接送 | | 機場接送 |

② 妳倆的行程

日程	行程	交通	住宿	預訂
第一天	轉機 / 抵達普吉島	機場接送	渡假村 （巴東）	機場接送
	巴東海灘黃昏漫步	步行		
	馬林夜市美食			
	西蒙人妖秀			人妖秀
	巴東孟加拉路酒吧街	嘟嘟車		
第二天	攀牙灣一日遊 tour （行程包含： 船遊攀牙 + 獨木舟探險 +007 島 + 水上人家 + 房間島與無人海灘）	tour 含接送	渡假村 （巴東）	攀牙灣 tour
	幻多奇樂園	計程或嘟嘟車		幻多奇
第三天	披披島 + 蛋島一日 tour （行程包含： 小披披島沙灘 + 海盜穴 + 猴子沙灘 + 大披披島通賽灣 + 蛋島浮潛）	tour 含接送	B & B （普吉鎮）	跳島 tour
	傳統泰式按摩			泰式按摩

第四天	查隆佛寺	機車	B&B（普吉鎮）	
	叢林大象營			大象營
	白玉大佛			
	拉威海灘海鮮午餐			
	神仙半島			
	亞努海灘瞭望點			
	奈涵海灘			
	卡塔海灘晚餐或 Khao Rang Hill 夜景晚餐			
第五天	叢林滑索	機車		叢林滑索
	水上市場			
	普吉皇家遊艇碼頭			
	前往機場 / 曼谷轉機	機場接送		機場接送

③ 妳們的行程

日程	行程	交通	住宿	預訂
第一天	轉機 / 抵達普吉島	機場接送	渡假村（巴東）	機場接送
	巴東海灘黃昏漫步	步行		
	馬林夜市美食			
	西蒙人妖秀			人妖秀
	巴東孟加拉路酒吧街	嘟嘟車		
第二天	攀牙灣一日遊 tour（行程包含：船遊攀牙＋獨木舟探險＋007 島＋水上人家＋房間島與無人海灘）	tour 含接送	渡假村（巴東）	攀牙灣 tour
	幻多奇樂園	計程或嘟嘟車		幻多奇

第三天	神木島一日 tour （行程包含：賞海豚 ＋沙灘 BBQ ＋島嶼陸上觀景散步 ＋水上活動 ＋海釣）	tour 含接送	B & B （普吉鎮）	跳島 tour
	普吉老鎮			
	齊瓦市場 或普吉夜市	計程車		
	泰式傳統按摩			泰式按摩
第四天	叢林大象營	租車或機車	B & B （普吉鎮）	大象營
	白玉大佛			
	拉威海灘			
	神仙半島			
	卡塔海灘			
	拉古拿潟湖渡假區			
	巴東海灘晚餐 或 Rang Hill 夜景晚餐			
第五天	叢林滑索	租車或機車		叢林滑索
	水上市場			
	普吉皇家遊艇碼頭			
	前往機場 / 曼谷轉機	機場接送		機場接送

白沙逐浪魅力海灘

飛機降落前在高空俯瞰普吉島，綠油油的島嶼邊緣鑲上條條蕾絲般的象牙白，那便是普吉島最有名的白色沙岸，貼著湛藍深邃的安達曼海，著實令人嚮往！這是我第四次踏上普吉，之前跟著旅行團讓我誤以為聲色熱鬧的巴東海灘就是普吉島的全部！直到靠著自己的力量自助探索，才與不同面貌的美麗沙灘相遇，讓我的普吉印象大大翻轉。

如果可以，花個一兩天時間，無論是環島、或是沿著西南海岸去拜訪不同的白沙海景，好好感受一下這個渡假島嶼的名不虛傳。

拉威海灘純樸盛筵

眺望遠方的夢島和珊瑚島，漁家孩子在岸邊跳水嬉戲，傳統長尾船隨著海潮搖曳擺尾，純樸的當地生活正是拉威海灘（Rawai Beach）最迷人的風景。長長的碼頭彷彿要跨越海洋，把拉威海灘一分為二，碼頭右方的沙灘也是普吉鎮當地居民週末休閒熱門去處，因為漁船頻繁進出，這裡並非一個適合游泳的海域，但無論是在海灘散步、在碼頭觀海、或在岸邊喝杯咖啡讀本書，都是享受這個海灘的好方法。

碼頭左方是吉普賽漁村市場（Sea Gypsies Fish Market），這裡的居民主要是超雷人，他們的膚色較黝黑，據說祖

Mook Dee

位在市場對面的餐廳，裝潢樸實整潔，高朋滿座的客人有當地人、也有許多西方觀光客，可以看出這家餐廳之熱門。菜單附有中英文及菜餚照片，即使語言不通也可輕易選擇海鮮料理方式，屬於比較清淡的泰式口味，也盡量以蒸煮或火烤保持海鮮的原味。

地址：9 22/9 4233 Rawai, Mueang Phuket District

電話：+66 81 719 4880

營業時間：9AM-9PM

價格區間：料理費 0.5 公斤 75 泰銖、1 公斤 100 泰銖，以海鮮的總重量計價

先來自印度或緬甸，是泰國南部海域一個神祕古老的海上民族，他們沒有固定落腳地，當一個駐紮的海灣資源用罄時他們就移往另一處，因此又被稱為泰國的海上吉普賽。拉威的海上吉普賽多以近海單日捕魚維生，漁夫家庭自營漁市生意，先生捕魚、太太賣魚、小孩岸邊拾貝是這裡的生活寫照，也可見到漁家婦女用貝殼石頭自製的手工藝品。

漁市裡都是活跳跳的海鮮，路邊常見當地人交易整批魚貨，攤販上則有不少旅人饕客前來嚐鮮，特別是華人熱愛的龍蝦、沙公、石斑魚，總是在攤位第一排閃亮亮地向路人招手，就算買不起，抓起來拍張照片老闆們都友善說好。這裡的海產以公斤計價，並且可以大肆殺價，雙方打按著計算機、以破爛英語互相討價還價，就像上市場要買菜送蔥一樣、跟老闆凹一條小魚小花枝，老闆也會隨興同意。砍價當然看功力，但個人經驗至少五折到六折是沒問題的。市場對面林立多家餐廳，購買好的新鮮海味也可以直接請餐廳協助料理，料理費也以公斤計價。來到普吉想要大啖海鮮的話，非常推薦一定要前往拉威海灘，食材活跳新鮮以外，價格也比巴東海灘上專賣觀光客的海鮮餐廳便宜一半以上！

② 飛向海角亞努海灘

躺臥在兩個海岬環抱之間，小小海灣上的亞努海灘（Ya Nui Beach）被數家旅遊媒體評為普吉島最美的「無人知曉」絕密海灘之一。沙灘和沿岸有些黑色礁岩，看似不太平整柔滑，殊不知這才是這個海灘的瑰寶！因為淺海潮間帶是大面積的珊瑚礁區，因此這裡還是普吉島最適

合浮潛的沙灘之一，戴著面鏡下水即可看見美麗的熱帶魚群和多彩的珊瑚景觀。

寧靜安逸、人潮不多的亞努海灘腹地不大，但有趣的是沙灘竟緊鄰著綠意叢叢的樹蔭，只要選對方位、不用租陽傘也可享受一場不會曬傷的日光浴！沙灘左方普吉最南端的神仙半島，海角般的優越位置使這個海灘非常適合欣賞日落；沙灘右方山坡則是普吉島著名的飛行傘基地——風車瞭望點（Windmill Viewpoint），躺在沙灘上可看見一個個從山頂躍上青天的飛傘，仰望著乘風滑翔、悠遊自在的他們，心情好似要飛向海角天涯般令人愉悅。

如果有多餘的時間，可以從海灘向上前往山坡上的風車瞭望點。此處因有一座發電運轉的風車而得名，居高臨下的視野不輸神仙半島；若有興趣嘗試飛行傘，現場也有專業教練可帶領飛翔。在山坡上席地而坐，靜靜望著海天一線的遼闊邊際，前方瀰漫著一對新人拍攝婚紗的幸福感、老外坐臥在草地上吹風看書的閒逸感，不用進行任何活動就能深深感受渡假時光歲月靜好。

③ 寧靜天堂奈涵海灘

沿著道路往普吉西南方，經過一座佛寺旁的寧靜大湖，就知道奈涵海灘（Nai Harn

Beach）即將到達。湖泊盡頭視線豁然開朗，映入眼簾的是山麓環繞的深水灣，兩側石崖拱托著一彎月牙般的白沙灘，風景獨特。

奈涵海灘的沙灘不長，但水清沙白，風景怡人。位置接近皇家普吉遊艇俱樂部（The Royal Phuket Yacht Club），乾季時近海處會有許多白色遊艇停靠，形成歐洲風情的海景樣貌。喜歡清靜的旅人適合來到這裡，靜靜地泡在溫暖的安達曼海水中、或懶懶地躺在沙灘上作日光浴，享受一個被空氣、陽光、海洋包圍的放鬆之旅。這裡有頂級海景酒店，也有一些農家民宿出租，許多老外選擇長居於此；傍晚時分看見一對西方面孔的母女帶著愛犬在沙灘上奔跑散步，愜意的生活步調令人欣羨。

海灘後方有間金光紅瓦的湖畔佛寺，實際上這是一座佛教修道院（Nai Harn Buddhist Monastery），也是鄰近村莊的信仰中心，每天清晨都會舉行奉獻功德會，僧侶和居民用祝禱為這片沙灘開啟嶄新的一天。佛教聖地周邊禁止土地買賣，使得奈涵海灘得以逃避過度開發的命運，繼續保留它遺世獨立、寧靜祥和的環境。大湖雖沒有與海相連，但為調節水位，潟湖南端有一條跨越沙灘的淺河用來引水出海，淺河常因潮汐變化而產生波流，像一座天然造浪的水上樂園，吸引許多小朋友悠游玩樂。

海灘入口有一整排商家，無論是租借泳具陽傘、或是買飲料零食都相當便利。沿著沙灘邊緣有幾家風情十足的餐館，傍晚時分在沙灘旁點著燭光、搭著白酒、享受海鮮小食，頗有歐式小酒館浪漫氛圍。

④ 卡塔海灘悠閒時刻

淨澈藍海、細軟白沙、椰林斜影，卡塔絕對會滿足妳夢幻中的對熱帶海灘的想像！卡塔海灘（Kata Beach）是普吉島上僅次於巴東的著名海灘，但這裡的氛圍與巴東全然不同，環境也相對更寬闊幽靜，風平浪靜、海水清透、且海岸線平緩沒有任何斷層，游泳和浮潛都相當安全。海灘上也有拖曳傘等水上活動可以參與，不過妳很快會發現：與其花錢參加這些商業化的活動、周邊的人寧可躺在沙灘上，來杯冰淇淋或水果奶昔，把慵懶時光當成海島渡假最奢侈的享受。

Surf House Phuket

不管天氣、不論季節、任何時刻，從孩童到老人都可以衝浪，就是這家酒吧經營的宗旨。從慵懶豐盛的早午餐到夜晚放鬆的調酒小食都相當出色，並且定期舉辦衝浪比賽和熱鬧的音樂季，音樂季時整條馬路都成為 party 的舞池，獨具特色。目前也在巴東海灘開設分店。

地址：Kata Beach Road（4 Pakbang Road），Ban Kata, T. Karon, A. Muang, Phuket
電話：+66 81 979 7737
網址：https://surfhousephuket.com
營業時間：10AM-11:59PM
價格區間：早午餐約 300 元台幣起，調酒約 220 元台幣起

卡塔海灘也是普吉島的最佳衝浪勝地，每年雨季時節是許多衝浪高手朝聖的目標，就連岸邊都有人工衝浪的酒吧！專業教練一對一指導，初學者練習乘平衡、熟練的好手則挑戰大浪。天色漸暗時坐在衝浪酒吧，點杯調酒或啤酒，即使沒勇氣上台挑戰，坐在旁邊觀賞每個人站在浪板上的不同姿態，成功了、眾人一起讚嘆鼓掌，跌倒了、大家一起惋惜加油，也是一個歡樂有趣的活動。

這裡的夜生活相當熱鬧，雖然不似巴東海灘的五光十色，卻擁有更多悠逸閒情。泛黃路燈映照著街上一間間酒吧餐廳，泰式建築帶來放鬆的氛圍、樂團駐唱著舒緩的抒情搖滾、空氣裡瀰漫著美食的香氣、半開放式座位洋溢開心的談笑，這是一條不需要酒精也能令人陶醉

其中的街道；街邊林立著手工藝品的創作小攤，更為這片海灘增添許多活力和人文氣息，帶我遇見普吉島的另種風情。

⑤ 巴東海灘狂歡成趣

巴東海灘是普吉島最早開發的地區，也是最精華、人潮最旺的海灘。從 1980 年代歐洲觀光客開始愛上這片 3.5 公里長的白沙海岸線後，這裡便開發成渡假村、商店、餐廳、百貨公司、酒吧的聚集地，也是旅人來到普吉島必遊之處。

巴東海灘從早到晚都不孤單，從太陽升起開始，新月型的長長沙灘上就陸續聚集日光浴愛好者，整齊成排地橫列在沙灘上免費享受海天豔陽。因為海灣屏障使得沙灘平緩、浪波柔和，游泳、散步是大家最常進行的活動，這一帶海水溫暖帶來的豐富海中生物，也被譽為最適合浮潛的海灘之一，但人潮多、相對汙染多，又有快艇進出的油汙，事實上並非理想的浮潛點。

2004 年 12 月南亞大海嘯襲擊，浪潮曾以三層樓的高度衝向普吉島西岸，造成建築物毀損和人員傷亡，受創最嚴重的巴東海灘一度沉寂冷清，但有人說這像是上天給混亂的巴東海灘一個浴火重生的機會，因為海嘯的沖刷更替，使這裡的沙子變得更白更細緻、海水更清澈；經過數年重建，巴東海灘的周邊規劃的確也顯得更有秩序，一反蕭條再度成為觀光客的最愛。目前海灘已設有東南亞第一套海嘯警報系統，當毀滅性的大浪與洪水逼近時，警報器會立即響起，並以國際語言廣播、疏散人潮。

沙灘上也不乏水上活動：水上摩托車（jet-ski）約 15 分鐘 800 泰銖、香蕉船（banana boat）約每人 500 泰銖、拖曳傘（parasailing）約每人 1000 泰銖。這裡是全島水上活動最集中的沙灘，但也是價格最高昂的地點，通常旅行團都會把遊客帶到離島進行水上活動。倘若沒有其他機會可參與水上活動，在巴東海灘算是以金錢換取便利的方式，但是別忘了一定要講價！

巴東海灘周邊的娛樂非常豐富，往南延伸有 Malin Plaza 美食夜市，往東有普吉島最大型的江西冷百貨商場（Jungceylon）、附帶美食街及夜市的生鮮市場 Banzaan Fresh Market，路邊更盡是餐廳、超市、商店，想吃東西或購物都可以在這附近一網打盡！沿著沙灘更有大大小小的渡假村、知名餐廳、SPA 會館，盡情享受各種活動，從早到晚都不無聊！

Jack Daniels Bar Bangla
孟加拉路上規模不小的運動酒吧，除了玩撞球、看球賽轉播、及欣賞舞者表演鋼管舞以外，沒有其他複雜或情色的項目。播放音樂多是朗朗上口的西洋流行歌曲，酒吧小姐或人妖服務生可能會找妳聊聊天、玩玩遊戲、打發時間，且有無限供應的爆米花，是個適合喝酒放鬆、體驗一點點聲色、但又相對安全的環境。
營業時間：18AM-3AM
價格區間：無酒精飲料約 70 元台幣，啤酒約 105 元台幣，調酒約 220 元台幣，但常有 4 杯調酒 500 泰銖或 3 瓶啤酒 200 泰銖等促銷活動

巴東甚至被譽為「世界知名的派對首都」，吸引全球的派對動物前來朝聖狂歡。海灘旁一面大大的牌樓以美麗的霓虹燈閃爍著「Welcome to Patong Beach」，這條鼎鼎有名的孟加拉路（Soi Bangla）就是普吉深夜最 high 的一條街！酒吧、夜店比鄰而建，放眼望去裝潢各具特色、聲光效果俱佳、酒類促銷狂打、重點是店內門外的舞者各個比辣比炫，鋼管一支支豎立在路邊，隨音樂搖擺起舞的乳浪臀波包圍整條街道；奇裝異服的遊行隊伍手舞足蹈，整齊劃一地喊著口號就為誘惑人們進店一窺；穿著華服羽毛的人妖到處走跳，熱情洋溢地向路人揮手、眨眼、大送飛吻；與其說這是酒吧街，其實更像大型戶外秀場、甚至是一場熱情奔放的嘉年華會。街上的場景尚且如此火辣，店內更多遊走道德邊緣的慾望場景一一登台，妳以為這只會發生在《醉後大丈夫》這種誇大荒謬的電影情節裡，但一切卻活生生地在巴東海灘夜夜上演。在酒吧點一杯酒，或投入其中跟著音樂熱舞、或置身事外像個旁觀者一樣欣賞眼前這些前所未見，巴東海灘帶來的視聽聲光心靈刺激是旅行中截然不同的體驗。

孟加拉路上有幾家類似觀光景點的必去酒吧，例如 Illuzion Discotheque 是一家有寬闊舞池和 DJ 駐店的舞廳，與台北信義區的夜店類似；Tiger Complex 則因其以氣派老虎塑像裝潢全店而格外知名。如果不熱衷紙醉金迷的一切，或許可以單純漫步在夜裡的海灘，望著浪花被燈光打亮成五光十色，坐在沙上聽著海潮像首浪漫樂章，對比起身後那條孟加拉街上的燈紅酒綠，這一刻得以享受巴東難得的寧靜面貌。

為何情色成為觀光賣點？

泰國經濟有一大部分仰賴觀光收入，有人戲稱泰國靠著 4S 吸引全世界旅人：陽光（Sun）、沙灘（Sands）、海洋（Sea），以及性（Sex）。男人來到泰國覺得這裡簡直是天堂，我們女生則是覺得大開眼界、嘖嘖稱奇！對生長在儒家思想社會的華人來說，很難想像性竟然可以如此大喇喇毫無遮蔽地用來展示、促銷、經營、交易。究竟為何全世界只有泰國街頭看得到這種現象？

根據研究顯示，在泰國篤信的佛教輪迴觀念中，女人的地位與生俱來就比男人低等；但泰國又與諸多東南亞國家一樣，近似母系社會的家庭制度必須由女性負責扛起家中經濟。在這種矛盾又沉重的負擔之下，導致許多貧窮的農村女性開始以性服務來謀生，因為她們顯然生活在一個笑貧不笑娼的社會。

1960 年代越戰爆發，許多美軍進駐中南半島，當時友好的美泰政府雙方簽署協議，同意駐紮在越南的美國大兵可入境泰國進行休閒娛樂。應運而生的各種娛樂場所興建而起，其中當然也包括軍隊中龐大需求的性服務。據說泰國人妖的風氣也是由此時期開始盛行，因為大量美軍前來泰國召妓，泰國家中 有女孩的父母就使孩子變性以賺取美軍的錢，因為性徵的特色和變性人不用避孕等優點，使人妖大受歡迎。

越戰結束後美國大兵雖撤退，但各式各樣的情色娛樂文化已經遍布整個泰國，世界各地的男性觀光客慕名而來，體驗全球獨一無二的性旅遊。泰國政府雖然在法治上感到矛盾，多次宣布大力掃蕩色情行業，但是對比起白花花的觀光收入時又寧願背對輿論視而不見。

十多年前我在普吉島旅行時曾遇過一次掃黃時期，成人秀和人妖秀雖照常演出，但表演者卻是包緊全身登台，少了胴體展現，她們的表演不過是不入流的身體搖擺、根本稱不上舞蹈，台下觀眾紛紛咒罵不滿！但是幾天後風頭一過，一切又故態復萌。2016 年年中，泰國新上任的旅遊部長又發下豪語要讓泰國的色情產業消失、重建國家形象，其後新聞陸續出現警方逮捕性工作者的新聞。對我們遊客來說，只要不違反泰國禁賭、禁嫖的法令，其實對旅行不會產生太大影響；當然，付錢欣賞任何表演以前，也最好確認演出內容是否因掃黃而有所改變？以免因為認知不同敗興而歸，也減少發生誤會衝突的機會。

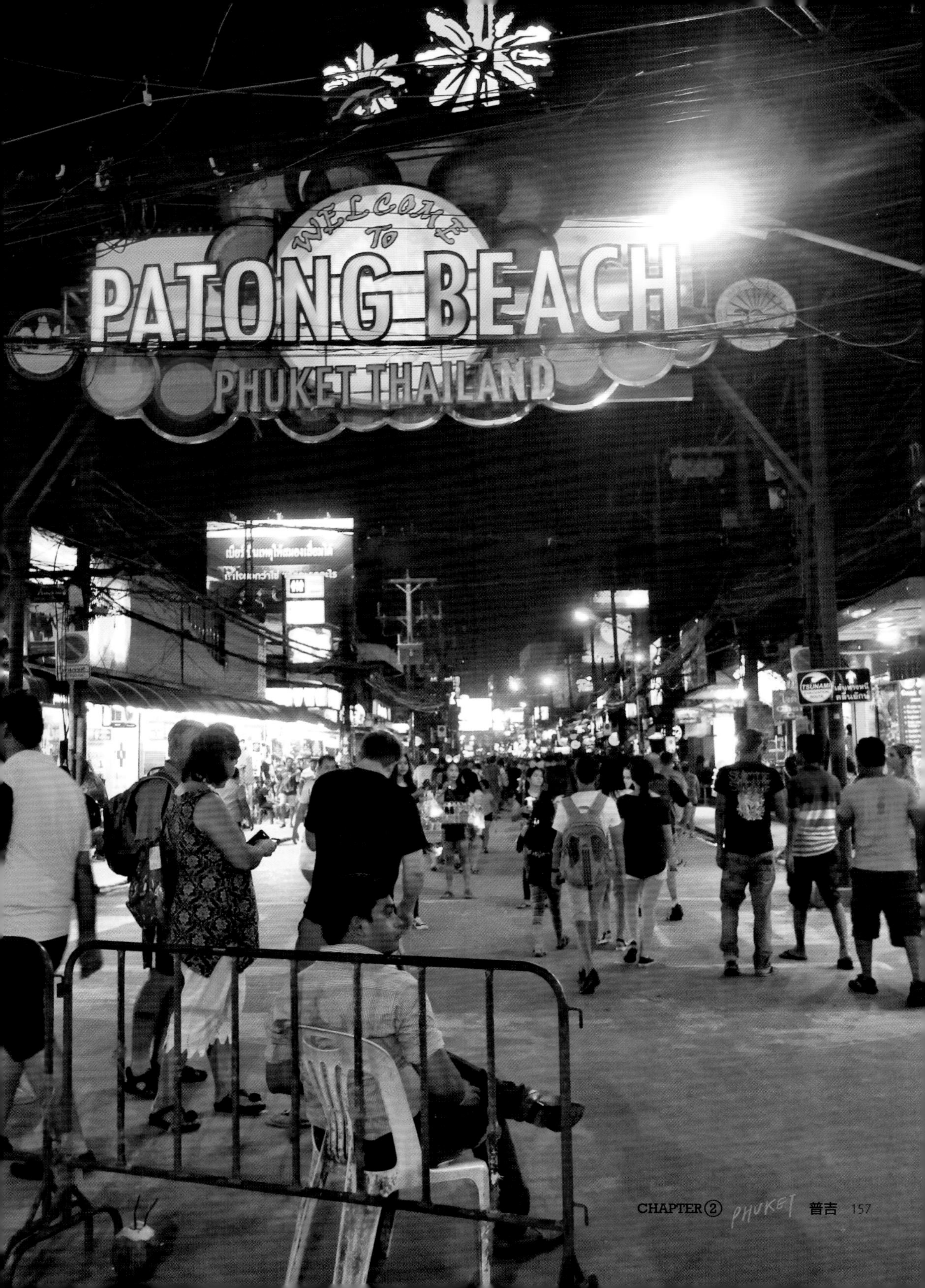
WELCOME TO
PATONG BEACH
PHUKET THAILAND
TSUNAMI

熱帶山林越野探險

普吉島除了有沙灘海洋以外，其實還有綠意盎然的雨林生態。「Phuket」這個字的原意即為「山丘」，全島有 70% 的面積屬於山地地形，古時因為老虎、犀牛、大象、鱷魚、熊等野生獸類穿梭而被居民稱作恐怖的「黑森林」，山林資源雖豐富卻一直未被挖掘而讓人忽略。現代普吉山區已因木材開採、橡膠種植而大量開化，禽蹤獸跡難以復見，可是觀光產業卻用一些有趣的方式讓旅人親近山林。

1 飛躍樹梢當個泰山

如果想用不一樣的角度看看普吉島，刺激有趣的叢林滑索是一個再適合不過的選擇！高空滑索被定義為一種極限運動，但卻是相對安全、且 4 歲以上的大人小孩皆能參與的活動。專業團隊依據森林環境生態，以不傷害樹木的方式建立樹屋與繩纜，熱帶雨林的樹木高大筆直，最高的樹頂可達 40 公尺，讓遊客享受在樹梢林間翱翔的感覺、在半空中觀察雨林林相、呼吸最清新的空氣、完全親近大自然！

叢林滑索的場地在雨林深處，經過遍布橡膠園的爬坡山路後，全木造的接待中心以自然合一的方式迎接世界各地旅人。參與活動不需任何裝備，謹記不能

穿著拖鞋、裙子，其他所需全由活動公司提供，包括安全帽、繩索、及飲水。冒險由一段山路展開，清晨的露水使得地面泥濘濕滑，兩旁景觀從綠意夾道逐漸變成枝葉遮蔭，逐步感受往森林深處邁入之感，頗能體驗叢林健行的野趣。三位專業教練帶領十人左右的小隊、前中後包夾看顧，為興奮緊張的心情增添了幾分安全感。

來到第一站，教練細心講解每一動作和安全指示，大夥都神情專注、戰戰兢兢地學習，深怕聽漏了一句指令就讓自己落入萬丈深淵。其實第一關是最簡單的牛刀小試，離地才 1 層樓的 10 公尺滑行，雙腿卻像千斤重般猶豫怯步、遲遲無法邁出第一步！半推半就由教練趕上架，踩空的瞬間心跳也快蹦出喉嚨，伴隨著發抖與尖叫聲，成功滑向對面樹屋。人往往最容易輸給自己的恐懼！真正掛在滑索上時，才發現一切其實沒有這麼可怕，只要把重心放在下半身、順勢一推，繩索就拉著妳像飛鳥滑翔一樣在林間悠遊，漸漸習慣了這樣的高度與速度後，完全可以放鬆心情享受身旁周遭的美麗景致。

Flying Hanuman

如其名，希望帶領遊客像長尾猴一樣飛躍林間。位置在普吉鎮西北方約七公里的卡圖（Kathu）山區，這座山間有著名的健行景點卡圖瀑布，雨林茂密、河流貫穿，其間也是普吉鎮通往巴東海灘的必經之路。參加活動含免費接送服務，活動共有三種行程，最多可玩到 28 個站點。

地址：89/16 Moo 6, Soi Namtok Kathu, Wichitsongkram Road, Kathu, Phuket

電話：+66 76 323 264

網址：http://flyinghanuman.com

活動時間：8:00AM-15:00PM

價格區間：依行程餐食不同，約台幣 2 千元至 3 千元

但是事情通常沒有這麼簡單，正當以為自己克服了懼怕時，更驚人的難關才在後面等著！走鋼索、過獨木橋、攀爬無著力點的網繩、兩兩一組的合作滑翔，樣樣都再度考驗自己的心臟與膽量。最恐怖的是垂直垂降！這不是高空彈跳的練習版嗎？要從六層樓的高度縱身一躍往下墜，直到接近地面才會被繩索煞車拉住。看著前方隊友一一帶著嘶吼聲消失在樹洞中，等待的忐忑總是最最難熬。輪到自己時教練說了個聽不太懂的笑話當作安慰，說明會用繩索拉住自己、還會假裝好意地詢問下降速度要快或慢？但其實重力加速度讓人根本無從選擇，速度快得就像大怒神，心情害怕卻夾雜更多興奮快感，牙一咬過後其實盡是回味無窮的刺激。

叢林滑索的隊員多是歐美背包客，活動中觀察各國民情面對恐懼的不同狀態：有人沉默、有人碎念、有人罵髒話、有人不顧一切豁出去，也算是一種有趣的文化交流！只要安全無虞，可以攜帶自己的相機或 Go Pro 上陣，紀錄下難得的飛躍一瞬間。結束數十個站點的挑戰，雙腳重新踏在土地上，格外有種親切感與安全感，更感受到自己對這片山林、這座小島的熱愛程度節節高升！想參加叢林滑索最好事先預約，官網購票較為昂貴，可搜尋國際行程票券網站並向其購票，常可獲得划算的折扣。

乘象越嶺探索叢林

騎坐在象背上欣賞叢林裡的自然景觀，是種截然不同的視野！來到泰國絕對不能錯過與大象的親密接觸，這也是在其他國家難以體驗的活動！

泰國原生地亞洲白象自古以來被視為泰國國寶，相傳釋迦摩尼出生前、祂母親曾夢到大象，因此對篤信佛教的泰國來說，大象是吉祥聖物、是四面佛的守衛、更是君主的坐騎，人人都喜愛且尊重大象。相較於非洲象的兇猛野暴，亞洲象因為性情溫馴與人親近，常被馴服負責開荒、築路、伐木、搬運重物，更成為泰國古代戰場上建功的戰將，泰國民間傳說、文學作品、繪畫雕刻多與大象息息相關，十九世紀中到二十世紀初甚至連國旗上都繪有一隻美麗的白象，象與泰國文化已密不可分。

有一種觀點認為騎乘大象很殘忍，其實大象既是泰國人尊敬的聖物，信仰虔誠的他們不會容許虐待大象。而如同我們在蒙古高原體驗騎馬、認識游牧民族如何在幅員廣闊的草原上行動；又如同我們在杜拜乘坐駱駝、感受沙漠民族如何在浩瀚乾涸的大漠中生存；騎乘大象體驗的是一種環境與其相對應的生活文化。相較於柬埔寨等國的騎象亂象，泰國政府對服務觀光的大象更加重視，因此編列法規和預算讓合法經營的象園以友善人道方式對待豢養的象群；政府也經營大象生態公園，專門照顧收容受傷的野生大象，協助牠們重返叢林維持生態永續。

而身為遊客可以做的，就是多掏一點荷包裡的錢、選擇一間重視保育的象園。因應旅行團的象園可以想見相對血汗，大象如同排班計程車般一圈又一圈載客，還要三不五時表演特技用象鼻舉起遊客，雖然象鼻本身可負重上百公斤，但換作是妳不斷被要求舉啞鈴，手臂也會吃力痠痛吧？多次前來泰國觀光的自身經驗，覺得跟著旅行團坐上象背在園區裡遊晃一圈，短短十分鐘就結束，幾乎還來不及搞清楚自己到底坐了什麼？周邊沒有風景，只有與其他觀光客大眼瞪小眼，有時真分不清自己是

花錢來體驗騎象、還是花錢被其他人當作觀賞笑談的珍奇動物？

相對而言，選擇在保育象園參與騎象，價格雖是旅行團象園的三倍以上，但卻是從保育和教育觀點讓人可以真正認識親近大象。行程一開始，保育員會介紹大象的生態習性、和象園裡的生活，遊客可以一邊吸收知識，一邊餵餵小象吃水果、與退役的老象拍拍照；接下來騎乘的大象登場，每一組人都分配到與自己有緣的一頭象，可以先去摸摸牠、跟牠說說話，感謝牠願意帶妳參與這趟旅行。保育象園的騎乘象全都是母象，一方面容易馴服，減少在訓練過程中的衝突；二方面對遊客騎乘來說也相對安全，畢竟公象發狂把遊客甩下的意外仍是時有所聞。每位象伕只負責照顧一頭象，朝夕相處熟悉彼此的習性成為最佳拍檔；且一天只工作四個時段，限時限量進行騎乘活動，避免大象過勞。

乘在象背上的感受很驚奇，高高在上感覺威風、但搖搖晃晃又增添些許惶恐，要穩穩坐好其實不是一件容易的事，可以想像古時乘坐大象的將相王侯必須胸懷穩如泰山的心境。腳底微微觸碰象背，象毛粗粗刺刺讓人難以親近，但頓時感受到的溫熱體溫又是這麼讓人安心，好似在告訴妳可以放輕鬆把自己交託給牠。跟著大象的腳步進入荒山野嶺，訝異的是無論陡峭或泥濘、穿過雜草越過水窪，對大象來說全難不倒！牠像是逛著自家後院般地習慣叢林裡的自然萬物，我們也隨著牠的節奏聽聽蟲鳴鳥叫、望望唯美山林、大口呼吸芬多精享受這場叢林探索。站上山頂至高點時，視線豁然開朗，無敵海景就在眼前！大象立在崖邊邀我們欣賞山的青翠、海的湛藍，我們則看牠仰起長鼻、煽動大耳與我們一起旅行，一切都是沒有喧囂雜質的原始自然，心中充滿澎湃難忘的感動。

騎乘結束後，可以花 50 泰銖賣一串香蕉送給大象獎勵牠的辛勞，也可自由給予象伕小費；途中攝影師拍攝的裱框照片會陳列在大廳，因為是無法自拍的全景角度，一張 300 泰銖（約台幣 265 元）也還是相當搶手。騎乘大象最好事先預約，非旺季也可現場排隊；象園通常位在叢林山腰處，套裝行程會提供餐食點心及免費市區接送。如果不想騎乘大象、反而想挑戰象伕工作的話，普吉島上也有在森林中餵食小象、在泥漿裡幫大象洗澡的體驗活動，讓妳真槍實彈用身體親近大象！圖檔：

③ 四驅越野飛車跑山

一般跑山經驗多是自行車或重型機車，但在普吉島竟可駕駛 ATV 四輪驅動越野車在山麓鄉野間奔馳，體驗熱帶山林間的冒險樂趣！

在台灣，四輪驅動越野車因法規問題頂多只能在沙灘上或特定場地行駛，但在普吉島只要有專業教練帶領，無需駕駛執照即可讓世界各地的遊客自駕上路。啟程前會

先進行教學及練習，確認參與者都有能力和信心駕馭，才能正式出發。駕駛方式雖與機車差不多，但多了兩個輪子、重量和重心都不同，例如轉彎時要更壓低身體才能轉移重心，因此身體動作要更「誇張化」，太優雅秀氣可是沒辦法操控自如的！

跑山的路線常在納克爾德山（Nakkerd Hills），行駛一段柏油路爬至山腰後，有幾家景色絕美的景觀咖啡店，可以鳥瞰查隆灣（Chalong Bay）海景，來杯咖啡休息片刻，可以暫時揮別普吉熱情的烈日、好好感受山間的涼爽清幽。優雅的 Tea time 結束後，教練馬上轉換成賽車手模式，帶頭鑽進叢草林蔭間，穿越神秘巨大的雨林、茂密叢聚的橡膠園，林間穿梭考驗每位駕駛的技巧和判斷力，亦步亦趨一刻不得鬆懈！衝出不見天日的森林後，一定不能錯過 off-road 的顛簸刺激，在沙石起伏的泥濘路上克服崎嶇的坡度、承受震動的襲擊、最後不顧一切衝進水坑泥漿，奔馳的快感真的會讓人極度上癮！

駕車的終極目標是山頂的白玉大佛，這座高 46 公尺的純白坐佛，身軀由白潤閃亮的緬甸大理石建成，是普吉島民於 2004 年承受巨大海嘯災難後打造的希望象徵，全靠人民的奉獻建造，於 2012 年才竣工。巨大佛像上刻著捐獻者的祈福語，僧侶的祝禱伴隨著佛旗飛揚，是一個適合靜心思考的聖地。大佛下的平台視野極佳，是普吉島的至高點之一，正面可以望向藍海白沙的卡塔海灘及卡倫海灘，背面把查隆灣的遼闊風光也盡收眼底，日落時佇足於此，在晚霞環抱下欣賞夕陽沒入海中，為越野探險畫下感動的句點。

徜徉藍海夢幻跳島

普吉周邊環繞著許多迷人的小島，不但遍布絕美的秘境沙灘，也不乏奇岩怪石的壯麗景致。別錯過出海跳島！行船在無邊無盡的海天一色、擁抱更清澈溫暖的藍天碧海，深入感受安達曼海的魅力！

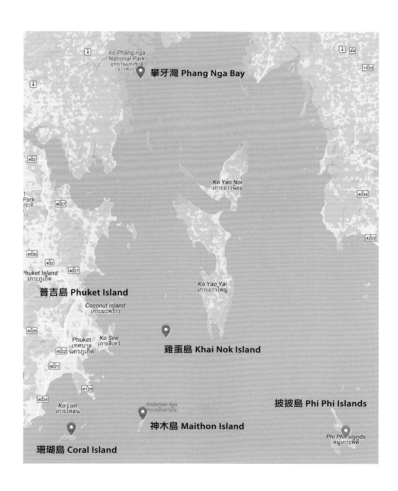

① 披披島海盜秘境

披披島（Phi Phi Islands）位在普吉島東南方 40 公里，行政區屬於喀比府（Krabi）、而非普吉府，由大披披島（Ko Phi Phi Don）、小披披島（Ko Phi Phi Lee）、竹子島（Bamboo Island，Ko Mai Phai）、比達島（Bida Nok）等數個石灰岩島嶼組成。Phi Phi 是來自馬來語，指的是各島四處都可見到的紅樹林植物海茄苳（grey mangrove）。自古僅有大披披島上長期有人定居，大多是信仰伊斯蘭教的捕魚人家，令這些漁人意想不到的是：這幾個名不見經傳的偏遠小島，十幾年前竟因電影拍攝而聲名大噪，世界各地的觀光人潮蜂擁而至，完全改變了披披島的命運。

前往披披島主要從普吉鎮東方的拉薩達碼頭（Rassada Pier）出發，若單獨前往大披披島，碼頭每天有船班（ferry）固定往返，但自助旅行者更常選擇一日遊的行程，可把握時間多遊歷其他小島和景點。一日遊大多搭乘快艇前往，船程約 45 分鐘，一些旅遊公司擁有自己的私人碼頭，並有專車從飯店接送遊客到私人碼頭，可一邊

享用簡易的咖啡甜點、一邊等待登船，讓報到流程更加舒適。不過上船後可能就舒適不再了！坐在塑膠硬座上，船滿時四五十人擠在遮陽棚覆蓋的船艙中，接受乘風破浪的顛簸，濺起的浪花撲面而來，震耳的馬達聲趕走悠閒、也無法和旁人聊天，只能痴痴認命熬過船程；尤其雨季風浪大時，船身常常垂直上下跳動，對於暈船體質的人來說真的是種折磨。還好四周的海洋風光可以稍稍轉移注意力，吹著風、看著海，時間也流逝得特別快速。

馬達轉速降了下來，猛然抬頭，磐立的峭壁突然映入眼簾，一股領航者發現新大陸的興奮感油然而生──如此翠綠、竟又高聳的三面山崖，像一堵巨大的城牆保護著小小海灣裡的絹白沙灘，地勢險要得以想見過往必定人煙罕至，更能理解這環山包圍的一彎白沙為何能成為電影中的神秘海灘、得到世界旅人的嚮往！這裡是小披披島的瑪雅灣（Maya Bay），海水碧藍、沙灘上搖曳幾株椰樹，充滿典型熱帶海島的浪漫氣息。不過成排停泊的遊船遮蔽住整條海岸線，沙灘上如織人潮更是蔚為奇觀，旅遊書上總說這個海灘適合游泳、潛水和曬日光浴，但是隨處都有絆人的船隻錨繩、加上菜市場程度的熙攘嘈雜，上千人擠在僅 250 公尺長的沙灘上，任何活動都有點難以進行。被譽為「天堂」的神秘絕境海灘，因為人類腳步紛沓而至，呈現出眼前對比強烈的荒謬感，我試圖正向思考：也許對旅行來說是另一種經驗和領悟吧！上披披島最高守則：別挑全世界都放假的旺季，像是聖誕節、或五一黃金週；更別選暴雨船隻停駛數日後放晴的第一天，前幾天沒能出海的遊客都擠在這天了。

島上有開闢小徑可健行至另一岸，進入樹林的窄路上有販售零食的小商店，小披披島沒有任何飯店設施，但有旅遊業者規劃露營一夜的行程，因此沿路可以看見野炊和帳篷，據說一晚要價 2 千多泰銖、不算便宜。穿越山洞石岸可抵達羅莎瑪灣（Loh Samah Bay），前方有一個童趣可愛的蘑菇形小島佇立，但因缺乏沙灘僅有稀稀落落的遊客。大部分一日遊的行程會把船開進羅莎瑪灣或另一側的天堂灣（Pileh Lagoon），讓大夥跳進海中浮潛，海灣同樣被 20 公尺高的三面懸崖環抱成為天然屏障，因此浪潮不大、海水清澈，可以看見不少曼妙的熱帶小魚。

神秘的海盜穴（Viking Cave）也是小披披島的必經景點，安達曼海是印度洋進入麻六甲海峽銜接太平洋的扼要通道，自古以來是重要的商船航線，因此海盜也相當猖獗。位在安達曼海正中央的披披島，因為位置偏遠，且石灰岩地形造就隱密崎嶇的洞穴，漲潮時海水淹沒洞口成為天然防衛的門禁，因而成為海盜藏匿寶藏的絕佳保險庫。披披島上有多個海盜穴，海盜穴裡刻有古代船舶、大象、人像的壁畫，雖說

泰國政府僅開放一個洞穴供人參觀，但因沒有碼頭或上岸處，遊船通常只會載客從洞前經過遠望，遙想當年叱吒風雲的海盜傳奇。

洞中沒有海盜或金銀珠寶，倒是看到一根根長長竹竿架成鷹架，佔滿整個洞穴。想必參加過泰國旅行團的人，一定曾被遊覽車載去燕窩店請妳喝一碗，然後開始使出催眠加黏人戰術說服妳買一兩桶。候鳥燕子喜歡飛至溫暖潮濕的熱帶繁衍後代，泰國石灰岩地形多奇洞異穴，符合燕子喜歡在洞頂峭壁築巢的習性，使得泰國成為燕窩生產的大國，供應華人世界吃燕窩養顏美容的市場需求。光是看著簡陋的竹竿麻繩配備，想像這些工人要徒手攀爬或吊掛飛盪到陡峭的深穴岩壁，就可以想見採集燕窩的艱辛，許多紀錄片像是 Discovery 的《Swiftlet Bird's Nest》都曾拍攝採燕窩人為討生活，承擔失足便會粉身碎骨的風險與無奈，要說燕窩價值之所以這麼昂貴，也許就因為這些人是用生命在工作。

船程繼續前行幾分鐘後抵達大披披島，入港之前常先在島嶼南端的猴子海灘（Monkey Beach）停留，這是一個狹淺的沙灘，唯一的特色是聚集許多猴群，因為觀光客造訪的關係，牠們已經很習慣向人討要食物，麵包、香蕉全不放過，猴媽媽揹著猴寶寶扶老攜幼前來迎接遊客。漲潮時沙灘完全被淹沒，但猴子可不放棄覓食的毅力，竟像練過輕功一樣在峭壁上攀岩走跳，只為接近遊船飽食一頓，猴兒甚至學會開易開罐！也知道如何使用吸管？！看著牠們與人類無異的一舉一動，真不知這種行程對牠們是否是好事？

快艇行駛進入通賽灣（Ao Ton Sai）下弦月狀的皓白沙灘，長尾船、快艇、渡船全星羅棋布擺盪在岸邊，雖然熱鬧、卻不擁擠，海灘上享受日光的俊男美女展現著閒逸自得，連貓咪都在樹蔭下午睡，一上島便能感覺步調緩慢下來的輕柔節奏。往通賽灣的反方向走幾百公尺，即能抵達島嶼另一岸的羅達拉木灣（Ao Lo Dalum），夾在這兩片海灘中間的區域是島上最繁華的地帶，渡假村、餐廳、酒吧、紀念品店聚集於此；海灘上雖沒有特殊的水上活動，但一把慵懶躺椅、一份椰林情懷就足以滿足得像擁有全世界。

遊船行程通常在這裡享用簡易的自助午餐，並讓大家自行在島上曬曬太陽散散步。其實大披披島的面積有 28 平方公里，比台灣的綠島還要大上三分之一，真正想要玩透透的話，幾小時絕對不夠充裕，一日遊頂多只能在兩個海灘隨意逛逛走馬看花。有些人選擇在島上住宿，可多花些時間把全島風光盡收眼底，例如前往最北端的藍通海灘（Leam Tong），這裡原是海上吉普賽聚居的漁村，目前開發成多家高級渡假村，可搭長尾船、甚至划獨木舟到對面的竹子島、蚊子島（Koh Young）浮潛戲水，是許多歐美人士熱愛的隱居渡假秘境。

披披島一直以來都是大熱門景點，天然地勢景觀和純樸熱帶風情非常獨一無二、值得一遊！雖然龐大的中國旅行團湧入後，人潮和擁擠容易帶來煩躁，但如果可以躲開旺季、或是避開旅行團時間（旅行團通常是上午前往小披披、中午過後前往大披披）、或是拉長在島上駐足時間前往人跡稀少的沙灘，還是可以好好享受這幾座神祕小島的獨特風情。一日遊建議不要選擇跳太多島的行程，大小披披島就足以填滿一整天的豐富、並讓妳有時間好好感受，否則會有太多到此一遊又匆匆離開的遺憾。

② 攀牙灣海上奇石

攀牙灣 (Phang Nga Bay) 是位在普吉島東北方75公里處、接近泰國本土的一個海灣，海面因石灰岩地形隆起奇峰怪石，岩層下方更布滿許多洞穴與地下通道，素有「泰國小桂林」或「泰國下龍灣」的封號，行政區域雖屬於攀牙府，但因為距離旅遊聖地普吉島不遠，常被作為普吉跳島的首選。

攀牙行程多由普吉島東北方的 Ao Por 港口出海，從普吉鎮乘車前往 Ao Por 港口需要40 分鐘，從巴東海灘出發則需近 1 小時車程。Ao Por 是個寧靜未開發的濱海村落，500 公尺的長橋氣勢磅礴，跨越潮間帶連接著海中央的碼頭，碼頭邊有長尾船、快艇、大遊船三種選擇可前往攀牙灣。前幾次遊歷攀牙灣都是由旅行團包快艇，過程中風大噪音吵，為了避開飛噴的浪花把大家罩在遮雨棚中，因此無暇、也缺乏視野

可以欣賞風景。直到 2016 年在旅館老闆 Alvin 的推薦下參加大船一日遊行程，才真正享受到徜徉在奇岩海灣的樂趣！

擁有雙層甲板的大遊船從港口緩緩駛離，迎著海風徐徐前行，頗有乘坐密西西比河蒸汽慢船的悠閒氛圍。同船夥伴大多是歐美背包客，一出航馬上就展開派對模式，開啟啤酒互相敬酒暢飲，船長也非常上道用音響飆放世界名曲：小賈斯汀的 Baby、或江南大叔的騎馬舞，不但遊客朗朗上口，船員還把甲板當作舞池邀請大夥勁歌熱舞，全船不分國籍一起同樂，氣氛馬上炒熱，好似大家原本就是熟識出遊的一群好友！船上的咖啡、可樂、餅乾、和香蕉是無限供應的，有吃有玩讓整趟船程顯得特別開懷！

漸漸接近攀牙灣，高聳的石柱怪岩一座座矗立在海上，搭配著水波反射和天光映襯，我們像置身在潑墨山水之間，美不勝收！眼前這個怪石嶙峋、佈滿島嶼的海灣，除了是世界級風景名勝以外，也是考古重鎮；約莫一萬年前此處的海平面較低，退潮

時可用步行方式往來普吉島，因而衍生多種不同的生活文化，有些洞窟中甚至藏有原始壁畫。另外，豐富多元的紅樹林和珊瑚礁地形，也使攀牙灣成為國際溼地公約所保護的生態重鎮。

大船開到 Panak Island 前停泊，與其說這是一座島、其實更像一顆被大自然開鑿鑽洞的巨石，因為它沒有淺灘或陸地可以上島，唯一接近它的方式就是乘坐獨木舟前進探險。此時大船船尾有多艘充氣獨木舟被堆下海，戴著頭燈和船槳的船伕一一登舟準備，這才發現原來冒險所需的一切人力配備都裝滿在底

層船艙，隨著我們從普吉島渡海而來。船伕泛著輕舟載我們漂遊 Panak Island，好像穿梭在一個迷宮當中：滴水穿石的溶洞層層相連，交錯延伸的鐘乳石柱壯觀綺麗，船夫帶著我們從巨石夾縫下仰望一線天，又邀請我們在回音繚繞的自然天井中高聲歌唱，樹上棲停棧的犀鳥、燕子，潮間棲息的彈塗魚、招潮蟹，被大自然包圍的片刻總是萬分美妙！

突然間，熱帶對流雨傾盆而降，洞穴裡、岩柱邊擠滿躲雨的舟船，雨勢看來短時間不會止住，調皮的義大利男孩們竟開始對素昧平生的路人潑水灑水、打起水仗，戰事很快瀰漫整個區域，有人結盟、有人進攻，語言不通的世界大戰在這安達曼小島上打得盡興！既然濕身索性就不躲雨了，船伕載著我們返回大船，船員準備好熱騰騰的咖啡暖起我們的身軀，撲鼻而來的飯菜香更是激發我們的飢腸轆轆！菜色雖然不多，但蝦醬炒飯的鹹香、和泰式酸辣湯的鮮甜就足以帶來百分百的滿足。

午餐過後，因為大船不能靠岸小島，我們從樓下甲板換搭傳統長尾船前往 Phing Kan Island。大部分人不曉得這座島的本名，它通常被稱為「007 島」或「詹姆士龐德島（James Bond Island）」，因為羅傑摩爾（Roger Moore）飾演的電影《007 金鎗人》就在這座島上著名的「大白菜石」前和殺手背靠背快槍對決。在這部電影拍攝前，這個小島根本無人聞問，現在則是名符其實的世界景點。說真的，對年輕人來說這部 1974 年上映的古早電影也許沒幾個人看過，但特殊的地景仍使這裡充滿迷人魅力。

傳統長尾船隨風慢駛，短程乘坐別有一番風味，但木頭釘製的硬座其實不舒適，心中暗自佩服那些從普吉島搭長尾船來攀牙灣的旅人。踏上 007 島走過一整排珊瑚貝殼紀念品賣店後，大白菜隨即映入眼簾。站在淺灘上望著這座 21 公尺高的大石，上寬下窄的弧線好似用黑墨藤黃的國畫顏料勾勒而成，幾叢綠樹不經意點綴其上，呈現一種唯美意境。其實只有華人才稱它「大白菜」，泰國當地叫這座岩石「釘子岩（Ko Tapu）」，傳說有位總在這片海域滿載而歸的漁夫，某天突然一無所獲，只在漁網裡撈到一顆釘子，他把釘子丟回海中，釘子卻一直回到他的漁網裡，於是他使盡全力把釘子砍成一半，有神力的半顆釘子竟飛進海中後插在海底，形成了這個巨大的岩石。白菜石旁的淺灘有些遊客悠閒游泳，另一側則有兩面大斷層交錯搭起

的三角岩洞，像座天然教堂提供庇蔭空間。島上有些石灰岩洞穴，不過漲潮時沙灘和洞穴都會淹沒消失，因此大多數人上島都只為朝聖白菜石，稍作停留即會啟程。返回大船我們緊接著前往一座 Lawa Island，大船一樣無法靠岸，本來以為又會派小船來接駁我們，沒想到遊船下錨停妥海中央後，船長竟一聲令下叫我們自己游泳渡海上島？！當下聽到超傻眼！至少兩百公尺的距離要游過去是當真嗎？但老外們卻興奮不已，直接從三層樓高的甲板上飛身一躍，跳下海中奮力往前游。好吧，輸人不輸陣，反正救身衣穿在身上也沒啥好怕！從沒嘗試過跳船，站上邊緣往下一望，緊張害怕還是從心底油然升起；但想想人生也沒幾次機會能經歷這些，就用尖叫當作勇氣、縱身一跳吧！跌入海中的感覺異常刺激，超越懼怕的興奮感更讓心情大好，原來跳海是會上癮的！游上 Lawa Island 這片無人海灘，感覺既放鬆又寧靜，大夥各自游泳戲水划獨木舟，在島上度過一小時愉快的時光。

彩霞漸漸現蹤，我們向淡綠色的秀麗海灣道別。其實原訂行程中，我們應該還會前往岩壁像隔間一樣的房間島（Hong Island）、並拜訪穆斯林水上人家（Panyee Island），但因為雨季風浪過大，為了安全顧慮船長決定取消行程、直接回航，要趁天色未暗前把我們送回普吉島。沒有人不滿抱怨無理謾罵，也沒有人認為繳錢就是老大、預定行程取消就要抗議，全船都心平靜氣地理解天氣是不可抗力因素，安全比什麼都重要！大家除了繼續雨中作樂享受回程風光以外，更用掌聲給風雨中載我們出海返航的船員們一點感謝鼓勵。我想，很多時候旅行不僅僅是出國看風景，而是看看其他國家人們的思考模式和生活態度，更是一個適合自我反思學習的時刻。

③ 水上天堂珊瑚島

珊瑚島（Coral Island，當地稱 Koh Hae）位於普吉島南部 9 公里處，是座被色彩繽紛的珊瑚礁環繞的美麗小島，屬於泰國的海洋保育區，也曾是潛水勝地。因為沿岸擁有清透的海水和潔白的細沙，一直被泰國皇室視為私人渡假島嶼，在普吉島政府的極力爭取之下，這座島才對外開放給民眾和遊客。珊瑚島距普吉島只有 15 分鐘船程，算是旅行團必來的景點之一，自助旅人大部分選擇當地旅行社的一日遊或半日遊，也有人是在拉威海灘或查隆灣租快艇及長尾船前往。

這座 2.5 公里長的島嶼多數面積都被山坡叢林覆蓋，兩條面向普吉島的海灘是島上最著名之處：800 公尺的長灘（Long Beach）是普吉島周邊水上運動最集中的區域，香蕉船、水上摩托車、拖曳傘等等活動全都聚集於此，價格約是巴東海灘的半價而已，戴著氧氣安全帽沉至水底與魚群共舞的海底漫步更是普吉少有，因此旅行社通常會把行程中的「三合一」、「四合一」等水上活動安排在這裡進行，沙灘上熱鬧非凡，歡笑尖叫不絕於耳！沙灘上的躺椅規模更是驚人，如同演唱會場地一般張張整齊排列，可以想見上島的觀光客有多麼熱絡踴躍！相較於其他離島，這裡最棒的就是躺椅和廁所全都免費使用，但小販總圍繞身旁想盡辦法說服觀光客買單，於是妳會看見人手一顆椰子水、每人都綁了滿頭的黑人辮子、或是手臂上用顏料繪了假

的刺青圖案──我必須承認這些行為真的超「觀光客」、也許有點浪費錢，但嘗試一次其實也算人生中有趣的經驗！也因人潮擁擠眾多，長灘沿岸 100 公尺的珊瑚礁多數被破壞，再加上水面上橫衝直撞的香蕉船和摩托車，使得這裡已不再適合潛水，水上活動和沙灘休閒是較好的選擇。長灘旁的小木屋式渡假村 Coral Island Resort 是島上唯一的住宿區，有些一日遊行程會安排遊客在渡假村內享用高級自助午餐和游泳池，得以暫時避開海灘上洶湧的人群。

珊瑚島東北邊的香蕉海灘（Banana Beach）相對來說稍微寧靜，有豐富的魚群和雨林鳥類生態，浮桶搭起的藍色漂浮碼頭好似長長延伸到對岸島嶼，沿著碼頭周圍隨處可見游泳和浮潛的遊人；因為面朝北方，因此即便是雨季也不受西南季風影響，全年適合潛水。但真正擁有最多珊瑚景觀的地點其實是島嶼西南方的自由海灘（Freedom Beach），被隆起山丘包圍的白色沙灘，有類似小披披島的情趣，相較於被旅行團盤據的長灘，這是一個離群索居適合放鬆的沙灘，如果是一群好友包船來到珊瑚島，可請船伕駛往自由海灘靠岸，享受一下僻靜的珊瑚世界。

④ 私人仙境神木島

船程抵達神木島（Maithon Island）之前從海上遠遠望去，就像看見一塊漂在大海中的浮木，這是神木島名字的由來，泰文的意思即為「木塊一樣的島嶼」。這是一座原始美麗、媲美馬爾地夫的私人島嶼，僅僅一平方公里的面積卻擁有最清冽自然的景致，開放為旅遊景點後泰國政府幫它取了一個浪漫的中文名字「蜜月島」。

猶記十多年前第一次上島，那時的神木島是個未開發的純粹島嶼，陳舊的碼頭、簡陋的涼亭、兩根麻繩就繫成一座鞦韆，沒有任何商家、缺乏娛樂設施，卻能讓人盡情擁抱毫無汙染的靛藍海水，光是仰泳漂蕩在溫暖的海面上望著天空發呆，就有一種無欲無求的悠活逍遙。一群姊妹騎著腳踏車環島一圈，親近整座島上的椰樹雨林；或是划著獨木舟競速出航，即興打起水仗瘋狂玩樂，無人打擾的氛圍頗有包下整座島嶼的錯覺！回國後一直對神木島念念不忘，沒想到不久之後島主竟因保育環境毅然封島！這麼棒的地方卻無法登島甚為可惜，還好 2014 年封閉 8 年之久的小島決定重新開放，旅人們才終於又得以一親芳澤！

神木島最迷人的地方在於：這是泰國唯一可以看見野生海豚的島嶼。距離海灘 300 公尺的水域常年巡遊著一群海豚，前往島嶼的船程中、甚或站在島上的沙灘邊，就有機會欣賞海豚跳躍悠游的英姿。神木島的周邊有四百多種熱帶魚類和蓬勃豐富的珊瑚生態，僅僅浮潛就能和小丑魚及海葵親近。

因為登島人數有限制，每天的遊客大約只有幾十人，清幽私密是最佳蜜月地點，好友們組隊前來也很適合！報名一日遊從普吉島的深水港（Makham Bay Harbor）出發約只 20 至 30 分鐘船程。若想體驗避世仙境，在神木島住宿也許是不錯的選擇！目前島上建有一座神木島渡假村（Honeymoon Island Phuket Resort），一間間獨棟的木屋幾乎占據了島嶼面積的一半，服務、價格都是五星級水準，雖然沒有閃耀豪華的設備，但前門即是綠意椰林、後院即是潔白海灘的環境，就是最奢侈的享受！

⑤ 魚兒共游雞蛋島

雞蛋島（Khai Nok Island）是這兩年非常流行的離島，號稱凡是去過的人都覺得超級值得！蛋島位於普吉島東部，搭乘快艇約 30 分鐘左右能夠抵達，因島上突起的石丘呈現橢圓蛋形，環繞全島的潔淨白沙又很像蛋殼包覆，因此稱它為雞蛋島。

這是一個原始的無人島，不但有細緻如粉的珊瑚沙灘映襯著蔚藍的海與天，讓整體景致像幅油畫一樣層次分明，且地勢緩和平坦、加上珊瑚魚種繁多，只要坐在沙灘淺水區，就會有熱帶魚游過來包圍在身邊漫舞，令人驚喜連連！如茵的岩石斜坡上偶爾現身的蜥蜴緩爬、犀鳥展翅，更是充分感受到這裏的純淨天然。蛋島雖然沒有披披島的險峻斷崖、也沒有攀牙灣的奇岩怪石，卻能體驗荒島漂流的原始、和與魚共游的溫馨迷人。行程通常會與鄰近兩個小島藍鑽島（Khai Nai Island）和蛋黃島（Khai Nui Island）一同前往，三個島嶼都適合大人小孩一起浮潛、日光浴。

然而無人小島的景色可一點也不荒蕪，隨著觀光客增多島上商家也變多，大部分是賣食物的攤販，從簡單的烤玉米、到昂貴的龍蝦應有盡有，且拜中國大陸觀光客之賜攤商竟全都可說中文！更壯觀的是遮陽傘和躺椅佔滿整座小小島嶼，原本生存在潮間的生態被迫遷移消失，每天 4 千人次上島游泳、餵魚等行為也都嚴重破壞了海洋系統，每天約有 60 艘快艇停靠在蛋島對環境的破壞力更是強大，海水混濁加上全球氣溫暖化，導致海域間 80% 的珊瑚都出現白化現象。

出海行程預約
普吉島的出海行程都是套裝的一日遊，可在路邊的旅行攤位報名，或請當地飯店或民宿推薦遊客覺得口碑好的行程。如果自行在當地詢價，建議可作功課搜尋一下當地比較大型的旅遊公司例如 PNT 或 ANDAVaree 等，安全和品質較有保障。也可先行在網路上向行程票券公司購買，不過大多數還是會分配給這幾家大型旅遊公司來接待。
PNT 網址 http://www.pntphuket.com/
ANDAVaree 網址 http://27.100.44.80:8012/web_andavaree/public_html/
價格區間 披披島一日遊約 1400 元台幣、攀牙灣一日遊約 1200 元台幣
珊瑚島一日遊約 1000 元台幣、神木島一日遊約 2500 元台幣
蛋島一日遊約 1000 元台幣

網路上有傳言說泰國政府已於 2016 年中關閉蛋島等三個鄰近小島，和普吉島當地業者確認過，證實消息並不正確！不過，閉島政策在泰國其實已是常態。為了讓白化的珊瑚好好復原、生長，包括普吉島附近著名的潛點斯米蘭群島會在每年 5 月到 10 月季風雨季時進行封島，讓海洋生態暫時不受到漁民和旅客影響；有泰國馬爾地夫之稱的處女島（Koh Tachai）更無限期禁止登島，直到島嶼休養生息恢復生態為止。

蛋島現在仍每天開放上島，但除了要求遊客遵守禁止餵魚、禁止破壞等規範以外，違規的觀光設施包括攤販、陽傘、躺椅等等已全數被海軍拆除，島上實施環保原則禁用塑膠製品，2017 年初海岸資源部更大動作報警、逮捕將油汙髒水直接排入蛋島海中造成汙染的餐廳老闆，在在都顯示泰國政府想要保護這座小島的決心。目前小島處於冬眠修復狀態，許多活動和行為會受限制，畢竟如果破壞情況惡化，這裡可能不得不無限期關閉。因此如果想要前往蛋島，上島就盡情體驗自然、好好親近生態，其它多餘的物質與娛樂，請盡可能遠離這座世外桃源。

多元風情泰式步調

普吉島不只有海水與沙灘，島上有些清淨的角落，不但展現不同風情，令人有機會遠離塵囂、給旅人的腳步一點寧靜喘息；更能接觸當地的歷史文化和真實生活。除了「Sight Seeing」式的觀光以外，觀察當地人的步調、體驗他們的日常，對這片土地的情感和記憶也會截然不同！

 無際視野神仙日落

神仙半島（Prom Thep Cape）的名稱在泰語中結合了印度梵天（Prom）與基督教上帝（Thep）的意思，用以讚嘆這個景色優美的陸地盡頭。而神仙半島上也真的有神仙！大部分的觀光巴士載著旅行團來這裡參拜山頂的四面佛，據說這是泰國最靈驗的四面佛之一，高高在上的金色佛龕中供奉的是創造天地眾生、法力無邊、掌管人間生殺富貴大權的大梵天王，周圍環繞著鍍金、大理石、水泥雕塑的大象護衛，滿布的花環可以想見香火之鼎盛。停車場林立的鮮花、紀念品、小吃等一系列攤位也是專為觀光客和參拜者而設，從早到晚都十分熱鬧。

除了來來去去的參拜者以外，半島上更多的是坐在崖邊等待薄暮時分的遊客。這裡被譽為擁有普吉島最美的夕陽，凸出的海岬像是一個伸展台，以 270 度的無際視野

望向海平面，無論是波光閃耀的晚霞、或直直墜入海中的落日，都能用最寬廣的感官來感受。然而妳會發現等夕陽的群眾大多數是泰國本地人：教科書或老派明信片上都印著普吉島神仙半島的夕陽，就像來台灣一定要去阿里山和日月潭一樣，這裡對泰國人來說有一種特殊的情懷。一群中學生並排而坐嬉笑展現青春無敵，兩小無猜的年輕情侶頭靠著頭期待浪漫時刻，中年夫妻拍照打卡好似在此完成一件得意心願，夕陽美不美也許見仁見智，但更多的是心滿意足的心情洋溢在整個海角。

山頂的燈塔中有一個小小的航海博物館可以參觀，紀念 2016 年甫駕崩的九世泰皇蒲美蓬登基五十年時所建立的塑像，高高佇立遙望大海。有力氣的話可以沿著蜿蜒的小路健行跋涉到半島最南端，普吉盡頭的陸地像隻彎曲的食指一樣、往右指向印度洋，對遠古的航海家來說，這似乎是指往遙遠印度大陸的一個指標，帶給所有冒險者更多憧憬與勇氣。

 歐洲風情遊艇碼頭

美麗港灣停泊著一艘艘華麗的白色遊艇，蔚藍碼頭情調宛如歐洲風采，讓人暫時忘記自己竟置身泰國。普吉皇家遊艇碼頭（Royal Phuket Marina）距離普吉鎮只有十幾分鐘路程，卻能完全遠離擁擠人群和繁華觀光活動，洋溢著靜謐高雅格調的港口，與印象中的普吉島截然不同！

這裡是泰國第一個世界級的「豪華生活碼頭」，遊艇的豪華當然無須置喙，碼頭周邊的渡假村和別墅更是既先進又奢靡，高科技的船塢讓船舶可以直接開進住宅門前，讓熱愛隱私的泰國皇家及世界富豪趨之若鶩，紛紛來此租屋渡假、甚至置產；所謂生活碼頭則是指這裡囊括所有生活所需：舉凡美食餐廳、購物商場、會議中心、健身球場、桑拿 SPA 一應俱全，遊艇只要停靠在碼頭，就可盡情享受生活無虞。因為這些獨特創新，讓安達曼海上的這個港灣獲選為「亞洲五大遊艇碼頭」，還被英國遊艇碼頭協會頒發「五金錨獎」的殊榮。

迎著海風，散步在木板搭起的海濱長廊上，心情放鬆自在。或許我們沒有富豪的身價得以駛著遊艇、享受五星級設施，但在碼頭邊的咖啡館吃頓下午茶、或來杯葡萄酒，擁有完美平靜的渡假午後也是我心目中奢華的定義！

③ 佛法聖地查隆佛寺

緋紅屋頂高斜陡峭，瓦檐尖翹向上指著蒼穹，好似要將願望直達天聽！位於普吉鎮西南方十公里的查隆寺（Wat Chalong）建於 19 世紀初，與泰國其他經典佛寺相同借鑑了緬甸、印度、斯里蘭卡和中國的建築特點，大理石的潔白，點綴著金箔和貝殼的閃亮，金碧輝煌、氣勢恢弘，是全普吉島 29 間佛寺修院中最宏偉華麗的一處。

查隆寺的興盛與普吉島歷史有關，在 17 世紀普吉的第一座錫礦開挖以前，這座島本是未經拓墾的一片荒蕪，18 至 19 世紀因為逐漸成為泰國錫礦的最大產地，許多華

人陸續移民前來採礦開墾。1876 年因華人礦工產生的糾紛演變成島內血鬥殺戮，當時查隆寺的住持龍坡全（Luang Pho Chaem）與僧人龍坡莊（Luang Pho Chuang）、龍坡關（Luang Poh Gleum）不但運用草藥醫術和傳說具有魔力的法仗來救治傷患，更團結泰人共同對抗暴民，最終平息這場暴動，泰王因而授予他們聖職。如今這幾位聖僧的雕像供奉在大殿中，信眾舉著白色蓮花跪地膜拜，祈求平安、也問事求籤，若有病痛更會虔誠禱告治癒，也在雕像上張貼金箔，象徵對祂們的恭敬崇拜。

石象守護的大殿門口，不分本地人或外國遊客都以點燃蠟燭來進香祈願，也可以供奉鞭炮用以還願或表達敬意；泰國因為法令限制，大多數地區不允許放鞭炮，查隆寺是少數能聽到鞭炮聲的地方，但為安全起見還是由專人在小小的紅磚灶中統一施放，轟隆隆聲響不時爆出，爐灶冒著熊熊火光和裊裊白煙成為查隆寺的特殊景觀。另一個有趣傳說位在舊殿，其中供奉的一座蠟像是當地仕紳基里爺爺（Grandpa Khee-lek），據說他因為向龍坡全聖僧祈求明牌號碼而數次簽中大樂透，於是求明牌也成為查隆寺的特色之一。

60 公尺高的佛塔是查隆寺最醒目的建築，進入塔內不但要脫鞋脫帽、更會進行服裝管制，短褲、短裙、無袖服裝一律禁止，寺方會出借免費的披肩沙龍給有需要的遊客。高塔底層供奉 108 尊金佛，或坐或立、更有表達佛陀追求涅槃時的臥佛姿態，祥和的面容、嘴角上揚的微笑弧度，帶給周遭無欲無求的寧靜安心。沿著樓梯爬上塔頂，環場採光的空間中供奉著 1999 年由斯里蘭卡請來的佛陀釋迦牟尼舍利子，在陽光照耀下如鑽石般晶瑩剔透；許多國家都將舍利列為國寶，只有特殊申請或重大法會才能瞻仰，在查隆寺卻可時時參觀，也許對泰國人來說，佛陀就是融入日常生活思想行為的準則，並非遙不可及而是人人都得以親近的。走出寬廣的露台，以高視野瞭望整片好山好水，這一刻能全然感受宗教帶來的神聖平靜。

查隆寺旁的商店街則是瞬間回歸世俗的一個跳板，不但有好逛好買的服飾紀念品，不起眼卻美味的小吃更是不能錯過！一個攤車一口鍋就賣起炒河粉，雞蛋的滑嫩、雞肉的香軟、河粉的 Q 勁、豆芽的爽脆、淋上泰式醬料的酸甜再撒上對味的花生顆粒，只能說完美搭配！隔壁攤位的泰式奶茶也讓人難忘，細滑的冰沙、不甜膩的口感、香料與茶香帶來不同層次的味覺，在日頭炎炎的大白天絕對是最棒的消暑聖品，令我回國後仍一再回味！

 新穎活力水上市場

水上市場是泰國傳統文化特色，古時因為暹邏灣曼谷周邊的河川眾多，居民用小船當作交通工具載運農產品在水邊交易而漸漸形成市集，後來竟也發展成吸引旅遊的觀光景點。這樣特殊的生活型態本來只有曼谷周邊能夠體驗，但現在普吉島也有水上市場可以逛了！ 2016 年新開幕的普吉水上市場（Phuket Floating Market）位在普吉島中部，是以山麓間的潟湖做為開發基礎，和泰國南部芭提雅水上市場（Pattaya Floating Market）一樣，是為了重現泰國早期水上人家的傳統，而在水面上以高腳屋木棧道建立的市集。

水上市場前方供奉了全普吉最大尊的濕婆神，不但護佑市場發展順利，也是熱絡的拍照景點。走進市場，內部寬敞不擁擠，可能因為是新興景點、加上位置偏離市區，並沒有太多外國旅客。湖面上往來的船隻大多是收費載客的觀光船，遊客主要是步行在木棧道上，逛逛岸上的店面、或向停靠沿岸的船家點餐買賣，並不能像曼谷水上市場那樣搭乘小舟與航行的船舶商家擦身而過。不過待在岸上也不擔心無聊就是了，不但吃喝玩樂應有盡有，還有穿著傳統服飾的隊伍時時環繞遊行。尖帽長指甲的傳統舞蹈、或以弦樂和打擊組成的傳統音樂，用活力熱情的表演包圍整個市場。

平心而論，這座以觀光目的打造的水上市場，一方面欠缺傳統集散地的忙亂風情，二方面販售的都是比較現代化的商品，若想體驗水上市場的五花八門、熱鬧蓬勃，來到此處可能會大失所望。但是清幽整潔的環境、友善熱情的招待、融合傳統和現代的新穎建築，反而讓水上市場成為普吉當地人度過周末假期的熱門景點。

對我來說另一個滿足，則是在這裡將族群融合的泰式美食一網打盡！一般路邊小吃多是燒烤或河粉，在水上市場卻嚐到碗大麵少、用血水當作湯頭的傳統船麵，湯清卻滿溢香氣酸辣的豬雜湯，融合華人飲食文化發展而成的普吉烤包也是來普吉島這麼多次第一次嚐到的美味！普吉政府為了促進觀光人氣，更將節慶大型活動都在水上市場擴大舉辦，假如旅行時節正巧遇上水燈節或潑水節，不妨來到水上市場湊湊熱鬧。

⑤ 中葡融合普吉老鎮

普吉鎮是普吉島的行政、經濟、交通中心，還是普吉島當地人的住宅生活區，卻是旅行團不會造訪的區域，慶幸自己在第 N 次踏上普吉島後，終於有機會以自助旅行的方式認識這個充滿故事的小鎮。

第一個故事先說說普吉島的名字，「Phuket」源於馬來語的「Bukit」，原意是山嶺的意思，象徵整座島嶼多被丘陵和高山盤據。明明是泰國的島嶼，為何名字是馬來

語？其實普吉島自古不被重視，一方面人口稀少、二方面沒有河川或天然良港，欠缺開墾而蠻荒原始；但因位在中南半島前往馬來半島的海角位置，因此從印度泰米爾人、到馬來人都曾掌控這塊土地，來自蘇門答臘的馬來王國甚至從 7 世紀起統治了普吉島 6 百年之久，因此也用馬來語確立後人對這座島嶼的稱號。

13 世紀普吉島納入泰國版圖後，卻多次被緬甸侵略；從機場前往普吉鎮的 402 號公路上有一個顯眼的女英雄紀念碑（Phuket Heroines Monument），即是 1785 年抵抗緬甸攻打的故事。當時島上的男人不是戰死就是病死，兩位猶如泰國版穆桂英的女性率領居民以智慧、柔性方式擊退敵人，成為民族英雄。這個紀念碑被泰國本地人視為進入普吉鎮前「必下車」的景點，他們會攜帶萬壽菊製成的花環、線香、金箔，來祈求女英雄趕走厄運、保護他們在島上的平安。每年三月份在紀念碑周邊還會舉行為期兩週的熱鬧慶典 Thao Thep Festival，是為紀念女英雄而進行的傳統運動競賽，包括足部排球、武術比賽等活動。

大航海時代在 17 世紀展開後，普吉島也陸續被葡萄牙、荷蘭、和法國先後影響。尤其葡萄牙風情至今還在老鎮上處處可見，包括靛青優雅的圓環鐘塔、鵝黃華美的渣打銀行、以及成排彩色繽紛的葡式建築。塔朗路（Thalang Road）、迪布路（Dibuk Road）、喀比路（Krabi Road）這三條路就像時光隧道一樣，散步其中以為自己置身百年前的歐洲，鑽到小巷裡探索，看見藝術創作與歐風老鎮的新舊結合更是充滿驚喜！

然而認真逛逛普吉老鎮，會發現這裡不只有航海家遺留下來的浪漫，還是各種文化精隨的縮影！歐式風格的建築佇立街頭，騎樓上卻掛著鳥籠、門楣上橫著書法匾額，當中竟賣著泰式奶茶和香蕉煎餅，後現代拼貼的混搭感在這幾條街上嶄露無遺。19世紀前來開發礦區的華人不但促成普吉經濟的興起，至今更仍深深影響著普吉島的生活與文化：廟宇和廟會十分興盛、為了慶祝中國新年盛大舉辦老鎮節慶，此外最不能錯過的是當地人的早餐——燒賣、還有普吉鎮的特產美食——福建麵。看似中式的飲食結合了南洋口味，反倒湧現著道地的泰式，在普吉鎮可以深刻地感受到泰族、華人、馬來人全都互相影響又互重和諧地生活在這座小島上。

鎮上還有一個當地人熱愛的秘密景點，在普吉鎮西北方 4 公里的小山丘 Khao Rang Hill 上，有一間充滿文創氣息的浪漫餐廳，入口就以古色古香的鐵道枕木建成階梯，180 度視野的木製平台盤據在山頂崖邊，綠色爬藤植物包圍環抱，隨處可見麋鹿木雕、飛鳥雕塑，好像動物也在這座森林中悠閒聚居。亮點是這裡可鳥瞰整個普吉鎮的風光，視線遍及東邊海岸線和納克爾德山上的白玉大佛，天黑後燈火明滅格外美麗，在海島能夠擁有夜景實在是價值連城。在露天座位區吃著傳統泰式料理、配上一杯美酒、開懷聊天一整晚，是當地人熱愛的夜生活。

Tunk Ka Cafe
從裝潢、家具、到音樂都洋溢著五六零年代的懷舊氛圍，坐擁無敵視野和百萬夜景，還有竹林步道、不同高度的木棧平台可以散步觀景，美味精緻的傳統菜餚更是客人絡繹不絕的主因，包括酸辣蝦湯、泰式咖哩都是必點招牌菜。
地址：Khosimbi Road , Ratsada , 83000 Mueang Phuket, Phuket, Tambon Wichit, Amphoe Mueang Phuket, Chang Wat Phuket
電話：+66 76 211 500
營業時間：11:00AM-10:00PM
價格區間：一道菜約 130 元至 150 元

⑥ 熱鬧滾滾夜市人生

太陽下山天黑後，擺脫炙陽與酷熱總算適合出門逛逛，因此夜市文化在熱帶國家總是蓬勃發展，當中展現的各國風情也令旅人最感期待！

來到普吉島幾乎必去的夜市，應該就是巴東海灘周邊的馬林市場（Malin Plaza）。因為接近主要觀光區，海灘上玩累的、看完秀場的、酒吧街微醺的可能都會聚集到這裡覓食；而馬林市場中賣的也都是觀光客最愛的海鮮、燒烤、熱帶水果等等，口味倒是沒有特別驚豔，但是最便利嚐鮮的地點，且夜市由鐵皮屋頂遮蔽，不分晴雨都可以好好逛街。除了美食以外，當中也有許多紀念品攤位，不過最多人圍觀好奇的是「魚吃腳皮」攤位，這項來自土耳其的溫泉魚療法在台灣也許已見怪不怪，但對歐美人士來說可是嘖嘖稱奇，尤其泰國人把魚放在魚缸內擺攤，看著整排顧客直接坐在路邊把腳泡進魚缸也算一個有趣的奇景！更多馬林市場資訊請參考官方網頁
https://www.facebook.com/MalinPlaza.Patong

相對於馬林市場主要迎接觀光客，位在普吉鎮外緣的齊瓦市場（Chillva Market）則是當地人最愛的夜市，尤其年輕人特別喜歡聚集在此，白色帳篷營造著浪漫的波希米亞風，藝術家手作、精美進口品、或二手古董商品席地擺攤，用鐵皮貨櫃蓋成的固定店鋪則陳列著時髦酒吧、精緻咖啡攤、華麗冰淇淋店，樂團現場演唱流行音樂繚繞四周，文創商機和新穎小吃帶動著潮流趨勢，逛著這個夜市似乎是最酷炫的當地生活。每週四、週五、週六下午 16 點到晚間 23 點營業的市集，範圍雖然不大，但氣氛熱鬧溫馨，且能感受道地的泰式生活，價位也比其他夜市來得合理親民，非常值得一逛。更多資訊可參考官方網頁
https://www.facebook.com/Chillvamarket

普吉週末夜市（Phuket Weekend Market，當地人也稱 Naka Market）只有每週六、和週日集市，時間從下午 16 點到晚上 21 點，位置設在普吉鎮郊外的周發西路（Chao Fa West Road），距全島最大的購物商場中央百貨公司（Central Festival）不遠。這也是當地人日常愛逛的夜市，當中景觀跟妳我想像中的夜市比較接近，陳列滿滿的衣服包包鞋子，3C 商品和玩具適合闔家大小一起逛，二手物品的買賣交換更是大宗，據說這裡的殺價沒有底價，端看妳有多少時間跟老闆耗到底？！小吃攤也琳瑯滿目，多是當地居民熱愛的零食，有些他們視為美食的東西妳可能不見得敢吃，例如東南亞特產——炸昆蟲，如果想試試膽量可以在普吉週末夜市嚐嚐看！

如果逛夜市的同時還想享受視覺饗宴，最棒的目的地即是美麗的普吉老鎮。每週日下午 16 點到晚間 22 點，葡式建築林立的塔朗路會封街變成行人步行區（Phuket Walking Street，泰文稱作 Lardyai），形成一個 350 公尺長的週日市集，從手工藝品、街頭表演、到小吃美食，包羅萬象好吃好逛，周邊的華美建築更會打上彩色燈光，把巷弄映照得繽紛夢幻。大多數攤位由華人、泰南穆斯林、或印度人經營，許多從沒見過的佳餚甜品在這裡可以一一嘗鮮，當地的藝文活動如卡拉 OK 大賽、舞蹈比賽也會在此舉行，遊客與當地居民一起同歡，文化大熔爐的氛圍讓人興致盎然，逛幾小時也不嫌累！

路邊小吃庶民美食

福建炒麵（Hokkien Mee）：粗寬的黃麵配上黑不溜丟的醬料，與海鮮、肉類、蔬菜一起拌炒，這是東南亞有名的福建麵，更是來到華人重鎮普吉鎮上不可不嘗的美味！福建麵是 19 世紀初華人移民所傳入的主食，本來以湯麵為主，但為適應南洋天氣悶熱改成乾麵，且加入黑醬油、蠔油等醬汁燜炒成重口味勾芡，以台灣口味來說吃起來偏鹹，但麵香與鹹甜交互的濃厚口感很夠味！

Pho Thong
普吉鎮上許多店家都有賣福建麵，但鐘樓旁的幾家是最老字號。店內沒有裝潢，沒有英文招牌或菜單，座位簡陋像極路邊攤，但門口蒸籠中熱騰騰的湯包和蒸蛋就是最好的招呼，吸引我們進去飽餐一頓，體驗當地人的口味和用餐氛圍。
地址：Phuket Rd, Tambon Talat Yai, Amphoe Mueang Phuket, Chang Wat Phuket
營業時間：10:00AM-18:30PM
價格區間：一份炒麵約 55 元台幣

普吉烤包（Phuket Buns）：烤包是一個新興小吃，也只在普吉島當地吃得到，撒上芝麻的外皮第一口咬下去有點像台灣蛋黃酥的香鬆口感，但內餡比蛋黃酥厚實、餅的尺寸也大得多，重點是裡面會有意想不到的驚奇口味：辣椒雞、XO醬海鮮、紅燒豬、火腿乳酪……等等，充滿泰式風情的味覺有趣新奇。

Phuket Buns
只有烘焙房、沒有固定店面，但因可以外送，深受普吉島當地人喜愛。常在普吉老鎮步行區及各大夜市擺攤，如果運氣好可在逛夜市時把美味一網打盡。
電話：+66 88 659 1803
網址：https://www.facebook.com/phuketbuns/
價格區間：一個烤包約 25 元台幣

傳統船麵（Kuai Tiao Ruea）：赭紅湯麵端上桌，乍看之下有點嚇人！傳統泰國船麵湯頭是使用牛肉湯、黑醬油、生豬血及香料調配而成，本來以為嚐起來難免腥味，但竟出乎意料地清香順口，充滿牛肉的燉煮味道，丸子、豬肝搭配稀疏的麵條或米粉，作為充飢的點心剛剛好。以往泰國水路縱橫，商家以小船為

店面煮起熱騰騰麵食販售給船行乘客，因為在水面上需短時間就吃完飲盡，因此船麵的份量非常少，一般人都要吃個兩三碗以上才過癮飽足。

豬雜湯（Kreuang Nai Moo）：粉腸、豬肚、豬肝、豬心等豐富內臟加入以大骨、蔬菜熬煮而成的湯底，據說原是中國移民傳入的潮州菜，但入境隨俗加入泰國香料如香茅、檸檬葉燉煮，內臟不腥、湯喝起來也格外清香，即便在大熱天品嚐卻不感燠熱，搭配一碗白飯常是泰國上班族的早餐。

涼拌青木瓜（Som-Tam-Ma-La-Gaw）：涼拌青木瓜原本是泰北料理，現在成為泰國的國民美食，因為在台灣的泰式餐廳或夜市都吃得到，是台灣人熟悉也喜愛的一道美食。但也許是這裡天氣更熱、或是香料食材略有不同，在泰國當地吃起涼拌青木瓜感覺更爽口、更夠味。清脆的木瓜絲搭配蝦米、花生、辣椒、蒜頭、番茄，混合在一起用木樁拌搗使得香氣牢牢附著在木瓜上，再淋上檸檬加糖的酸甜、與魚露的鹹香鮮嗆，當地還會加入全生的四季豆讓整體口感更有變化和層次。

酸辣蝦湯（Tom Yum Kung）：這是泰國的經典名菜，香茅、南薑、檸檬葉決定了基本香氣，檸檬汁和魚露融合成酸味主角，火紅顏色則來自泰式辣椒膏。顏色嚇人但口味其實不會過度麻辣，反而在蝦高湯鮮甜的烘托調和下呈現清爽。有些口味會加入椰奶，讓湯品更接近濃湯的口感。

打拋豬（Pad Kra Pow Moo）：用一種名為打拋（Kra-Pow）的香草來拌炒碎豬肉，所以被翻譯為打拋豬，是從泰國東北起源，進而廣為流傳成為泰國國菜。豬絞肉除了用打拋和辛香料炒香以外，更以魚露、蠔油、檸檬汁調味，酸甜鹹辣拌飯最棒，在炎熱的天氣下非常開胃！尤其台灣較難買到打拋葉，來到泰國才能嚐到原汁原味。

泰式咖哩（Thai Curry）：泰式咖哩分成黃、綠、紅，以辣度排行是顏色柔和但加了綠鳥眼辣椒的綠咖哩最為麻辣，但是味道也最清甜，多半用來煮湯類的菜餚，最著名的是肉丸或魚丸綠咖哩；磨碎的乾辣椒煮在椰奶中、讓紅咖哩擁有鮮艷亮眼的色彩，黃咖哩則是加入最

多香料、帶有最濃厚的香氣與色澤，紅咖哩幾乎可搭配各種肉類蔬菜來料理燜炒，黃咖哩則多為燉菜，到泰國可以好好享受三種咖哩的不同風味！

香蕉煎餅（Roti Kluai Khai）：泰國人特別喜歡用香蕉做成甜點，烤香蕉、炸香蕉

都是街頭常見，香蕉煎餅更被列為泰國必吃甜點之一。手工甩拉的餅皮在鐵板上煎得焦香，佈滿切片香蕉包裹後淋上巧克力醬和煉乳，由於泰國香蕉的味道比較酸，加上甜醬調味後大口咬下，充滿豐富的酸甜滋味，份量不多，當作點心或下午茶特別適合。

椰子甜點：如果妳看見精緻甜點上出現椰奶、椰汁、椰糖、椰漿、椰絲，那麼有極高機率這就是泰國甜點。泰國甜點很多是宮廷食譜流傳到民間，因此無論在視覺上或是做工上都特別精緻，一口大小的椰奶布丁（Khanom Tako）香滑濃郁，一個 5 泰銖、當地人一吃都是 6 個起跳；蛋香與椰香交織的椰絲鬆糕（Khanom Tan），蜜椰絲和新鮮椰絲交錯呈現不同口感，香甜可口值得一嚐。

泰式奶茶（Chaa Yen）：泰式奶茶的夢幻橘色讓人對它提起更多好奇或疑惑，其實這個顏色竟是天然的茶色！泰國因為長年下雨，酸性土壤含有豐富的氧化鐵，相對也影響種植的茶葉品質，泡出來的茶湯色澤特別深褐，再加入煉奶和糖水，自然染成美麗的橙紅。香甜順口的泰式奶茶熱飲或冷飲各有風味，若能打成細滑的冰沙，來一杯真是炙熱焦陽下的一大救星！

水果：泰國水果種類多，特別著名的當然就是榴槤，路邊常常一卡車載來賣，現場還協助去殼等處理，新鮮又方便，但要注意有些飯店禁止攜帶榴槤進房；蛇皮果、芒果、紅毛丹、蓮霧也都很受歡迎，現打果汁更是既便宜又解渴，非常適合炎炎夏日。

五光十色驚豔秀場

腦海中對秀場的深刻記憶,許多都來自泰國!不用去拉斯維加斯就能欣賞大型歌舞表演,不用追逐太陽馬戲團就見識精彩特技和動物演員,華麗稀奇的人妖秀全世界更是只有泰國有,價格便宜又精彩絕倫,是來到普吉島不容錯過的夜間活動!

1 華麗奇幻傳奇秀

十多年前第一次來到幻多奇(FantaSea)樂園,就對這裡充滿感動印象,奇幻的建築、絢麗的燈光、可愛的動物、精彩的節目,交織出這個歡樂熱鬧的樂園。1998 年開幕的幻多奇位在普吉島西側卡瑪拉海灘(Kamala Beach)附近,是普吉島代表性的旅遊景點。這裡屬於夜間主題樂園,每天傍晚才開放入園,樂園並非像我們想像的一樣有雲霄飛車等遊樂器材,而是以多采多姿的可愛建築迎接每一位遊客,建築

內可能是動物觀景窗、購物商店，建築外則有手工藝品攤位、街頭藝人表演，大象在園中踱步繞行，節奏輕快的音樂環繞身旁帶動開心的氣氛。

園內的重頭戲是在仿古皇朝建築宮殿中演出的「夢幻王國文化幻術劇作」，從 1998 年開演至今已 20 年，創下亞洲最長時間持續演出的大型劇場紀錄。國際級水準的表演，將歌舞融合在泰國童話故事當中，並結合華麗布景、趣味魔術、和特效爆破等等元素，整場秀 75 分鐘娛樂感十足，大人小孩都能開心享受。尤

FantaSea

趁天黑前的黃昏時分入園，看著夕陽餘暉撒在石雕的象王宮殿和金碧輝煌的金娜里殿上，樂園氣氛顯得格外雄偉磅礴；入夜五顏六色的燈光一打，輕鬆歡樂又開始瀰漫全區。入園票券通常包含自助晚餐，能在宮殿裝潢的餐廳享用數百種泰國料理。若有攜帶相機，在觀看表演前記得先寄放才能入場。在官網購票是最貴的選擇，可先在網路上向行程票券公司購買、或請當地旅行社安排。

地址：99 Moo 3 Kamala Kathu Chang Wat Phuket
電話：+66 76 385 000
網址：http://www.phuket-fantasea.com/
營業時間：17:30PM-22:30PM

其看見象群在舞台上亮相、或空中飛人在頭頂飛躍表演時，真的會有大吃一驚的新奇感受！我個人看過 3 次幻多奇秀，從來沒有失望過。

在曼谷大名鼎鼎的暹羅天使劇場（Siam Niramit）2016 年也在普吉島開幕了！這是泰國皇室所擁有的劇團，運用聲光、特效、投影、機關重重的舞台場景，加上專業演員穿著華麗戲服、展現唯美舞姿與生動表情，講述泰國（古稱暹羅）的歷史與王朝興衰、生活方式與信仰、節慶與風俗等等橋段，表演時會有中英文字幕說明本段的主旨；雖然內容噱頭不像幻多奇劇場這麼多，但看完之後對泰國的文化歷史都會有比較深的認識，比較適合喜愛文化的旅人體驗。

暹羅天使劇場位在普吉鎮北方 10 公里處，新建的園區有許多漂亮造景、及泰國各地的傳統房屋，是讓人猛按快門的地方；且每半小時就有泰拳、傳統舞蹈、燈光水舞、大象戰爭遊行等等表演，也有如夜市的遊戲區，在這待上一整晚也不嫌無聊。

 ## 嬌媚吸睛人妖秀

人妖秀可說是來泰國必看的表演，美艷的人妖粉墨登場，紅牌活靈活現地對嘴唱著大家耳熟能詳的各國歌曲；舞群更是為數不少，雖然舞技有待加強，但多變的舞臺佈景和誇張的秀服，光是氣勢就出奇制勝！從埃及艷后跳到中國宮廷，從阿里郎唱到甜蜜蜜，性感而不色情的表演適合闔家觀賞。整場人妖秀也穿插不少搞笑橋段，胖孃孃下台糾纏觀眾、默劇式的幽默短劇，讓表演在熱鬧與歡笑當中落幕。

散場後最期待的就是到秀場門口和人妖拍照，各個濃眉大眼、皮膚白皙、身材火辣，真讓女性也自嘆不如！拍一次照要支付 100 泰銖的小費，因此人妖莫不花枝招展，不斷對所有人揮手、飛吻、拋媚眼，又美又年輕的人妖總是得到絡繹不絕的青睞，條件平庸的則使出渾身解數仍無人聞問，在小小的空間就能明顯感受冷暖自知的無奈。

人妖的英文是 shemale 或 ladyboy，兩個字都是結合男女、混淆性別的新創字，也有正式稱為變性者（Transvestite）的說法，因為明顯的女性特徵、華麗的妝容服飾、誇張的肢體語言，讓中文直接把她們譯作亦人亦妖的稱呼。前文提過，越戰時期美軍入境泰國召妓娛樂，家中有女孩的父母就使孩子變性賺錢，因為特殊、又不用避孕，使人妖受歡迎並開始盛行。時至今日人妖的來源仍多是鄉下窮人，他們把小孩拍賣給秀場，從青春期就施打荷爾蒙，使得喉結平坦、皮膚光滑、胸部增大，在秀場受訓演出帶來高收入，姿色更勝的甚至可以參加選美、變成名人。但過分施打藥物也造成身體殘害，人妖的平均壽命大概只有 40 歲，而秀場的條件篩選又現實嚴苛，年老色衰的不是改演搞笑角色，就是被踢出秀場流落到酒吧街端盤子、陪客人聊聊天。外人看著她們悲哀的藝界人生，但也許就因生命曇花一現，讓她們反而各個開朗豁達。

在普吉島有兩個人妖秀場，靠近巴東的西蒙人妖秀（Simon Cabaret Show）歷史悠久、演出有一定水準；普吉鎮外圍的女神人妖秀（Aphrodite Cabaret Show）則是 2011 年才開幕，設備較新穎，也有多名人妖皇后駐場。

Simon Cabaret
創立於 1991 年，是普吉島最知名的人妖秀場，每天晚上遊覽車、計程車在此進出穿梭，無論是旅行團或背包客都慕名而來。由於位置就在巴東海灘南部，可一路從海灘往馬林市場逛到西蒙人妖秀，每晚進行三場 60 分鐘的演出，表演全程禁止拍照。在官網購票是最貴的選擇，可先在網路上向行程票券公司購買、或請當地旅行社安排。
地址：8 Sirirat Rd, Tambon Patong, Amphoe Kathu, Chang Wat Phuket
電話：+66 76 342 011
網址：http://www.phuket-simoncabaret.com/
營業時間：18:00PM-22:30PM

③ 限制窺奇成人秀

泰國情色產業的熱鬧蓬勃，是在全世界其他任何國家都難以感受的，尤其把胴體和性愛當作表演、大張旗鼓地販售，好似能消磨消費者的尷尬和羞恥心，讓每個想窺奇看秀的人都覺得這是一個光明磊落的有趣活動。但這種十八禁的表演不推薦每個人都欣賞，特別勸告道德潔癖的人最好不要來！如果想了解什麼是洗泰國浴？也想見識傳說中用下體開酒瓶的十八招？也許可以考慮買票進場開開眼界。秀場可說尺度全無上限，裸女猛男俱全，除了特技式的怪奇表演以外，也有真槍實彈的 A 片場景，甚至

會邀請觀眾上台和全裸演員進行驚人的互動。周遭觀眾有男有女，偶有整群男生互相起哄逗鬧，但大部分人其實都尷尬不已，甚至不敢把眼光望向其他人，也有人還用雙手遮著眼睛在看，台上表演令人傻眼、台下觀眾反應也相當搞笑！

Wake up Club（Dragon Show）
普吉島最大型的成人秀場，觀眾以華人旅行團為多。每晚六點起循環演出，任何時間皆可進場、自行找空位入座，看到重複的節目即可離場。入場前會嚴格搜身及包包，相機都要事先鎖在置物櫃，但劇場不保證置物櫃的安全性。
地址：China town，Phang Muang Sai Kor Road，Patong Phuket
營業時間：18:00PM-00:00AM

個人經驗覺得成人秀其實不太有情慾氛圍，反而真的很像在看動物奇觀！體會一次實在大開眼界，但也不會想再看第二次的一種表演。最著名的成人秀位在巴東區外緣的天皇秀（Wake up Show）；而聞名芭提亞（Pattaya）的 Big Eye 也已引進普吉；巴東海灘的孟加拉路是小型成人秀場的聚集地，走在路上會有許多掮客來拉攏，說詞都是便宜

又保證有真槍實彈之類的，但秀場多在神祕的地下室或二樓，若是單獨旅行的女性不建議前往。

傳統按摩放鬆享受

如果沒有按摩等於白來泰國了！遵循古法的傳統按摩是傳承千年的技藝，全世界獨一無二！從按摩師四肢並用的技法、到把人翻來折去的姿勢，都極具特色、且物美價廉！來到普吉島一定要抽出時間讓筋骨舒鬆一番！

1 舒壓傳統泰式推拿

泰式傳統推拿很像結合按摩與雙人瑜珈的一種活動，在沒有隔間的一張張地墊上，穿著寬鬆衣物、不使用精油或乳液，讓按摩師傅循著筋絡穴道施以按、捏、拉、揉、彎曲、扭轉、延伸等動作，由下往上從腳底、腿部、手部、背部、直到肩頸頭部；其後師傅開始手腳並用，以全身的力量針對身體各部位或壓或折，讓平常運動不到

的部位舒張開來，因此關節鬆開的「喀喀」是最常聽見的聲音，不時還佐以有人被癢得呵呵笑、或被折得哀哀叫。因為這些特殊技法，使得按摩師傅的體型不能與客人差異太大，否則根本抬不動、也折不了客人！因此很多體型高壯的男性期待被美女按摩、結果卻來了位胖妹師傅，是常見的趣聞！

泰式古法按摩據說最早源於印度，曾為釋迦牟尼治病的柯瑪佩吉御醫（Shivago Komarpaj）結合印度瑜珈原理發明的按摩技法在 2 至 3 世紀時隨佛教傳入泰國，深受泰王推崇；後來泰國本地又引用中國的筋絡穴道醫學、結合諸多東亞文化的草藥療法等等，發展成獨樹一格的泰國國寶技術。泰式按摩一開始是為皇族強健體魄、排除毒素、治療疾病的方法之一，之後從貴族傳授到寺廟、民間，曾經成為泰國人生活的一部分：家人朋友互相推拿、協助舒緩疲勞保持健康是常有的事；現今則因應觀光產業，成為吸引遊客的一大特色。泰國不但把按摩視為民間醫療的一種方式，由國家的公共衛生部門統一管理，甚至還由教育部設立合法的按摩學校培育合格按摩師，吸引世界各地的學生前來拜師學藝。

普吉島的按摩店遍布每個角落，不乏高級連鎖的 SPA 會館，也可看見很多簡單的家族式經營店鋪，門口坐滿穿著制服的按摩師隨時拉客。個人經驗覺得高級不一定代表技巧好，倒是小小店家常常臥虎藏龍，因為平價的按摩大約三五百元台幣而已，如果有時間可以多嘗試幾家，創造一個充滿按摩的普吉之旅。

 療癒古法藥球按摩

泰國天然藥草球按摩（Herbal Compress）是將薑黃、檸檬草、泰國生薑、青檸為主的十數種草藥以棉布包裹成藥球，師傅以蒸籠加熱草藥後即沿著穴道在身體上按壓。肌膚上的毛孔隨著溫度張開，草藥精華滲入身體生效，不但能改善血液和淋巴循環、刺激內臟，更使身體上的僵硬痠痛、心情上的壓力焦慮都立即釋放，達到身心靈療癒的功效。

So Thai Spa

So Thai Spa 由泰國和英國合作的知名 Spa 集團,位在巴東海灘南部。以暖色系燈光襯托的泰式裝潢顯得高雅舒適,服務人員親切專業,是在普吉島評價不錯的一家 Spa 會館。官網上價格清楚,也可以網路預約,很適合初來乍到不知如何選擇按摩店家的旅人。

地址:34 Prachanukhro Rd, Tambon Patong, Amphoe Kathu, Chang Wat Phuket

電話:+66 91 568 8876

網址:http://www.sothaispaphuket.com/

營業時間:10:00AM-23:30PM

價格區間:藥草球按摩 2 小時約 1300 元

藥草球是一種具有數千年歷史的按摩方式，有些觀點認為這是由印度僧侶引進泰國，也有人認為它源自鄉村民間療法，並且透過口耳相傳及醫療手稿秘笈一直持承襲至今。藥草球按摩長久以來深受泰國人歡迎，主要是由於它既簡易又不昂貴，泰國皇室甚至曾精心研究藥球配方，用於戰爭中治療士兵的疼痛。藥草球按摩除了一開始幾分鐘師傅會以按壓方式放鬆關節以外，全程就是一直以藥草球重複拍打熱敷全身，並沒有其他特殊按摩手技；當藥草球剛拿出蒸鍋時溫度很高，若感到太燙一定要向師傅反應，否則皮膚很可能產生紅腫。普吉島的藥草球按摩也是在 SPA 會館或路邊按摩店都有，特別是小型按摩店有時會將傳統推拿和藥草球結合，在完成推拿前以藥草球敷身 20 分鐘，讓客人體驗雙重享受。

便宜舒適的臉部按摩

臉部按摩（Facial Massage）雖不是泰國傳統，但妳很難忽視在街邊透明玻璃中躺著的一床床面膜人。臉部按摩是目前普吉島非常盛行的保養服務，一小時的療程不到台幣3百元，會精心進行卸妝、海綿洗臉、蒸臉、清粉刺、去角質、保濕按摩、敷面膜等步驟，最後還會幫忙畫上淡妝，讓原本在太陽下曝曬冒油的肌膚煥然一新，是一邊放鬆一邊寵愛自己的好選擇！

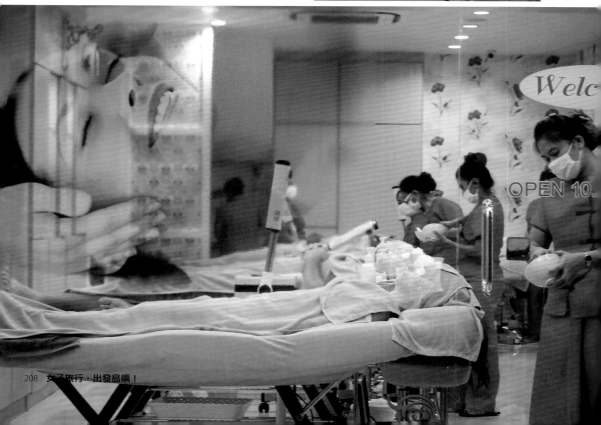

BALI
峇里

CHAPTER ③

你可曾聽説有個峇里島，就在那印度尼西亞，
那島上風景美麗如圖畫，誰都會深深愛上它。

低音歌后潘秀瓊的嗓音，帶領著華人世界對峇里島的嚮往！描繪著島上山隈又水涯、女孩能歌善舞、彷彿世外桃源，正是大家腦海中對熱帶天堂的想像。這座距離台灣飛行時間五小時的島嶼，雖然距離不近、費用不低廉，但一直以來都是愛侶新人的蜜月聖地，近幾年更成為明星藝人步入婚姻的夢幻禮堂，峇里島似乎總代表著甜蜜蜜的兩人世界。

不過 2010 年茱莉亞羅勃茲在電影中把峇里島帶入另一個境界，騎著腳踏車就能帶妳遊遍綠色山野，信仰專注的島民總能妙語如珠地給妳當頭棒喝，峇里島不再只是休閒放鬆之地，更是尋找自我和心靈淨化的天堂！於是很多單身旅行、姊妹同行開始前進峇里島，尋找屬於女性的微笑！因為賴爺告訴過我們，在這裡「臉會微笑，心會微笑，連妳的肝臟都要微笑」！

飛往峇里

① 往峇里島的飛機

1 · ✈ 直飛

台灣的中華航空（China Airlines）及長榮航空（Eva Air）每天都有航班由桃園機場
（TPE）直飛峇里島登巴薩（DPS）機場，飛行時間約 5 小時，經濟艙票價約 1 萬 6
千元至 2 萬元；但在特價期間購票可低到 1 萬 2 千元台幣左右。

2 · ✈ 廉價航空

可選擇搭乘捷星航空（Jet Star）於新加坡轉機、或搭乘亞洲航空（Air Asia）於吉隆
坡轉機，但航程會比較遠，不含轉機時間、兩段飛行時程就要 8 小時以上。且加上
行李、選位、餐食這些額外費用，機票通常也要 1 萬元台幣以上，除非真的遇上大
特價的情況，否則加上時間成本與精神成本，相較直飛班機來說並不見得比較划算。

② 簽證

從 2015 年 10 月份開始印尼政府放寬台灣民眾免簽證入境限制，只要持 6 個月以上有效護照、以觀光旅遊為目的，可享免簽證入境峇里島 30 天的待遇。所以前往峇里島可隨時出發，不用煩惱簽證問題！

③ 出入境

1 · 證照查驗
入境時不需填寫表單，只要拿著護照直接排隊待通關查驗即可，但要注意海關蓋印的入境章日期是否正確？（詳見「女子安心建議」）

2 · 行李檢查
入境時必須填寫「海關申報表格（Custom Declaration）」，如未有任何須申報物品，只要將表格交給海關後即可通過。若個別被海關要求過掃描機、或開箱檢查，則再行配合。行李規定如下：

- 菸酒額度：200 支香菸（或 25 支雪茄、或 100 公克菸草），一公升的酒類。
- 香水的額度會限制，海關規定是寫「合理數量（reasonable quantity）」，所以請勿攜帶過多。
- 個人行李價值超過 250 美元（約 8 千元台幣）、家庭行李價值超過 1000 美元（約 3 萬 2 千元台幣）需要申報。

Ministry of Finance of the Republic of Indonesia
Directorate General of Customs and Excise

CUSTOMS DECLARATION
(BC 2.2)

Each arriving Passenger/Crew must submit Customs Declaration (only one Customs Declaration perfamily is required)

1. Full Name
2. Date of Birth   Date   Month   Year
3. Occupation
4. Nationality
5. Passport Number
6. Address in Indonesia (hotel name/residence address)
7. Flight or Voyage number
8. Date of Arrival   Day   Month   Year
9. Number of family members traveling with you (only for Passenger)
10 a. Number of accompanied baggage   PKG
 . b. Number of unaccompanied baggage (if any, and see the reverse side of this form)   PKG

11. I am (We are) bringing :   Yes (√)   No (√)
 a. Animals, fish and plants including their products (vegetables, food, etc.)
 b. Narcotics, psychotropic substances, precursor, drugs, fire arms, air gun, sharp object (ie. sword, knife), ammunition, explosives, pornography articles.
 c. Currency and/or bearer negotiable instrument   in Rupiah or other currencies which equals to the amount of 100 million Rupiah or more
 d. More than 200 cigarettes or 25cigars or 100 grams of sliced tobacco, and 1 liter drinks containing ethyl alcohol (for passenger); or more than 40 cigarettes or 10 cigars or 40 grams of sliced tobacco, and 350 milliliter drinks containing ethyl alcohol (for crew).
 e. Commercial merchandise (articles for sale, sample used for soliciting orders, materials or components used for industrial purposes, and/or goods that are not considered as personal effect).
 f. Goods purchased/obtained abroad and will remain in Indonesia with total value exceeding USD 50.00 per person (for Crew); or USD 250.00 per person or USD 1,000.00 per family (for Passenger)

If you tick "Yes" to any of the questions number 11 above please notify on the reverse side of this form and please go to RED CHANNEL. If you tick "No"to all of the questions above, please go to GREEN CHANNEL

I HAVE READ THE INFORMATION ON THE REVERSE SIDE OF THIS FORM AND HAVE MADE A THRUTHFUL DECLARATION

(SIGNATURE)   DATE (DAY/MONTH/YEAR)

- 相機、手機等旅行用品，只要不會留在印尼當地、出境時帶離即可。其他電子產品禁止攜入。
- 違禁品：中藥、毒品、槍支、彈藥、色情刊物、新鮮水果、無線電話。
- 世界各國大多禁止肉類製品入境，包含已煮熟、乾燥、加工、真空包裝處理之產品，印尼雖未明文規定，但攜帶時要自行斟酌。
- 隨身現金不得超過印尼盾一億元（約 25 萬元台幣），超過部份將被課以 10% 稅額。

3・通關後

- 通關後可見到數以百計的接機司機，站在圍欄後方舉著牌子，若有預約機場接送、或飯店提供接送，就請一一檢查牌子上有沒有自己的名字，並前往相認。若沒有預約接送，則可搭乘計程車前往市區。出關後會有指標寫著機場計程車櫃台（Airport Taxi Counter），櫃台會安排車輛給妳。

- 與司機相認後、或訂好計程車後，會經過一段小小的免稅商店，商店盡頭有旅遊資訊、也可以換錢，匯率約為市區換匯的 95 折，不算真的太差，可先換些零錢帶在身上以備不時之需。

- 機場出口處有 Telkomsel 電信公司的櫃台。印尼的電信公司百家爭鳴，峇里島各處也都可以輕易買得到上網 SIM 卡，價格費率更是百百種！機場的 Telkomsel 公司 simPATI 卡是最多遊客購買的，據說是收訊最好、但價位最高的。如果急需上網可在機場購買，不過價格並非全國統一，機場售價可能會比市區商店購買貴上 2 至 3 倍，一張 SIM 卡平均價格約 50 元台幣左右。然而印尼的 SIM 卡只是單純的易付卡，安裝

後還要儲值才能使用。許多路邊電信攤販、便利商店都可儲值，儲值一次會加收 5 元台幣左右的手續費，非常便利；上網總流量 1G 大約 90 元台幣、4G 大約 150 元台幣。

4 • 離開 / 前往機場

峇里島的機場交通有三種方式：預約機場接送、計程車、Trans Sarbagita 大型公車。

峇里島機場的計程車是專營，在計程車櫃台（Airport Taxi Counter）登記等候，其他計程車行都無法進入機場載客，價格固定，到何處、多少錢都寫得清清楚楚。當然，步出機場後也會有一些攬客的計程車，價格大約是機場計程車的半價，但初來乍到、人生地不熟的話，還是要留意安全、和被坑錢的可能性。機場計程車價目表請參考官網：http://www.baliairport.com/transportation/

公車候車處在走出機場左方的圓環道路旁，需走一段距離，且只有前往努沙杜瓦（Nusa Dua）方向的班車，比較適合在峇里島多次自助旅行已熟門熟路的旅人。

5 · 出境時

峇里島只有少數商店參加退稅政策，在張貼有「增值稅退稅（VAT Refund for Tourist）」標章的商店消費後，向商家表明要退稅，商家會填寫退稅單、並與購物收據釘在一起，務必保管好才能取得退稅。從入境起算一個月內在當地花費額度達 500 萬印尼盾（約 12000 元台幣）的話，即可在機場退稅櫃台辦理。出境前如需辦理退稅，建議在 check-in 前就先前往退稅櫃台（寫有 VAT Refund 標示），出示護照、機票、所購物單據及退稅單（購買總額要超過 500 萬印尼盾才能辦理），即可退回 10% 的增值稅現金。退稅完成後再將退稅商品放進行李，至航空公司櫃檯辦理 check-in。

島上交通

峇里島面積約 5600 萬平方公里，大概是台灣的五分之一，因為大部分地形為山地，因此多數觀光據點都集中在南部。有人形容峇里島的形狀很像「一隻母雞下了一顆蛋」，如果以此比喻的話，主要活動範圍大致從「雞腹」的烏布（Ubud）、延伸到「雞腳」的登巴薩（Denpasar）周邊、以及「雞蛋」的布吉半島（Bukit Peninsula），每個區域之間大約都是一小時左右的車程，有幾種交通方式可以選擇：

 包車

峇里島上較缺乏大眾運輸工具，加上車資便宜，因此包車是遊客最常使用的交通方式。包車全天 10 小時，含司機、油資、停車、司機餐食，費用約 1500 元台幣左右，

如果有辦法要到折扣，價格還可以更低，非常適合 2 人以上的旅伴。

包車的好處是機動性很高，景點停留的時間長短都可自己決定，也可臨時改變行程，並且不用走太多路、不用接受烈日曝曬、更可好好躲避午後雷陣雨在車上享受冷氣。

包車最常見的車型是 7 人座的小型休旅車，因此人少可坐得寬敞舒適，人多也可不用分車、擠在一起享受旅途的熱鬧，更可以帶著行李移動，十分便利。

許多台灣遊客是在部落格上尋找網友推薦的個人司機，自行寫 Email 聯繫詢價，但建議也可找當地旅行社協助訂購，品質較有保障，也不會發生被放鴿子的慘劇。例如，峇里島有一家台灣旅行社 isBali，是由住在當地的台灣夫妻開設，他們與峇里島最大的旅遊業者結為同盟，不但租車價格優惠，車子新穎、司機全通英文、具安全保障，更提供 24 小時中文電話服務，可隨時解決交通上的疑難雜症，對初次到峇里島旅行的女生們來說，是一個很理想的選擇。

全天包車的司機其實薪資很低廉，主要的收入來自小費，因此建議可斟酌給予，一

天大約 12 萬印尼盾（300 元台幣左右）。如果需要中文導遊跟車介紹景點，也可先請租車公司或司機安排，一天的費用也是 12 萬印尼盾上下。

要注意的是，有些司機可能會在路途中提議帶妳去買木雕、皮件等紀念品；或是告知妳指定要去的那家餐廳已經關門大吉，他可以帶妳去另一家賣同樣美食的餐廳。這些其實都是司機向商家抽成的機會，司機當然不會放過賺錢，但妳自己也要明辨是非、堅持自己想走的行程才好。

 計程車／計程摩托車

計程車適合短距離移動，例如機場到旅館、更換飯店時、或是兩個景點之間的交通，起跳價是 7000 印尼盾（約 18 元台幣），其後每一公里跳 6850 印尼盾。若需長程移動、或全天用車，仍以包車較划算。

許多中文部落格傳言峇里島有五家公司、五種顏色的計程車，但這算是錯誤資訊。事實上峇里島長年經營的計程車公司有十幾家，各專營不同區域，但目前最常看見的顏色卻都是藍色。原因是規模最大的藍鳥集團（Blue Bird Group）計程車 Bali Taxi 太受旅人推崇，包括保證跳表、司機有禮貌、發現失物必歸還、還有 App 叫車服務等優點，建立優良口碑！因此路上很多仿冒品在奔馳，千萬不要看到藍色的車就以為是藍鳥！必須確認車身是淺色的天空藍，車頂、車門都有藍色飛鳥標誌，擋風玻璃也貼著 Blue Bird Group 的大字，才是正牌。

「藍鳥」以外的計程車，有的是靠行在計程車公司、有的則是黑牌車，因此常發生以講價代替跳表，或在表上動手腳的小花招。有些遊客曾遇過講好跳表、上車才發現沒表；或是還沒到達目的地就把表按掉、以此來跟乘客討價還價……等等不愉快經驗。所以上車以前一定要跟司機確認是「by meter ？」並先以 google map 查詢距離和乘車時間，一發覺不對勁馬上要求停車或下車。

但是，如果妳已經在峇里島待了幾天，附近的路都熟悉、目的地也不是第一次前往，且有旅伴同行的話，還是可以考慮搭乘喊價計程車。畢竟跳表時有些司機會繞路，且峇里島很常塞車！特別是烏布（Ubud）皇宮周邊、或晚上的庫塔區（Kuta），沒有塞個半小時到一小時根本進不去，因此喊價有時反而是省錢的方式。

峇里島的司機習慣不找零，或大多聲稱自己沒有零錢，建議搭車時多帶一些零錢在身上。倘若金額不大，當作司機的小費也無妨。

近兩年 Uber 在峇里島上也很盛行，畢竟上下車地點都用 GPS 定位、按 App 路線行駛、價格透明、安全也算有保障，深受許多旅人喜愛。但前提是手機要有網路，而且 Uber 車輛少、要等待較久，再者 Uber 僅能用 App 刷卡扣款、所以會額外增加 1.5％的國外交易手續費。

此外，在峇里島交通壅塞的地區，常可看見計程摩托車（motorcycle taxi，當地人稱為 Ojek）的身影。在庫塔區，計程摩托車有專屬的停車格，是政府認可合法經營的，當妳看見街上塞到動彈不得時，就會發現計程摩托車的便利好用，而且無論去哪都是 1 百元台幣以下就可搞定！在烏布也很盛行搭乘計程摩托車前往各個景點，一方面烏布許多景點都說遠不遠、走路卻到不了，因此計程摩托車成為機動的好夥伴；二方面許多村莊景點都在蜿蜒的山邊或田埂間，計程摩托車更能穿梭自如。

計程摩托車的價格是用喊價，5 公里以內大約就是 5000 印尼盾（12.5 元台幣）左右，隨距離往上加乘。乘坐時一定要佩戴安全帽，且峇里島的暗巷很多，夜間搭乘一定要在自己知道路的情況下、僅使用短程接駁，確保自身安全。

③ 租車 / 租機車

峇里島租汽車費用不貴，四人座轎車含保險、稅金、及油資，每日大約 8 百元台幣就可租到；並且多家國際連鎖的租車公司在峇里島機場都有設櫃，不需抵押證件就能輕易完成租賃手續。

但峇里島駕駛方向與台灣相反，且許多交通號誌不完善，除了主要道路上有紅綠燈以外，有些地方靠人工指揮，大部分路段是駕駛人自由心證，路上亂竄的機車更比台灣來得多又猛，除非有特殊需要，不建議自行租車駕駛。

機車旅行是一種省錢方便的交通方式，峇里島的機車租金一天約 150 元台幣而已。但是交通秩序較為混亂，不守規矩的人也多，特別是當地人騎車習慣只看前方、不顧左右，因此急轉彎或突然衝出是常見的事。此外，路上常見金髮碧眼的機車騎士，許多西方遊客來到峇里島渡長假，都會選擇機車作為代步工具，但歐美的機車畢竟不像台灣或東南亞如此盛行，這些遊客平常沒在騎、技術不佳，造成暴衝、車禍的狀況一堆，可以説是馬路上的不定時炸彈！因此仍要好好評估自己的技術和反應力是否足以應付在當地騎機車？

租機車不是要押護照、就是要放押金，建議不要任意把自己的護照交給他人，因此需事先應準備多一點現金以供押抵。

無論是租汽車或機車，都要備妥駕照，印尼政府承認台灣的國際駕照，只要前往台灣各地區監理所申請換發即可。峇里島的路口時常有警察臨檢，觀光客就是他們眼

中的肥羊，被攔下只要拿不出駕照，就先開一筆大張的罰單；就算一切守法，他們也可能說出一些妳根本不懂的當地法規，來要求妳繳錢。多備一些零錢當成花錢消災的小費，也許很容易能夠脫身；若妳確信自己沒有違規，也可盡量放軟身段慢慢磨、看看是否有機會放行。要記住，別與警察起衝突，必要時可以裝作聽不懂英文、或是謊稱錢放在朋友身上，人都是吃軟不吃硬，盡量笑臉迎人、態度和善，必能躲過刁難。

④ 巴士

以往峇里島內沒有公共的交通運輸工具，除了自行開車騎車以外，當地人前往各地都是使用一種九人座廂型車變身而成的私人巴士「Bemo」。Bemo 是隨招隨上，因為路線四通八達、行遍峇里島大小鄉鎮，因此除了乘客以外，車上或車頂常擠滿行李、菜籃、甚至連雞鴨都會上車！車資從 4 千印尼盾（10 元台幣）起跳，上車時先付 4 千的基本費、並告知司機下車地點，下車時再收剩下的費用。據說外國人會「合理地」被收較貴費用，因此盡可能不要問司機車資多少錢？可在上車前先詢問當地人，或直接看下車的人付多少、跟著付就對了！Bemo 有幾家不同公司經營，區域路線複雜，初次搭車的人最好直接前往最大的轉運站 Ubung Terminal 了解目的地與路線，免得上錯車。如果大白天、旅伴多時，可以壯壯膽嘗試一下當地人的生活方式，但基於便利性、安全性、和時間效益，不建議用作常態交通工具。

而從 2011 年起峇里島終於有公營的大型冷氣公車 Trans Sarbagita，原本路線只有在庫塔區到登巴薩周邊，目前最遠已有行駛至烏布了。票價非常便宜，成人只要 3 千 5 百印尼盾（約台幣 9 元），公車只行駛大馬路，但是大車進不去的重要鄉間小路，則有小型的箱型車 Feeder 來接駁。Trans Sarbagita 是峇里島政府為抑制車輛而為當地人設置的大眾運輸工具，所以中途行經的觀光景點並不多，但對懂得善用的背包客來說是非常省錢的交通方式。而且 Trans Sarbagita 的公車站牌相當有趣，像是一個講台高立在路旁，乘客必須爬上樓梯才能上車，是峇里島馬路上的一種特殊景象。對於時間不趕的女性來說，這是一個安全、經濟的交通工具，詳細的路線圖可以參考官網：

http://www.dishubinkom.baliprov.go.id/id/ANGKUTAN-UMUM-Trans-SARBAGITA

以上兩種屬於體驗當地生活的巴士，對旅行時間有限的旅人來說也許不是太方便，而以觀光業維生的峇里島，當然也有多種專為觀光客規畫的旅行巴士行駛於各大景點，比較多人運用的有：

1・庫拉庫拉巴士 Kura-Kura Bus

2014 年由日本 JTB 集團（JTB Asia Pacific）與峇里島當地公司合作，專門提供遊客搭乘的小巴士，綠色車身、烏龜彩繪的車體，看起來相當討喜！巴士的總站在庫塔區的免稅商店 DFS 旁，一共有七條路線，行駛在許多旅人都會經過的景點、飯店、購物中心，每天從早上 9 點到晚上 11 點營運，平均約 30 分一班車。Kura-Kura Bus 不但車內乾淨舒適、有冷氣，還提供免費 Wi-Fi、充電插座、LCD 螢幕，可以算是相當高檔的一種巴士。乘客可以在車上買單程票，票價依路線不同從 2 萬到 8 萬印尼盾（50 到 200 元台幣），或在站牌旁的售票處買較優惠的一日券、儲值卡。對於單身旅行、或旅伴人數少的女孩來說，搭乘 Kura-Kura Bus 在峇里島旅行既方便又安全！特別適合南部一帶的市區觀光。不過，有些路線規定不能攜帶大行李上車，官方網站上有中文說明，詳細可參考：http://kura2bus.com

2・白金巴士 Plus Priority Shuttle Bus

白金巴士是一種旅遊會員制度的概念，在峇里島、台北、吉隆坡、沙巴都有會員服務，持有會員卡即可享用特定飯店或餐廳優惠，其中最實用的功能就是免費機場接送、和無限次搭乘當地巡迴的會員巴士。台灣多家旅行社「機＋酒」行程常贈送的「PP BUS 嗶嗶巴士會員卡」指的即是白金巴士。一張會員卡 600 元台幣，開卡後可使用 10 天，可上官方網站、或台灣合作旅行社購買。巴士有五條主要路線，最遠可搭到巴杜爾火山下的金塔馬尼（Kintamani）、途中還有行經聖泉廟（Pura Tirta Empul），對於不選擇包車的旅人來說，可以走遍各大重點地區，相當實用！不過對行程天數 5 至 7 天的旅人來說會較划算，且每天只有幾個班次，必須遷就班車時間安排行程。詳盡巴士路線時程請參考官網：http://pluspriority.com

3・佩拉瑪巴士 Perama Bus

Perama Bus 是印尼當地旅遊集團經營的長程巴士，除了峇里島以外，附近的佛羅烈斯島（Flores）、龍目島（Lombok）也是其營運範圍，所以甚至可以善用 Perama Bus 和接駁渡船進行跳島旅行。少數的 Perama Bus 沒有空調冷氣的，在炎熱的峇里島上搭乘會有些辛苦，但它的優點是在全島各地暢行無阻，甚至要去東部的土蘭奔（Tulamben）潛水、或去北部的羅威那（Lovina）賞鯨豚都四通八達，也有前往機場的班車（但是只有載客去機場、沒有從機場出發的路線），是可以機動運用的長途移動方式。官方網站上可查詢詳盡的目的地、時程表，還可直接在網上訂票，但網頁要使用 IE 瀏覽器開啟才能查詢：http://www.peramatour.com

BALI

住宿峇里

1 渡假別墅 Villa

來到峇里島，大家最期待的一項活動莫過於躺在 Villa 裡享受放空時光！Villa 可說是峇里島的一項特色，這個字的本意原指古羅馬時期上流社會在鄉間建造的渡假豪宅別墅，因此真正的 Villa 其實是私人別墅，特別是許多外國人來到峇里島建造屬於自己的渡假聖地，但平常在國外工作、一年只來峇里島一兩個月，因此交由代管公司負責租賃、管理、行銷，平時可出借給其他旅客住宿使用。因為是私人住宅，因此每間 Villa 的風格都

Villa Ashna

屬於峇里島知名日商管理公司 Nagisa Bali 旗下的一間 Villa，位在庫塔區與水明漾區交界處，附近即是最熱鬧的雷吉安街。極簡風的裝潢點綴著峇里島風情的柳木家具、畫作家飾，輕巧溫暖有一種家的感覺。Villa 有專屬的管家負責打理食物及生活所需，格局有獨立客廳，三個房間環繞著一個大泳池和發呆涼亭，植滿雞蛋花的庭院適合做日光浴，是價格親民、適合一群姊妹包棟渡假的好選擇。

地址：Jl. Nakula, Gang Baik Baik 1 No 10, Seminyak, Bali
電話：+62 361 490 165
網址：http://www.nagisa-bali.com/villa-ashna
價格區間：全棟每晚約 6 千台幣起跳

依屋主喜好而有所不同，可能有華麗的客廳、偌大的泳池、及美不勝收的自然景觀，建築設計與裝潢布置往往是進駐 Villa 時最大的驚喜與亮點！而 Villa 內也都有代管公司安排的專屬經理、管家、甚至佣人與廚師，可以完全享受無微不至的服務與照顧，包括每日早餐、飲料、水果的現做供應以外，更可自己前往市場購買魚貨龍蝦回來請主廚協助料理，除了住宿舒適以外、更是真正享受渡假生活的一種選擇。

因為 Villa 在峇里島極度盛行，因此衍生出集團建造經營的社區型 Villa，即是在統一的園區內規劃好幾棟 Villa，每棟都是獨立的區域，擁有自己的庭院或泳池，但隔著走道或圍牆、旁邊就是別人的 Villa。住宿由統一的櫃檯進行管理，管家也就是飯店集團的服務人員，通常一位管家會負責服務好幾組客人，餐點可能也是在中央廚房烹調後送進 Villa 內。社區型 Villa 為了區隔每間 Villa 的獨立性、和每組客人的隱私性，會築起圍牆相隔，在水明漾這個 Villa 密集的區域，即可明顯感覺每條道路都變得十分狹窄，兩旁邊的水泥高牆灰白一片，遮住大部分的視線，巷弄也長得極度

Mayaloka Villa

位在水明漾區偏北，靠近 Potato Head 海灘俱樂部的高牆間，住在其中像是隱居在熱帶叢林裡，硬木設計和茅草屋頂的建築，十足充滿峇里島風情。除了臥室以外，包括客廳和浴室都是只有涼亭式屋頂的開放空間，圍牆被綠色植物包圍，四周的蛙鳴蟲響伴著妳沐浴、陪著妳入睡，十分清新寫意。屬於社區型 Villa，入口處有接待櫃檯和 24 小時值班人員，每棟都有獨立泳池，屬於 CP 值高的 Villa，適合三兩好友結伴同住。

地址：Jl. Cendrawasih, No. 88, Petitenget, Seminyak, Kabupaten Badung, Bali
電話：+62 361 4736436
網址：http://mayalokabali.com
價格區間：單臥室每晚約 5 千至 6 千台幣起跳

相像，有種來到另類水泥叢林的感受。也因為這樣的隱私顧慮和環境，社區型 Villa 大多缺乏自然景觀，建在庭院中的泳池通常也不大，卻非常適合少數的家人朋友相聚，不用在乎他人眼光盡情享受放鬆時刻。

峇里島的 Villa 成千上百、目不暇給，建議可先選擇想要住宿 Villa 的區域，請在地旅行業者依人數、預算、和類型，推薦適合的 Villa，上網查詢過評價後、再行下訂。當然也可直接向峇里島當地代管公司以 Email 聯繫訂購，這種狀況一方面要英文夠好、免得產生溝通誤差，另外訂金通常需要將房費全額付清，光是國外電匯手續費可能就要好幾百元台幣，再加上如臨時有狀況容易退款無門。這類訂房糾紛其實在網路上案例不少，因此建議向旅行業者訂購較有保障。

渡假村 Resort

渡假村是大家較熟悉的一種住宿選擇，即是在一個區域提供食衣住行育樂各種渡假所需，住宿建築通常是獨立門戶，但泳池或公共設施則需與其他住客共用。許多世界連鎖飯店集團在峇里島都設有渡假村，各有不同風情特色與景觀，更不乏知名大廚入駐，讓住客享受六星級饗宴。而峇里島渡假村的特色從飯店名稱常有「Resort & SPA」就可看出端倪，許多渡假村設有專屬的 SPA 會館，各家 SPA 密技和配方也算是吸引遊客入住的看家本領之一。

峇里島較具規模的高級渡假村主要還是
集中在南部觀光區域,但住宿在不同區
域、不同價位的渡假村也可體驗到情趣
各異的當地風光,例如:烏布的渡假村
常被稻田包圍、布置充滿農村趣;潛水
勝地土蘭奔的渡假村則設備較簡單、但
視野幾乎全然與大海擁抱。

至於渡假村的選擇同樣多到眼花撩亂,
建議可以先從位置和預算來篩選,上各
大訂房網站都可以自行完成預訂。建議
也可以透過在地旅行業者訂購,常有機
會取得更優惠的價格或套裝。

Alaya Resort Ubud
掩映在稻田之中的渡假村,從接待櫃檯到餐廳
全是茅草屋頂的半開放式空間、水泥粉光的
極簡牆面,渲染著一種清明澄澈的氣息。客房
竹編的外牆造型、厚實的木門、搭配房內的農
村壁畫,窗外有綠野田園相伴,住宿的同時也
能感受烏布地區樸實的生活質感。地理位置不
錯,與猴林路只有兩百公尺的距離,可沿街步
行逛遍烏布市集。渡假村本身為知名 SPA 葉子
達拉(DALA Spa)的關係企業,在渡假村中即
可享受獲獎無數的高級 SPA。
地址:Jl. Hanoman, Ubud, Gianyar, Kabupaten
Gianyar, Bali
電話:+62 361 972200
網址:http://www.alayahotels.com
價格區間:單臥室每晚約 3 千至 4 千台幣起跳

③ 小資住宿

峇里島有不少青年旅館（hostel）可以
選擇，hostel 不見得都是集體通鋪或上
下舖的床型，大部分可擁有獨立的單人
床，且 hostel 本身也常設有泳池、發呆
涼亭、和庭院，這種配備在世界各地的
青年旅館都很少見，可說是價廉又物超
所值！

不過就價位考量來說，其實峇里島的商
務型旅館和 hostel 的住宿費用幾乎沒有
差別，且商務旅館多位在交通較方便的
熱鬧區域，因此若想擁有安靜一點的空
間、或想保有更多隱私，建議也可選擇商務旅館來住宿。

Solaris Hotel
屬於印尼連鎖的商務飯店集團，位置極佳，
到機場只有 10 分鐘車程，步行 5 分鐘即可到
達庫塔海灘及各大商場，購物、用餐都非常便
利。公寓式的建築環繞著中庭泳池而建，鬧中
取靜的格局讓旅人可以得到充分的休息。大廳
有 24 小時保全，住宿價格便宜、但內部設施
和服務都不馬虎，是 CP 值很高的小資住宿點。
地址：Jl. Jenggala, Wana Segara, Kuta, Kabupaten
Badung, Bali
電話：+62 361 761399
網址：http://solaris-hotels.com/hotel/bali
價格區間：每晚約 5 百元至 6 百元台幣起跳

季節與行李

1 氣候

峇里島氣候屬赤道熱帶氣候，氣溫隨信風帶而改變，終年分成兩個季節，4月到
10月是乾季，受澳洲大陸冷氣團影響，氣溫舒適較不燥熱，但是每天仍有機會下
午後雷陣雨；11月到3月是雨季，但天氣仍然晴朗宜人，僅是濕度較高、較悶熱，
陣雨機率也大，可是狂風驟雨來得快、去得也快，把握陽光還是可以享受渡假的
夏日風情。

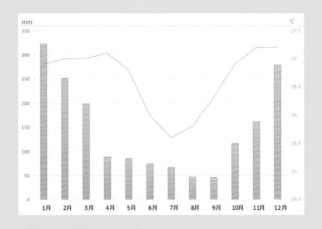

	一月	二月	三月	四月	五月	六月	七月	八月	九月	十月	十一月	十二月
平均溫度℃	26.9	27	27	27.1	26.8	26	25.6	25.8	26.3	26.9	27.2	27.2
雨量mm	323	251	199	89	86	75	67	47	46	117	162	279

② 行李

全年著夏季衣物即可，防曬用品和雨具也都不能少！若前往梯田等丘陵地帶件薄長袖衣物、早晚微涼；登火山看日出則須輕薄禦寒外套，可著輕羽絨外套、或棉質外套。印尼巴里島的標準電壓為 220 伏特，50 赫茲頻率，飯店內的插座大多為圓型內陷的圓柱接腳插座，建議攜帶轉接頭，沒有自動變壓的電器也須使用變壓器。一些飯店的浴室同時提供兩種電壓的插座，通常飯店櫃檯也可免費借用轉接頭及變壓器。

③ 節慶

節慶	日期	習俗活動
寧靜日 （Nyepi）	每年日期不一，3～4月	寧靜日象徵雨季結束，峇里島人以冥思、懺悔的方式慶祝。寧靜日當天禁止任何人外出，餐廳商店不可營業，連機場也關閉、國內外航班都禁止起降。寧靜日前兩天，當地人會將印度教神像從寺廟移至海邊，進行淨化儀式。 前一日則有青年扛起製造精美、面貌醜陋的神靈雕像，在峇里島各街道遊行、喧嘩，合力嚇走愛作怪的惡靈。 2017 年的寧靜日為 3 月 28 日。
印度教盛戰節 （Galungan Festival） 與 印度教慶祝節 （Kuningan）	每年日期不一，為期10天，第10天為印度教慶祝節	慶祝印度教「達摩勝利之時」的節慶，每210天舉行一次，每次為期10天。 這段期間峇里島的神靈會下凡拜訪島民，因此居民精心準備供品，在自家及廟宇祭拜，並以遊行舞蹈來慶祝。傳統供品包括第一日準備香蕉、第二日準備米食、之後會宰殺豬雞祭祀，並搭建高高在上、象徵飛龍的竹幡（penjor）來祈福。 第10天的慶祝節（Kuningan）同樣要舉行祭祀典禮，再讓祖先、神明飽餐一頓，恭請祂們回到所屬的世界。 2017 年盛戰節為 4 月 5 日及 11 月 1 日。

齋戒月 （Ramadhan） 與 開齋節 （Idul Fitri）	4月～5月	每年為期三十天的齋戒月，所有穆斯林在日出之後，不吃飯、不喝水，直到日落後才可飲食，作為贖罪及克制私欲的提醒。齋戒月期間，穆斯林會提早一兩個小時下班，返家準備禱告。許多行業甚至直接停工，例如峇里島金巴蘭魚市場在齋戒月就顯得格外蕭條，因為漁夫大多不出海捕魚。 經歷一個月的齋戒月後，開齋節當日前，幾乎所有的穆斯林都會趕回自己的家鄉和家人一起過節，等同於伊斯蘭教的新年，因此開齋節之前所有的日常用品都會進行折扣促銷活動，讓大家辦好年貨回家團圓。2017 年的開齋節在 6 月 25 日。
峇里島藝術節 （Bali Art Festival）	6月份 第二個星期六	峇里島藝術節的起源，是為避免過度發展的觀光業造成傳統文化流失，因此從 1979 年起即舉辦一年一度、為期一個月的藝術節，場面一年比一年盛大，重要性連印尼總統都會親自出席參與。 每年的藝術節由遊行展開，著傳統服飾的舞者在街頭尬舞，島上各村莊與附近島嶼的居民都組隊，以各種質樸與華麗交錯的形式展現傳統。藝術節期間有大量的展覽、文化活動、表演、比賽，也有很多商家攤販兜售著傳統小吃、手工藝品等等，對當地人來說是一大盛會，也是一個大型的嘉年華會。
印尼國慶 （獨立紀念日）	8 月 17 日	國慶日當天登巴薩市中心會舉行升旗儀式，全島各處也都掛滿紅白國旗，大街小巷會有精采的遊行、舞蹈，更會舉辦許多有趣的遊戲，例如爬竿、賽跑等等活動，有興趣的人都可以參與，在一片熱鬧人潮中感受印尼式的慶祝。
西洋聖誕節到新年	12 月 25 日～ 1 月 1 日	聖誕假期是歐美遊客到峇里島渡假的黃金時期，雖然島民本身不慶祝，但街頭仍有許多裝飾迎接熱帶的聖誕夜，餐廳也多有提供聖誕大餐。 峇里島跨年活動以音樂會及藝術演出為主，流行歌曲、傳統音樂、舞蹈、魁儡戲等表演都有，每年會釋放大氣球代表今年離開、新的一年到來，晚間施放煙火秀，觀光客則多聚集在庫塔海灘周邊的各個俱樂部狂歡慶祝倒數。

 時差

格林威治標準時間（GMT）+8 小時，與台灣無時差。

女子安心建議

① 從進入機場大廳開始就能十足感受到峇里島是個國際渡假聖地，西方面孔的遊客眾多，華人、印度人、馬來人也多元聚集，基本上英文非常通用。但建議可以找個當地聯絡人，有時遇到溝通不良或紛爭時，可以用印尼文協助處理。例如 isBali 是台灣人在當地開設的旅行事業，24 小時都有專人的中文通話服務，只要有向他們購買行程的客戶都可以接受此項服務，即使只買 SPA 券或機場接送也可以，緊急時刻可以善用。此外，遇到重大急難狀況務必聯繫位在雅加達的駐印尼代表處 24 小時急難救助電話：+62-811984676。

來自台灣的小夫妻

理查夫婦與潔西卡夫婦，是兩對來自台灣的小夫妻。多年前因為從事旅遊業，生活在人人嚮往的渡假勝地峇里島，愛上當地的慢活人生，乾脆決定舉家在峇里落地生根，連孩子都在當地成長受教育。

本著在峇里島生活十數年的經驗，一直有感於許多旅人來到巴里島，只為了體驗高檔酒店、SPA、美食，卻忽略了島上原始的生命力，甚為可惜！於是多年來共同經營著「峇里島小夫妻」部落格，分享當地生活文化、和旅人交流資訊，希望把峇里島更多元、深入的面貌，推薦給台灣同鄉。

近年「峇里島小夫妻」更與當地最大的旅行社 Bintang Holidays 合作成立中文品牌 isBali，不但針對各種個人需求量身打造行程，且有 24 小時中文服務人員，因為與在地最大旅行社結盟，因此包括住宿、餐廳亦能取得高品質的多樣選擇，更擁有非常優惠的價格。

期待在 isBali 團隊的專業協助下，讓台灣女生們鼓起勇氣前往峇里自助旅行，不論是一個人的旅行、三兩閨蜜的出遊、或一群姊妹的渡假，都得以在安全又放心的環境下享受自在的峇里時光。

聯繫小夫妻：http://www.isbali.com

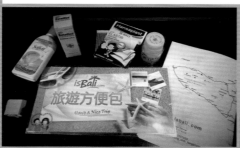

② 峇里島海關會要咖啡錢的傳言甚囂塵上，雖然我沒有親身在峇里島遇過，但在印尼其他城市的確也碰過「有錢好通關」的經驗，因此提醒一下：

• 過海關時盡量不要讓他們找到任何理由來刁難妳，例如：行李不要超重、不要帶可能的違禁品。

• 很多旅人喜歡遊走在犯規邊緣，例如在海關前偷偷拍照（牆上明明就貼著禁止拍照的標語），和善一點的海關只會叫妳刪掉照片，有企圖的海關可能就會趁機為難了。

• 入境時注意流程是否正確，有些海關人員甚至可能私下動手腳，故意把入境章的日期蓋錯，出境時造成逾期滯留而把遊客帶進小房間，又是要求私下掏腰包解決。所以海關蓋印時要睜大眼睛，檢查日期是否有誤？如果被誣賴可以出示自己的去程機票，加以佐證正確的入境日期。

• 在眾人面前要給海關面子，例如：說話溫和不要起衝突、從頭到尾保持笑臉，必要時可以裝作聽不懂英文、或是謊稱錢放在朋友身上，盡量放軟身段矇混過去。

③ 印尼盾的幣值很小，人人都是一出手就花個幾十萬盧比（Rupiah，簡寫作 Rp.）的大戶，所以換錢和買東西時要格外小心，尤其在街上匯率較高的小攤子兌換外幣時，務必當場數清鈔、並雙方互相確認後再交接鈔票，否則偷藏鈔票假裝數錯的詐騙事件時常發生，幾乎是來到峇里島的旅人最常遇到的意外狀況。

④ 無論是餐廳裡的菜單、或是活動的行程價格表，費用後面可能會寫上「++」的符號，第一個 + 代表服務費（Service Charge），最高為 10%；第二個 + 代表政府稅金（Government Tax），最高為 11%，所以結帳時會發現原本的費用以外、最高可能還要額外付出 21% 的稅金，要注意這些 ++ 符號，預算才不會估計錯誤，更避免因此發生糾紛。

⑤ 旅遊國家一般都有收取小費的習慣，在峇里島通常會遇到的狀況如下：

• 餐廳如果已有附加收取服務費，則小費可給可不給；若未加收，則可支付 5% 到 10% 的小費。

• SPA 或按摩的小費似乎約定俗成，高級的店家會在意見調查表上註明請支付小費，

平價店家則可能把妳擋在門口要求索取小費，一般而言是 1 萬印尼盾起跳。

‧ 跳表計程車不須額外給予小費，但包車司機則會被租車公司建議支付小費，如機場接送等單趟行程小費約 2 至 3 萬印尼盾，全天 10 小時包車則 12 萬印尼盾左右。

‧ 行李員小費 5 千至 1 萬印尼盾，有些會站在門口不離開、直到等到小費為止；如果旅館要續住，建議也可留床頭小費給打掃的房務人員，讓她們心甘情願好好收拾、並且不惡搞妳放在房內的行李，一般也是 5 千至 1 萬印尼盾。

‧ 參加單項行程（如登山、潛水）的導遊或教練也可依其服務的表現支付小費，一般是 5 萬到 10 萬不等，但是表達禮貌的方式、並非強迫支付。

⑥ 印尼是全球最大的伊斯蘭國家，但峇里島卻是印尼唯一以印度教為主要信仰的島嶼。峇里島的印度教徒早、中、晚都要奉上供品祭祀，所以路面上常常可看見用芭蕉葉製作成小盒子，裡面放著米飯、鮮花、鹽巴、或是一些甜品，插上一炷香，周邊灑一些聖水，這就是他們的祭品。在峇里島走路要看地上，地上擺放的供品如果正在燃香，千萬不要踢到！不過也會看到很多香已燒完的小盒子遍布地上，有時密集得程度讓人很難閃避，其實沒有燃香的供品代表神明已享用完畢，不小心踩到是沒關係的。

⑦ 峇里島對廟宇和聖地有許多莊嚴規定，進入廟宇或聖地不能著短褲短裙，若長度未超過膝蓋，則須以沙龍圍著下半身，腰部也要繫上腰帶，通常有供遊客參觀的廟宇門口都會出借。此外，峇里島人相信聖土上不應該有血，因此女性經期不能夠進廟，身上有傷口也不宜進廟，否則會為自己及當地人招來厄運。許多廟宇、或廟中的特定區域禁止非印度教徒進入，未開放給遊客參觀的地區，絕對不要涉入。

⑧ 印尼整體是個伊斯蘭教國家，峇里島上更有許多從印尼其他地區來此打工的伊斯蘭教徒，因此伊斯蘭戒律也須遵守！左手被視為不潔，不能用左手傳遞東西。避免用食指指人或指物品，可盡量改用大拇指；更不能用手指彎曲的方式（叫小狗的方式）呼叫人過來。禁吃豬肉、禁止喝酒這些飲食上的規範他們都須遵守，齋戒月白天也須禁食，因此如果妳發現司機或導遊滴水不沾、也不吃飯，那麼他可能正在齋戒（齋戒期遵循伊斯蘭曆法，大約是每年國曆六月或七月），盡量不要讓他太過勞累。

⑨「不要隨意摸小孩的頭」這是到東南亞國家幾乎都會有的禁忌，印度教徒認為頭部神聖不可侵犯，因此陌生人碰不得！篤信佛教的泰國人和緬甸人也禁止摸頭，認為會帶來厄運。也有人說馬來西亞的伊斯蘭教徒同樣忌諱摸小孩的頭，雖然正統的伊斯蘭教徒認為法典中並沒有這樣的限定，但是既然有此一說、有人遵從，在地人似乎也約定俗成。所以、總之、結論就是「沒事不要隨意摸小孩的頭」，以免為自己帶來不必要的麻煩。

⑩ 在峇里島旅行幾乎隨處可見餐廳或商店，不太需要擔心找不到廁所，這些地點可以免費商借。景點的廁所多要付費約 3 千印尼盾左右，乾淨度普通。伊斯蘭教國家有如廁後洗屁屁的習慣（馬桶旁的小蓮蓬頭或小水桶就是用來沖洗下半身用），廁所大多不備衛生紙，當地習慣衛生紙丟馬桶內、因此也可能沒有垃圾桶，用過的衛生用品盡量包裹好再放置廁所內。會遇到荒郊野地無廁可上的狀況，可能是登山健行、以及出海時，健行時固定一段距離就會有山屋，可先向嚮導詢問山屋的位置和距離，若真的忍受不住就只好回歸大自然吧！至於潛水時，因為水壓、水溫或失重的關係，其實常常會感到尿意，潛水界有句玩笑話：「世界上只有兩種潛水人：一種是承認自己尿在海裡的，另外一種是死不承認的。」所以一切都是很正常的！如果真的著急，就請游到人少處、放寬心與海水融為一體吧！

⑪ 女性晚上盡可能結伴出門，治安較不好的區域為庫塔區的酒吧街：雷吉安街（Jl. Legian）和六六大街（Jl. Double Six）。雷吉安街因為同時也是逛街之處、商店很多，因此走在路上還不算太危險；六六大街則都是酒吧，晚上路燈很少，暗處常常有人蹲坐在地上，即使很多都是等待載客的計程車司機、並沒有惡意，但還是很容易被他們嚇到！據說一般計程車不敢開進此區，如果沒有自己的包車司機來接送的話，店家會半強迫客人搭乘獅子大開口的排班計程車。六六大街因為有一些第三性酒吧，在印尼這樣的伊斯蘭教國家被極度排斥，因而這裡也有種龍蛇雜處的地下區域之感，夜晚前往的話盡可能眼觀四面耳聽八方、注意自身安全。

⑫ 住在 Villa 或較開放式的空間，無論是大門或房門都要上鎖，甚至窗戶最好也都上鎖。整體而言，峇里島本地人遵行班家制度（Benjar），每個人都受緊密的社區

人際連結和監督，彼此約束力強，因此治安良好、島民和善。但從外地來峇里島打工的各色人種很多，再加上外國遊客聚集，因此零星的歹徒侵入屋內行搶案件還是時有所聞，甚至也有 Villa 保全刻意離開、縱容歹徒作案的內神通外鬼手法，因而位居偏僻空曠、或開放式的住宿時，還是多多警覺較佳。

⑬ 海灘男孩（beach boy）據說是峇里島起源的特殊現象，早期是來到海島渡假的西方單身女性，喜歡出錢尋找當地年輕的峇里島男人來 24 小時伴遊，當然是不純的！海灘男孩之間更有名言説「No money, no honey ！」但後來演變成騙財騙色的異地戀情，一些日本女孩遇見蓄著長髮、皮膚黝黑、衝浪一流的強壯男孩來搭訕，便不由自主陷入情愫，最後發現人財兩空被詐騙。2009 年甚至有新加坡導演拍攝過紀錄片《Cowboys in Paradise》來探討這個現象，造成印尼政府因為破壞形象而不滿，在峇里島大力掃蕩、逮捕數十名海灘男孩。總之，海島豔遇容易讓單身女性嚮往，遇到帥哥搭訕固然也令人心花怒放，但是無論是騙財、騙色、或騙妳買東西都是有可能的情況，人在異地不要被情緒衝昏頭、得多多當心留意。

⑭ 非常明白女孩們來到峇里島都想要穿著浪漫飄逸、戴著寬邊遮陽帽、踩著閃閃的高跟涼鞋拍美照的心情！但是建議可以用拍照道具的方式處理（即是帶在背包裡、到定點再換裝），平時在旅途中還是簡單樸素為宜，不宜暴露、更不要穿戴名牌，非必要也減少拿出手機或貴重物品，因為這些都會成為注目的焦點，讓歹徒知道妳是可偷可搶的目標。

⑮ 峇里島四處皆水！海邊有湛藍海水、溪邊有清涼流水、飯店有浪漫泳池、連去逛聖泉廟都可以進泉沐浴！但是如果妳本身游泳技巧不好、或根本是旱鴨子，那麼就請量力而為！因為峇里島多數有水的地方都沒有救生員，因此溺水事件也常發生，甚至當地人親口告訴我峇里島本地人大多不擅游泳？！因此發生狀況時能救生的人才也有限，所以一定要理解自己的能力、好好照顧自己！

屬於女子的峇里

① 妳的行程

日程	行程	交通	住宿	預訂
第一天	抵達峇里島	計程車	商務旅館	
	海神廟			
	海灘俱樂部			
	SPA	SPA 含接送		SPA
第二天	藍夢島一日遊 tour （行程包含：藍夢島遊艇 + 水上活動 + 烏魯瓦圖海景下午茶 + 斷崖廟觀夕陽 + 金巴蘭海鮮燒烤）	tour 含接送	商務旅館	藍夢島 tour
	庫塔區雷吉安街逛街	步行		
第三天	廚藝學校半日遊 tour （行程包含：市場採買 + 廚藝課程）	tour 含接送	渡假村 （烏布）	廚藝學校 tour
	沙努海濱單車	KuraKura Bus		
	烏布皇宮	步行		
	烏布藝術市集			
	傳統舞蹈表演			
第四天	金塔馬尼一日遊 tour （行程包含：火山觀景餐廳 + 德歌拉朗梯田下午茶 + 烏布皇宮 + 烏布藝術市集）	tour 含接送	渡假村	金塔馬尼 tour
	庫塔奇幻魔術秀	KuraKura Bus		魔術秀門票
第五天	庫塔海灘日光浴	步行		
	庫塔區購物伴手禮			
	SPA	SPA 含接送		SPA
	前往機場	機場接送		機場接送

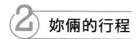

妳倆的行程

日程	行程	交通	住宿	預訂
第一天	抵達峇里島	包車	渡假村	
	烏魯瓦圖海景下午茶			包車
	斷崖廟觀夕陽			
	金巴蘭海鮮燒烤			
	庫塔區雷吉安街酒吧			
第二天	沙努海灘日出早餐	包車	渡假村	日出早餐
	海神廟			
	激流泛舟			激流泛舟
	烏布藝術市集			
	烏布皇宮			
	傳統舞蹈表演			
第三天	巴杜爾火山湖畔單車	包車	Villa（社區型）	
	火山溫泉			
	聖泉廟			
	梯田下午茶			
	野生動物園獵遊			
	SPA			SPA
第四天	土蘭奔潛水一日 tour（行程包含：潛水訓練＋一次下水＋恆河聖泉花園）	tour 含接送	Villa（社區型）	土蘭奔 tour
	天壇秀			
第五天	Villa 游泳日光浴	包車		
	庫塔區購物伴手禮			
	SPA			SPA
	前往機場			

③ 妳們的行程

日程	行程	交通	住宿	預訂
第一天	抵達峇里島	包車	Villa（包棟）	包車
	海神廟			
	水明漾區創意街區逛街			
	庫塔區六六大街酒吧			
第二天	長谷海灘騎馬觀日出	行程含接送	Villa（包棟）	騎馬行程
	藍夢島一日遊 tour（行程包含：藍夢島遊艇＋水上活動＋烏魯瓦圖海景下午茶＋斷崖廟觀夕陽＋金巴蘭海鮮燒烤）	tour 含接送		藍夢島 tour
	SPA			
第三天	火山日出健行半日 tour（行程包含：日出健行＋火山溫泉＋五星飯店早午餐）	tour 含接送	Villa（包棟）	火山健行 tour
	聖泉廟	包車		
	梯田下午茶			
	烏布藝術市集			
	烏布皇宮			
	傳統舞蹈表演			包車
第四天	激流泛舟	包車	Villa（包棟）	激流泛舟
	SPA 全日派對			SPA 派對
	天壇秀			包車
第五天	Villa 游泳日光浴	包車		包車
	庫塔海灘散步			
	庫塔區購物伴手禮			SPA
	前往機場			

BALI

擁抱大海的放空時刻

湛藍海水拍打著雪白細沙，躺在樹蔭下享受陽光美景，相信是每個女人心目中嚮往的峇里島。峇里島地理位在珊瑚大三角（Coral Triangle）的邊界上，也就是全球海洋生物最多樣性的海域，整個島嶼被珊瑚礁包圍，南部海岸線更被白沙覆蓋，穩定高照的豔陽加上南洋風情的熱帶植物，總讓人想與大海一起享受最放鬆的渡假。在峇里島，擁抱大海有許多不同方式，可透過水上活動感受最清涼舒爽的印度洋，更可在各個海灘感受截然不同的峇里風情。

1 庫塔海灘日光浴

庫塔（Kuta）可説是峇里島名氣最大的海灘，也是整個峇里島的觀光中心。長長水泥牆圍起 5 公里的白沙灘，到處是日光浴的帥哥美女，或坐或躺享受大地的美好，海面上飛躍著衝浪高手，小朋友則沿著浪線堆沙、玩水，盡情擁抱陽光與海洋，好不愜意！

海灘允許的水上活動只有衝浪，沒有水上摩托車衝刺的危機四伏，也沒有船隻停靠帶來的油耗味，顯得格外安逸舒適。倒是小販圍繞四周，總是努力推銷按摩、編髮、陽傘躺椅、衝浪板，熱情但不至於煩人，整體區域非常安全、乾淨。

但是説真的，不習慣曬日光浴「耗時間」的旅人，來到這裡多少會有「不知該玩什麼」的不知所措，好險海灘前盡是大型百貨商場，世界品牌、高級餐廳應有盡有，所以來到庫塔海灘從不無聊。

尤其 2012 年開幕的 beach walk 是峇里島最新穎時尚的 mall，半露天的建築設計，綠色植物垂掛林立，音樂噴泉交錯在各處，獨立的店家門面、迷人的櫥窗，令人有

種走在水上花園的錯覺。台灣人來峇里島最愛買的品牌之一 The Body Shop 在這裡有設店，另外台灣買不到的維多利亞的秘密（Victoria＇s Secret）、PULL & BEAR 和 TOPSHOP 也是許多女孩們的愛店。另一家知名的 Discovery Shopping Mall & SOGO 也為在庫塔海灘旁，內部格局是櫃位式的百貨公司，因為與 SOGO 聯名而名氣頗大。

此外，歷史悠久的太陽百貨（Matahari），位處峇里島最早興起的商圈「庫塔廣場（Kuta Square）」，二十年前第一次到峇里島時，太陽百貨就是我們唯一能逛的百貨公司，現今仍然屹立不搖！一樓以當地的藝品為主，二樓則是大打折扣的內衣專區，黛安芬、華歌爾、Young Heart 等品牌因為在當地有設工廠，整套只要約 400 到 500 元台幣，較台灣便宜，因此是台灣女性最愛血拚的樓層。如果想買一些當地特產，也可在其中的 Hypermart 超市購買，MaxTea 印尼奶茶、ABC 辣醬、印尼泡麵等都是不錯的伴手禮。

圖檔：009-3~6

② 水明漾海灘俱樂部

從庫塔海灘往北走，可步上水明漾（Seminyak）海灘。這裡人潮不如庫塔多，遛狗、慢跑、衝浪的人們三三兩兩自得其樂，多了幾分閒情。水明漾以高級 villa 區域著稱，海灘上分布零星的奢華渡假村，附近商店明顯以創意精品為主，世界各國的餐飲料理集中於此，而在這裡與大海親密接觸最棒的方式則是海灘俱樂部。

最有名的海灘俱樂部非 Potato Head Beach Club 莫屬！充斥著美食、美酒、音樂，派對概念的海灘俱樂部就座落在水明漾沙灘旁。入口處門禁森嚴的檢查哨令人訝異！荷槍實彈的保全一一確認汽車車廂、行李箱、個人背包，沒想到進入俱樂部前竟有重重關卡？瞬時帶來一絲肅穆的氛圍。也許這裡大多是西方觀光客聚集，太容易成為注目焦點，加以 2005 年爆炸的陰霾還透過紀念碑時時提醒著大家，為了玩得更盡興安全，因此人人也都耐心配合。

Potato Head Beach Club

由三間餐廳、兩家酒吧一起聚集在印度洋畔，圍繞著私人泳池形成一個 500 平方公尺大的海灘俱樂部。每月一次邀請英國知名 DJ 駐點，並不定期舉辦展覽、派對、音樂會。餐點主要以美式為主，各式調酒和印尼傳統茶飲都有，鐵鍋水果聖代及冰淇淋波蘿泡芙則為店長推薦的招牌甜點。最好事先預約確保有座位。

地址：Jl. Petitenget 51B Seminyak, Bali

電話：+62 361 473 7979

網址：https://www.ptthead.com/

營業時間：10AM-2AM

價格區間：無酒精飲料約 150 元台幣，三明治或披薩約 400 元台幣，靠海座位區域有低銷約 1300 元起

Potato Head Beach Club 外觀像是拼貼版的羅馬競技場，用陳舊木窗框疊起的圓形柱狀建築，繽紛色彩十分搶眼！經過流水牆築起的通道以後，一整片綠油油的草坪乍然出現！草地上的人們舒適地或坐或躺，一邊享受世界著名 DJ 帶來的音樂，一邊沉醉在微醺的空氣中。草地前有海天一線的景致、與湛藍海水連成一片的海景泳池，將沙灘與海洋一眼望盡，不論是進入池中酒吧點杯調酒，或在岸邊躺椅上享用美食，看見每個人放鬆享樂的神情，很難不把這裡譽為人間天堂。

然而這裡並非想像中夜店酒吧般的聲色場所，許多西方人也帶著小孩在此用餐休閒。尤其甜點是這裡的特色之一，看著金髮碧眼的小朋友大口咬著泡芙冰淇淋，可愛逗趣的模樣也令人心情也跟著大好！夕陽逐漸西落，傍晚進入俱樂部欣賞晚霞、待到日落後擁抱百萬星空，是最推薦的時段。

在海灘俱樂部擁抱大海是一種截然不同的體驗，享受電音但不震耳、享受美酒但不迷醉，思考是不必要的，更沒有趕行程這回事，與西方人一起練習如何「度過」時光吧。

③ 金巴蘭浪漫沙灘晚餐

可清楚看見飛機起降的金巴蘭（Jimbaran）海灘位在機場附近，原本只是個安靜的
小漁村、以及捕魚的集散地，但來自世界各地的頂級渡假村興建以後，讓這裡
成為旅行團的必遊之處。很多人覺得這個海灘太觀光、太嘈雜，但夜晚時分輕鬆又
浪漫的情景，讓人必須讚嘆這是個值得一遊的海灘。

夕陽是金巴蘭最驕傲的景緻！隨著烈日的西垂，藍天被染成橘紅，然後像調色盤一
樣，有紅有紫反射在天空與海洋之間，太陽直接掉進與妳平行的海平面下。日落時
分是沙灘散步的好時機，腳下的白沙帶著日頭曬後的餘溫、極度柔軟，天光漸漸沉
暗後，星光、飛機起降的燈光全都閃閃爍爍融成美麗的夜景，聽著海潮又起又落的
聲響，微風吹來格外舒爽。

各家餐廳的入口聚在海灘旁的一條小巷內，巷子一側為開放式廚房，環境較為雜亂侷促，但踏上沙灘後則像另一個世界！幾家餐廳在灘上幾乎毫無分界、連成一片，每張桌上燃起的點點燭光匯聚成搖曳的舞者，伴著浪聲明滅起舞，令人很難不被這樣的浪漫情懷深深吸引。打著強光賣烤玉米和螢光棒的小攤，則成為昏暗海灘上的亮眼點綴，吸引小朋友們圍繞著他們奔跑嬉戲。彈著吉他的四重唱游移各桌演奏，輕吟著各國民謠帶動氣氛，總是先貼心詢問妳來自哪個國家？回答「Taiwan」以後，本以為會聽見「甜蜜蜜」這種東南亞最愛唱給觀光客聽的萬年國歌，沒想到竟響起「愛拚才會贏」！重新編曲後的四部合聲，搭配著吉他和曼波鼓的不插電伴奏，有如 bossa nova 般的輕盈溫柔，毫不違和地完整融入眼前的浪漫風景。

Jimbaran Beach Cafe
台灣許多行腳節目都介紹過這家店，雖然從外觀到內裝都與其他幾家差異不大，但爆滿的客人可以想見海產的流動量和新鮮度也較佳。門口陳列著用碎冰包覆的新鮮海產，單點以公斤、公克或單隻計價。也可直接點套餐，2 人份套餐分成幾個不同價位，從簡單的魚蝦、到高檔的龍蝦活蟹，可依個人需求選擇，套餐附白飯、青菜、無酒精飲料。
地址：Jalan Pemelisan Agung, Jimbaran, Kuta Selatan, Badung, Jambi, Bali
電話：+62 361 703033
營業時間：10AM-11PM
價格區間：單點以時價計，套餐約從 1000 元台幣（2 人份）到 4000 元皆有

用餐方面，只能説印尼菜對海鮮的料理方式極度有限，無論是魚、蝦、蟹都是塗滿醬料後火烤，肥美度和新鮮度都只能算得上普通。想擺脱燒烤、吃到峇里島海鮮原味的老饕，反倒會選擇前往附近「金巴蘭海鮮王」等專營海產料理的中國餐廳。不過來到金巴蘭海灘，其實吃氣氛重於吃美味，來這裡喝杯啤酒呆坐一晚，絕對不虛此行。

烏魯瓦圖斷崖海景咖啡

近 80 公尺高的石灰岩斷崖矗然隆起在印度洋畔，這是峇里島南部布吉半島（Bukit Peninsula）西南端的烏魯瓦圖（Uluwatu），站在斷崖居高臨下俯視印度洋的壯闊浩

瀚，眼前沒有任何島嶼或礁岩，只有 270 度包圍崖岸的深藍海洋，一直長長延伸到地平線彼端，難怪古代峇里島人以為這裡就是世界盡頭，Uluwatu 的原意即為「陸地盡頭的石頭」。

位處印度板塊與澳大利亞板塊交界處的烏魯瓦圖斷崖，幾乎與海平面呈 90 度垂直，崖上可見清晰的斷層軌跡，無論是向下望著驚險深淵、或向前看著無盡大海，都有一種站在天堂邊緣的悸動。

斷崖底部有零星秘境沙灘，因為隱藏在高岩和叢林灌生之地，一般遊人難以抵達，但當地有嚮導領隊的特殊行程，會帶妳向下直切、穿越岩壁，對一些熱衷大海的衝浪客來說，是一種探險般的嚮往。畢竟 CNN 曾將烏魯瓦圖評選為世界第四的衝浪勝地，看著海流拍打崖邊濺起的雪白浪花，就可想見這裡的浪潮如何洶湧，因不同地形產生的知名浪頭變化就有五六種之多，難怪成為衝浪客的朝聖地。而近兩年才發

Blue Heaven Bali

如果五星級對妳來說預算過高，不妨考慮來這家 Blue Heaven 餐廳，沿著崖頂而建、層層疊疊的建築，可以毫無遮蔽地欣賞壯麗海景。餐廳內的白色教堂點綴著浪漫，為海景增添更多風情。可以點杯咖啡就坐一下午，也可跳入海天一線的泳池悠游，或是倒在躺椅上感受「這就是人生」的舒坦！

地　址：Jl. Uluwatu, Kuta Sel., Kabupaten Badung, Bali

電話：+62 361 8957379

營業時間：10AM-10PM

價格區間：咖啡約 90 元台幣，蛋糕甜點約150 元台幣

開的潘達瓦海灘（Pandawa Beach）是烏魯瓦圖少數可以驅車前往的海灘，這是由當地居民成立組織，開山鑿壁挖出一條山路直達海灘，希望帶來更多觀光效益。

有人賦予這個地方一些淒美的傳奇色彩，例如峇里島版的羅密歐與茱麗葉，因為身分懸殊被禁止相戀而在此投海殉情；或是丈夫出海未歸，妻子癡傻站在崖邊苦等到化作石頭云云……沒錯，跟我們小時候聽過的「望夫崖」一模一樣！偷聽旁邊的旅行團導遊口沫橫飛地講述故事，也是自助旅程中的一種樂趣。不論傳說真假，也許跟現代流行的「故事行銷」一樣，一個地點要有故事才更顯得有價值出眾、意義非凡，但光是欣賞這無敵海景對我來說就已無價！

烏魯瓦圖的壯麗風光，也使它被譽為峇里島最適合結婚的地點，不但有多家五星級飯店設有結婚場地，例如寶格麗（Bvlgari Bali）、悅榕庄（Banyan Tree Ungasan Bali）、藍點灣（Blue Point Bay Villas and Spa）等等，甚至有翠綠玻璃打造、專門建蓋讓新人舉辦婚禮的聖水教堂（Tirtha Wedding Chapel）。不過，對於我們這些不是

來此結婚的人而言，最適合從事的活動就是享用下午茶。每每望著遼闊與無盡時，總會驚覺自己的煩惱是如此渺小，那倒不如放鬆心情，無憂地享受人生美好的片刻。許多飯店都提供獨具特色又大有名氣的五星級下午茶，可坐在斷崖邊眼睛吃美景、嘴裡吃美食，盡情享用一下午的奢華，費用每人約 2 千元台幣。

5 沙努海濱單車遊

沙努（Sanur）是峇里島最早被開發的渡假海灘之一，據說當庫塔還是個未開發的小漁村時、沙努就已滿是觀光客，島上第一家五星級飯店也是座落於此。只是後來峇里島觀光重心轉移，加以政府對這塊區域仍致力保護傳統面貌，使得這片海灘至今仍充滿寧靜與純樸。如果妳想要避開旅行團的擁擠嘈雜，來這個海灘準沒錯！

早晨，是拜訪沙努海灘的一個好時機！海灘面朝東方，讓許多旅人選擇各種方式在此欣賞日出：也許用高舉雙手的瑜珈拜日式迎接晨曦，或是坐在躺椅上等待日出並

享用沙灘早餐。聽當地人說，早晨海面上容易有雲，想看見純然渾圓一顆火球從海面冒上來的機會其實並不多，但是他認為：沙努日出之美，就在於雲隙間透出的萬丈光芒炫麗，讓人感覺今天是很有希望的一天。非常正向樂觀的想法，不愧是峇里島人！

相較而言，沙努比起其他海灘更多了幾分生活感，雖然也有陽傘密布的觀光痕跡，但漁船也毫不避諱地停放在沙灘各處，海岸垂釣的漁人、潮間帶拾貝的小孩，都讓曙光乍現的情景更充滿祥和美感。

太陽升起後，瑜珈老師帶著團員離去，沙灘早餐的飯店賓客也跟著侍者回房，但此時如果跟著離開就太過可惜了！聽聞這裡有一條很棒的自行車道，於是我們沿著海灘步行尋找，果真看見由磚石砌成的羊腸小徑，貌似自行車道、也是人行步道，慢跑者、遛狗人、單車騎士，全在這條小路上悠悠閒閒地沉浸在屬於

The Gangsa private Villa

這是峇里島知名的飯店業者肉桂集團（Kayumanis）在沙努經營的社區型 Villa，也是集團中最經濟實惠的住宿。因為地理位置接近沙努海灘，每天早上都舉行海灘日出早餐的活動，每日限量 5 組（2 人 1 組），不是住客也可以參與，需要事先預約。活動從上午 5 點半前往各住宿飯店接駁，在天光乍亮時抵達海灘，每人擁有一張專屬的沙發躺椅和洋傘，早餐則有西式的煎蛋香腸、或印尼式炒麵沙嗲可選擇，果汁全是新鮮現打，熱茶與咖啡無限供應。一面聽著浪潮聲、望著從海面浮現的初陽，一面享用五星級早餐，是展開一日之計的美好饗宴。

地址：Jl. Tirta Akasa No.28, Sanur, Denpasar Sel., Kota Denpasar, Bali
電話：+62 361 270260
網址：http://www.kayumanis.com/the-gangsa-private-villa-by-kayumanis/
價格區間：沙灘早餐每人約 650 元台幣

自己的早晨中。車道旁竹子搭起的小棚屋有出租腳踏車，車況普通、沒有變速的淑女車居多，但騎在這條平路上絕對綽綽有餘；租金則以天數計，全天大約不到台幣100元。

晨間沒有烈日的照耀，微風吹拂帶著涼爽的溫度、和愜意的氣氛，騎腳踏車真是種享受！車道兩旁一邊是沙灘、一邊則是各大渡假飯店的後院，從凱悅（Hyatt）到費爾蒙（Fairmont），每家飯店的設計、布置全都盡收眼底，花園綠地、蔚藍泳池、獨棟陽台築構得華麗美好，就算沒有預算住進去，在外面參觀過過乾癮也不錯！沙灘上還有許多飯店延伸的休閒設施，大型西洋棋盤、茅草屋酒吧，都為這個沙灘增添更多獨特的風采。

通過飯店區後，車道沿途還有許多水上運動的基地，立槳浪板（SUP,Stand Up Paddle）似乎是此地的特色之一，不單有一般的槳划浪板，甚至還推出在浪板上做瑜珈的活動，新穎有趣令人稱奇！路旁零星的小攤賣著藝品和服飾，沒有黏人的小販和喋喋不休的推銷，身旁發生的一切都是隨心所欲按照自在的步調在進行。倘若全程不停留，整條自行車道大約1小時就可騎完；當然，如果中途能找家店坐下來喝杯咖啡、享受一下沙努的清閒純樸，會是最完美的行程！

⑥ 長谷海灘馭馬漫步

長谷（Canggu）是一個旅行團不會抵達的靜謐海灘，相較與南部眾多知名沙灘的繁華亮麗，這裡充其量只能說是一個鄉下小農村，但很多長居於峇里島的西方人竟選擇定居於此，這裡有峇里島最大的私人俱樂部、和外僑小學，飯店民宿甚至大多也由西方人所開設。

處於庫塔北邊的長谷，位置介於庫塔前往海神廟（Tanah Lot）途中，不同於峇里島其他浪漫的白沙海灘，長谷沙灘是由火山灰的黑沙組成，但砂質一樣柔細綿軟，長

Bali Horse Riding

距海灘僅 700 公尺的馬場，擁有自己的室外馬場、寬廣的馬廄及備馬區，提供大人與孩童騎乘方案，僅需著長褲和不會脫落的鞋子，不須經驗、不須其他設備即可參與活動。

地址：Jl.Nelayan No.29, Br. Canggu Tua, Canggu, Bali

電話：+62 361 4738080

網址：http://www.balihorseriding.com

價格區間：30 分鐘約 1300 元台幣

達 8 公里的海岸線多是慢跑和衝浪的西方遊客，旅遊指南《孤獨星球》（Lonely Planet）把長谷列為峇里島最美日落之一。

但很多專業級的背包客反而選擇早晨來到這個海灘，因為不但可以看見螃蟹狀漁船返航的美景，漁人並會將捕獲的海產直接攤在沙地上整理、販售、甚至宰殺，是傳統峇里島民生活中的日常一幕。如果妳住在提供烹調的管家式公寓、或找得到地方代客料理，也可考慮在此向漁夫購買便宜又新鮮的龍蝦。

此外，許多人也熱衷於長谷的騎馬活動，退潮時乘坐在馬背上，毫無干擾地享受悅耳的潮聲和浪花拍打的舒爽，是體驗這座海灘的另類方式。無論有沒有騎馬經驗都可以參加這項活動，訓練有素的馬匹會乖乖地在沙上步行，不涉水、也不顛簸，每隻馬匹也配有一位教練隨行。騎乘路程也會經過長谷著名的稻田綠野，這裡承襲過去幾世紀的古老農作方式，高坐在馬鞍上欣賞這片風光讓人有種回到過去的錯覺。

7 刺激南灣水上活動

以往總覺得來到熱帶島嶼峇里島，就是要跳下水玩香蕉船、拖曳傘等水上活動。雖然近年在電視和電影的傳播下，峇里島印象逐漸被 SPA 和田園風光所取代，但旅行團還是不可免俗地都會帶遊客來到南灣集合。

其實這個位在峇里島南部布吉半島（Bukit Peninsula）東北端三面環海的區域，正確名稱是丹戎白努亞（Tanjung Benoa），這是一塊原始的紅樹林沼澤地，一九八零年代印尼政府規劃把沼澤地以南的努沙度瓦（Nusa Dua）規劃為五星級飯店聚集地，其後地域往北延伸到丹戎白努亞，因而完整開發成高級住宿區及觀光海灘。只是華人旅行團習慣稱其為南灣，如果坐計程車前往，記得要跟司機說要去「Tangjung Benoa Beach」、而不是「South Bay」。

南灣是峇里島水上活動的大本營，最受歡迎的拖曳傘（parasailing）、香蕉船（banana boat）、水上摩托車（jet sky）在台灣許多地區也相當盛行，但沒有玩過的人可以在此嘗試看看，以時間計費，玩 15 分鐘約台幣 500 元到 800 元；近年還多了飛魚（fish fly），坐在橡皮艇中會像風箏一樣飛上天，玩一次約 1000 元台幣，更酷的是穿上特製的噴射靴、像鋼鐵人般飛在海面的水上飛板（flyboard），玩一次約 2500 元台幣。南灣水上活動的費用都可以殺價，最終花費多少就各憑本事了！不過南灣的遊客可是被遊覽車一輛一輛載來的，人山人海、為數眾多，可想而知排隊時間較長，活動內容較制式化，環境也因為人多而稍嫌嘈雜。

長居峇里島的友人建議：如果懼怕人擠人、又想玩水上活動的話，可前往靠近烏魯瓦圖的潘達瓦海灘（Pandawa Beach），這個新闢的海灘甚少旅行團入侵，算是另類的世外桃源，不擁擠又充滿活力！不過潘達瓦的活動不似南灣多樣化，價格及議價幅度也不如南灣這麼有彈性，人生果真魚與熊掌不可兼得，所以想要安靜？還是想要便宜？就得自己抉擇了！

海龜島（Turtle Island）是南灣常推的另一個活動，尤其旅行團導遊必會說服每人自費 35 美元參加。這個島的原名叫作 Serangan Island，從南灣出發船程約 10 分鐘。島嶼周邊海域是綠蠵龜棲息地，因為綠蠵龜被列為世界瀕臨絕種的保育類動物，印尼政府因而在此成立一個保育中心，復育並推廣海龜生態保育。

為了增加海龜島行程的豐富度，通常會搭「玻璃船」上島，途中甚至讓遊客下海浮潛，強調三合一的優惠。其實玻璃船只是船底用透明玻璃纖維打造的遊船，讓旅人不用下水就能看見海底風光！雖是一番美意，但因為海域狀況和能見度的關係，除了一些小魚之外很難遇見什麼驚奇，浮潛的效果通常也不是太理想。如果妳喜歡上網逛逛的話，也許會發現海龜島的負評不少！這些制式化行程通常在上了海龜島後，會讓遊客任意抓起水池的海龜拍照，或把腳踏在巨大龜殼上面拍照，接著被引領參觀：嘴被封住的蟒蛇、無法飛翔的水果蝙蝠、動彈不得的科莫多龍，還是拍照。這樣的動物奇觀行程乍看很精彩熱鬧，但的確感受不到「保育」的意義在哪裏？很多西方人士甚至認為這有虐待動物的嫌疑。

事實上，島上有一個真正的保育中心 Turtle Conservation and Education Center，在這裡保育人員會一一導覽海龜復育的任務，包括孵化孤兒海龜卵、照顧受傷海龜、並阻止市場買賣行為，接著讓遊客將復育成功、身上列有觀察編號的小海龜一一放生，最後頒發生態證書。不過這是旅行團或南灣推銷行程都不會到達的地點，可以上網預約，或是在沙努（Sanur）海濱找到少數幾家活動公司辦理的行程。

用 google 地圖查一查，會發現海龜島其實與峇里島相連，根本不是什麼島！但這其實是九零年代填海的成果。位在島嶼北邊的 Pura Sakenan 是峇里島著名的印度教廟宇，據説非常靈驗而信眾眾多，每半年會舉行為期 3 天的廟會，在填海之前無數峇里島民會趁著退潮時渡海，頭上頂著祭品、神偶，沿著凸起的沙洲涉水走路上島，增加這座廟宇的神秘與氣勢，現在這種壯觀已不復見。如果有自由時間好好逛逛海龜島，了解當地的民情風光，也許才能真正愛上這座島。

 愛之船悠遊藍夢島

不知為何，遊艇行程都會被台灣人稱作「愛之船」，也許是對祖父母級的影集《The Love Boat》有太深的印象或迷戀，而峇里島的愛之船是前往離島的最佳選擇！。

峇里島的南部有三個離島，分別是藍夢島（Nusa Lembongan）、金銀島（Nusa Ceningan）與帕尼達島（Nusa Penida）。金銀島面積最小、沒有遊艇停靠，因此大多是由旅行團安排旅客搭乘快艇前往；金銀島與藍夢島之間有一條黃色的吊橋相連，也可從藍夢島步行或騎單車上島。島上有許多人工的水中遊樂設施，像是海底漫步（helmet diving）、水中摩托車（underwater motorcycle）、水中監獄（underwater jail）等等，讓不會潛水的旅人可以在教練帶領下一窺海底世界的曼妙。

帕尼達島因為缺乏淡水，整座島嶼雖有 200 平方公里，但建設仍甚少。此處被譽為潛水客和賞鳥者的聖地，除了搭乘公共船班、或可載運車輛的大型渡輪船班前往以外，愛之船快銀號遊艇（Quicksilver）亦會載客抵達帕尼達島的西北岸，進行浮潛、沙灘排球、香蕉船等水上活動，較多是華人旅行團包船參加。

藍夢島擁有兩座被喻為「夢幻」的白色沙灘，也是三個小島中珊瑚最多的地方，特別是水底有一座海底神廟，浮潛即可以肉眼看見，因此也是許多潛水愛好者探險的寶地。此外，藍夢島也是三座離島上唯一有星級渡假飯店的島嶼，因此數家遊艇公司都經營藍夢島愛之船路線，一艘遊艇可以承載三百多人，乘客來自世界各地，旅遊設施和品質也相對較穩定，還可安排旅客在島上住宿一夜，是渡假的好選擇。

藍夢島愛之船行程從上午 9 點於努沙杜瓦（Nusa Dua）附近的私人碼頭登船，船艙一樓有無限供應的咖啡和甜點迎接大家。來自世界各地的旅客被隨機分配同坐一桌，一邊喝早茶、一邊隨意聊聊天、交換心得，認識新朋友總是為旅行添加許多樂趣。

啟程離開海港後風浪突然搖擺起來，許多乘客為了逃離密閉空間，紛紛往二樓的座位區、和三樓的甲板前進。在二樓可欣賞海上樂隊的搖滾演唱，在三樓則可吹吹風、看看沿岸海景。船程約 1.5 小時，但對容易暈船的人來說可能不是想像中的這麼悠閒，乘客中臉色發白或想吐昏睡的都有，身著紅十字標章的醫務人員一一前來查看問候、親切發放暈船藥片，也許一早在船艙享用的咖啡和甜點正是讓胃翻滾的元凶呢！所以暈船體質的旅人最好在登船前就服藥，做好與風浪抗戰的準備。

遊艇的目的地是停靠於浮在海中央的水上平台，這座平台像是大型遊樂園，有許多滑水道，也可玩香蕉船和拖曳傘，不用排隊、且愛玩幾次就玩幾次，十分過癮！平台上提供潛水防寒衣、潛鏡，可自行跳下水浮潛，更可由教練帶領進行體驗潛水（Discover Scuba Diving）。令人意外的是，這座海上平台簡直就是人工的大型礁岩，成為海中生物附著生長的棲息地，因此水中魚兒又多又美！各種熱帶魚群隨著海流漂來蕩去、整齊劃一的隊伍像是海中行列式，我們潛游在當中則彷彿置身巨大水族箱裡，風光精彩萬分。不想潛水，也可以乘坐潛水艇看遍海底世界，最棒的是倒在躺椅上做日光浴，微風吹來、沒有炙熱頂頭的太陽，睡個午覺真是人生享樂！

午餐時分，從平台走回遊艇上享用自助餐，菜色多是傳統的印尼咖哩、炸雞、沙拉等簡單食物，稱不上美味，但玩到肚子餓時來上幾口也是香甜。

平台上有前往藍夢島的固定接駁船班，可隨時搭乘上島。終於正式踏上這片夢土，島上有零星的渡假村和咖啡店，外觀不似峇里島本島上的飯店來得豪華，但樸實有餘，且更具緩慢步調的渡假氣氛。躺上白色沙灘是最舒服的時光消磨，陽光雖大、但白沙溫度卻微涼清爽。在島上散步也是一個有趣的行程，可前往參觀當地居民製作手工沙龍，這是島民維生的其中一項事業，過程中能更深入了解峇里島的傳統服飾如何編織染色。另外，島上以種植海藻出名，據説黃昏時在潮間帶可以看見璘光閃爍的海藻田景，可惜遊艇最後上島時間只到下午三點，也許等待夕陽的任務還要留待下一次在島上住宿一晚。

Bali Hai

峇里島最早經營遊艇旅行的一家公司，除了藍夢島愛之船的航線外，亦有較冒險的跳島、或追逐海豚等行程。藍夢島一日遊可選擇海上平台（Bali Hai Reef Cruise）與沙灘俱樂部（Bali Hai Beach Club Cruise）兩種類型，差別是待在島上的時間長短、和水上活動的種類不同。可在網路預訂，或透過在地旅遊業者訂購行程。

地址：Jl. Wahana Tirta No.1, Benoa, Denpasar Sel., Kota Denpasar, Bal

電話：+62 361 720331

網址：www.balihaicruises.com

價格區間：藍夢島一日行程約 3300 元台幣（包含水上活動與餐食）

乘著愛之船航行，一整天擁抱海洋與陽光，煞是暢快！回航時大多數人都安靜地沉睡了，下午 4 點駛入港口時緩緩睜眼好像經歷了一場湛藍的美夢！作為藍夢島的 ending 再完美不過！

鼓起一點冒險勇氣

很多時候，冒險的心總在體內蠢蠢欲動，並非想做多麼危險的活動讓自己身陷險境，而是渴望透過挑戰、透過征服，讓自己敞開心胸、撇開框架，更深入認識這個世界！

來到峇里島，除了享受海灘和 SPA 的悠閒以外，這也是個很適合冒險的地方。無論是陸地到空中、水上到水底，除了先天地形優越適合進行戶外活動，觀光發展多年也使得冒險行程相對安全可靠。所以，如果妳想追求身體上的發洩——不管是得到快感、甚至來幾聲尖叫，或是經歷心靈上的成長——不管是突破困境、甚至自我肯定，在這座天堂島嶼上，請勇敢踏出探索世界的第一步！

① 土藍奔沉艦潛水

想和魚兒一樣悠游海中、一探海底世界神秘繽紛魅力，不一定需要報考潛水執照，只要參加體驗潛水（Discover Scuba Diving）就可達成！體驗潛水適合初次接觸潛水的旅人，會有教練隨身保護指導，只需專心注意自己的呼吸和耳壓，其餘的就放心交給教練。在活動中不但會深刻感受水下的溫度、壓力、水流，更能忘卻塵囂、全心親近奇幻的水中世界，像擺脫重力般翱翔在另一個時空！

這項活動在世界各海島（包括台灣）都越來越盛行，大推峇里島體驗潛水是因為這裡有全世界離岸最近的沉船潛水。沉船在海底經年累月逐漸被珊瑚礁和藻類覆蓋，因為豐盛的食物源而吸引魚群聚居，沉船潛水可以看見多元豐富、生氣盎然的海底生態，成為許多潛水者的最愛！但是一般沉船潛水都須坐船到遙遠又風浪較大的外海進行，可能在尚未下水前就已飽受暈船之苦，對初學者來說難以觸及。但峇里島的沉船卻在離岸不遠處，甚至只要把頭探下水中、游泳浮潛（snorkeling）即可看見船體！

美國海軍自由號貨輪（USAT Liberty Shipwreck）是二次世界大戰時被日軍擊沉於土藍奔（Tulamben）小鎮岸邊，1963 年阿貢火山（Gunung Agung）爆發時造成地殼變動，將船艦截半、並由岸邊推落海中，分布在水下 5 公尺到 25 公尺之間，成為非天然的大型魚礁。因為周邊海水乾淨，加上深度不深、透光度佳，因此包括魟魚、翻車魚、蘇眉魚這些海中大物都可一覽無遺！

既然鼓起勇氣要嘗試潛水，少女心歐巴桑魂的女生們當然要看到又多又大的魚群才好啊！再加上這裡的體驗潛水價格相當親民，具有 PADI 專業潛水教練協會（Professional Association of Diving Instructors）國際認證的潛店，一支氣瓶含教學、含一對一教練才 55 美元左右。實際比價過，較其他海島、和峇里島南部的費用還便宜 2 成以上，因此土藍奔潛水絕對是不二選擇！

在深潛（或稱水肺潛水）之前，建議可以在海灘或水上活動時，把握機會多進行浮潛，習慣使用呼吸管及嘴巴呼吸，如果能順暢自如、不會嗆水，那麼潛水通常不會有太大問題。

體驗潛水的第一步驟，教練會先要求填寫健康聲明書（medical statement），確認身體各部位是否有舊疾？問券全是英文，乍看之下密密麻麻甚是嚇人！但主要是患有心臟病、感冒、充血、癲癇、重大疾病、或受酒精藥物影響的人不能進行潛水，懷孕或氣喘呼吸疾病須事先徵詢醫師同意，若身強體壯都沒有以上疾病，只需在事前背好妳有症狀的英文單字（例如會暈車 carsick、會過敏 allergy），即可完成問券。並非勾選任何一項症狀就不能潛水，而是教練會依照妳的狀態進行評估、甚至對妳更加保護。像是暈車暈船、或搭飛機時耳鳴等症狀，其實都屬正常，不需過度緊張擔心。

接著換上適合尺寸的潛水防寒衣，帶好面鏡和蛙鞋後，跟隨教練來到泳池旁。教練會先說明各種配備的功能，這部分只要了解就好，因為屆時都會由教練操作。下一步驟是學習簡單的溝通手勢，例如：下潛、上沉、看、OK 等等，手勢不多，務必要牢記。最後一定要學會用呼吸管順暢呼吸、面鏡排水、耳壓平衡的方式，並練習供氧發生問題時如何更換備用呼吸管。土藍奔的教練多是峇里島當地人，老實說教練的英文口音會比較重，但是只要抓住重點單字、並重覆向教練確認，其實溝通仍然無礙。

教學完成，教練會先帶領在泳池中潛水 10 分鐘，由淺至深測試適應的各項狀態，若都沒問題，就直接奔向海邊！土藍奔的海岸是布滿渾圓溫潤的鵝卵石，不似峇里島其他白沙灘充滿浪漫，卻更有樸實遼闊的美感。潛店通常離海岸線不遠，走路幾

分鐘便可抵達，但好心的峇里島人也許認為讓沒背過氣瓶的弱女子自己戴著十幾公斤鋼瓶行軍，甚為殘忍！也可能是擔心我們還沒下水就先累了，所以潛店都會派人騎機車載運氣瓶。

抵達岸邊，穿戴好重裝後，跟著教練往海中前行幾步，好險水的浮力馬上托住了鋼瓶，不然再多背幾分鐘真的會覺得腰痠！接著沿地形一直向下游動，約莫兩三分鐘後馬上就見到沉船了！

船身龐大，一眼望不盡！本來想像會是鏽蝕冰冷的骨架，卻滿布色彩繽紛、動感活耀的海葵、海藻、海草，且被各種大小魚群包圍環繞。由於體驗潛水最深只能下潛12公尺，所以光線和視野能見度都非常好，交錯悠游在不同船體間穿梭，真是好不同凡響的體驗！從沒想到自己能在湛藍晶亮的海流下用平行視角觀察魚類，連牠們都以為我們是同類，不但不怕我、不躲我，游一游還會冷不防來撞我一下！非常有趣！

水底看見各色各樣的稀有大魚就不在此贅述，遇到什麼生物都是屬於自己的緣份，等妳親自來探索！在水底的時間約40分鐘後，教練慢慢帶我們回游、踏上岸邊。回岸後後若有頭昏、眼紅、鼻子出血、耳朵痛、胃脹氣等症狀，都屬對壓力產生反應的正常現象，不用多慮。唯獨體驗潛水（免減壓潛水）後12小時內禁止搭乘飛機，免得留下壓力後遺症。

除了自由號沉船以外，土藍奔還有一個珊瑚花園（Coral garden）潛點也非常知名，除了珊瑚群簇擁著多采多姿的魚種以外，此處還有特殊的海中神廟，海底的石造神像不但守護著海洋，也成為魚兒聚居的新家，甚為奇幻。如果自由號讓妳覺得意猶未盡，可以考慮到此再潛一支氣瓶。

在小鎮上逛逛也是一個不錯的選擇！土藍奔是一個鄰近阿貢火山的小漁村，由於附近多是平原地形，因此可以毫無遮蔽、全視野地欣賞型態優美的阿貢火山。從這個角度仰望，阿貢火山高高聳立，山形如錐、兩弧對稱，時而雲霧繚繞的神祕氣息透露著莊嚴，無怪乎是峇里島民最崇敬的聖山。不同於峇里島南部的完整開發，土藍奔可說是峇里島的「鄉下」，原始田園景觀綠映成趣，少了又多又擠的觀光客，土蘭奔的寧靜令人全身上下不自覺放鬆。鎮上的市場規模不大、卻充滿活力，能看見最傳統的峇里島生活。路上相遇三三兩兩的當地婦人，不熱情卻仍會害羞地與我微笑點頭，身著傳統服飾、頭頂著籃子準備一同前往水邊洗衣的樸實景象，是一種讓人絕對會愛上的峇里島風貌。

從南部前往土藍奔車程約 3 小時，路況還不錯，但途中會經過一段稍微蜿蜒的山路，如果行程較趕可當天來回，自行包車、或購買含接送的潛水套裝行程都是划算的選擇。但若時間較多，建議可在此住宿一晚，享受一下平靜安祥、全然放鬆的小鎮生活。

日出火山健行歷險

峇里島是座火山島嶼，島上有四座火山，最高峰阿貢火山海拔 3,142 公尺，被當地人封為聖山。而第二高峰的巴杜爾火山（Gunung Batur），則因美麗優雅的火山湖泊環繞、山腳下的農村更瀰漫著一種恬靜的歐式氛圍，成為旅人們最愛造訪的火山，2012 年更被聯合國教科文組織列為世界地質公園（Global Geoparks Network）。

想要親近巴杜爾火山的方式通常有三種：一是到金塔馬尼（Kintamani）的景觀餐廳，一邊用餐、一邊遠眺火山風光。金塔馬尼是一個種植咖啡和水果的農村小鎮，因位在巴杜爾火山臼的西側邊緣，海拔 1500 公尺的地形可以眺望火山臼內的尖錐火山主峰和半月形湖景，因此成為熱門的觀光景點。

第二種是抵達巴杜爾湖畔，連湖帶山把美景盡收眼底。巴杜爾湖畔多是農田綠地，時而瞥見雞群在路上奔跑、時而看見孩子們在田園中邊務農邊遊戲，與世無爭的步

調令人嚮往。在湖畔可以騎著腳踏車環湖，或搭乘小型船舶遊湖，以不同角度欣賞雄偉壯闊的火山。

最後一種火山健行，難度最高、卻最能與火山親密接觸！靠著雙腳的力量，踏上海拔 1,717 公尺的頂端，遙望對面阿貢火山的挺拔，等待雲層和朝霞烘托出緩緩昇起的壯麗初陽。這是一種與火山的唯美相遇，更是一場不會後悔的浪漫冒險！

登山活動一定需要專業嚮導帶領，因此包含接送和早餐的專屬套裝行程，最受世界旅人青睞。行程從凌晨 1 點就陸續展開，依住宿遠近不一開始派專車到旅館一一接送，若從烏布出發約 1 小時車程，從峇里島南部出發則需 2 小時。

3 點左右所有登山客會踏進金塔馬尼的一座有機咖啡園，濃郁咖啡香從燈火闌珊的遠處飄來，好像才把鬧鈴灌進腦袋當中，讓昏沉的神智瞬間甦醒！香蕉煎餅端上桌前，微甜香氣頓時開啟深夜的胃口；周圍被各國語言包圍，大多是西方面孔，大家或與同伴聊天、或認識新朋友，熱鬧的場合帶來一種蓄勢待發的氛圍，大家都準備好迎戰接下來的挑戰！

4 點整，所有人在登山口集合，每位證照嚮導都帶領一個 8 至 10 人的小隊，開始確認每位隊員的裝備。基本配備其實只需穿著登山鞋和自備手電筒，飲水則由嚮導提供。不巧的是我出發當晚正好下著大雨，因此我們每個人還加購一件 50 元台幣的雨衣。一切就緒，導遊一話不多說，僅叫我們跟好他、就酷酷地轉身上路，出發了！

剛開始步上的是平坦砂石路，但全無光害所以根本伸手不見五指，感覺得出來周遭是荒野雜陳的環境，因缺乏能見度而格外沒安全感，只能用微弱的燈光照著前面隊友的腳跟，把每一步跟好。緊接著開始長長一段緩緩上坡，其實到此為止都不算有難度，但和我同隊的是三對情侶，分別來自美國、英國和德國，不知他們平日是否習慣快走？或單純是他們的腿長得比我長，長很多！總之，隊友的步伐又大、步調又快，讓我在後面苦苦追趕得很辛苦！再加上大雨把全身淋得又濕又黏，緩緩上坡

反倒成為一道沒有止境的鬼擋牆，漫長得只能聽見自己的喘息聲！只好用意志控制雙腿，在腦海一直催眠自己專注、堅持，並暗自發誓以後登山一定要指定跟東方人同隊。

大約一小時後終於停下來休息，嚮導說我們已經走了三分之二的路程，但接下來三分之一才是最艱難的部分，因為得直切向上。大家都信心滿滿地回答「沒問題」，但真正開始攀爬才發現沒這麼簡單！泥土覆蓋著大塊大塊的火山熔岩，被雨水或露水浸潤得濕滑，每一個大大跨步都缺乏著力點，並非跟著前人的腳步就有用，得靠自己尋找屬於自己的平衡施力方式，才能一步步蹣跚前行。美國女孩和德國女孩都開始無限打滑，於是我終於有機會超越他們、不再落後，此時真慶幸自己穿了一雙好登山鞋，畢竟繃緊肌肉上攀已經不容易，如果還有過多的滑力重力把妳往下拉，那麼攻頂真的比登天還難！嚮導看我們如此吃力，所以每五分鐘就停下讓我們喘息，但此時天邊漸漸泛出肚白，雖然身體很累、但心情上更擔心趕不上日出，於是每個人都咬緊牙關比出 OK 的手勢繼續上行。

40 分鐘後我們抵達一個小木屋平台，嚮導說這裡的視野非常好，我們可選擇在此等待日出，或再爬 20 分鐘攻頂？雖然已精疲力盡，最大的願望莫過於立馬坐下放空，但腦中那個不知是小天使還是小惡魔的聲音，總在叨叨唸唸著：「都已經爬到這了，不攻頂多可惜？」相信每個人心裡都是如此反側掙扎，於是腎上腺素戰勝理智，全數通過繼續往上衝！

其實，踩下第一步就後悔了！也明白嚮導為何勸阻我們抵達平台就好。因為主行的路不僅又濕又滑，還佈滿了厚厚的火山灰，每踏一步、腳板就下沉 5 公分，陷落在鬆軟的黑土中，猶如沙地行走，不僅必須拔起腳跟才能繼續前進，而且有種一步、退半步的錯覺，明明隱約看見前方的頂峰在與我們招手了，卻覺得我們與它隔著世界上最遙遠的距離。又累又髒又濕又餓，我想到《那時候，我只剩下勇敢》這部電影，「放棄」兩個字絕對不會是選項，但深深明白意志力是僅存的能量。

嚮導一直喊著「almost there ！」但誰都知道這不過是世界上最善意的謊言而已，於是把自己想像成機械人，只遵從大腦的指令行事：抬腳、抬腳、抬腳、再抬腳！就在不間斷的痛苦與忍耐之間反覆，突如其來、前面竟沒路了！抬起頭一看，才發現自己已站在頂端！

攻頂的剎那，沒有戲劇性的勝利樂章響起，反倒在平靜地俯瞰四周後，完全忘卻了方才的艱辛！因為深刻地感受到，這一路，征服的不是山岳、而是征服了自己！

嚮導找了一處木條釘成的長凳，鋪上毛毯後讓我們坐下，並遞上熱騰騰的早餐：夾著香蕉的吐司麵包、和利用火山地熱蒸熟的白煮蛋。雖然一切都是如此簡陋平凡，但山頂溫度只有 10 度，冒著煙的一杯熱茶就足以暖了我們全身的顫抖！眼前望著雲海下朦朧現身的湖光波瀾，襯著遠方阿貢火山的層疊山影，黑灰白的光影色階，好似一幅水墨畫。山下村莊的點點燈光依稀閃爍，阿貢火山旁的天空也漸漸褪白，大夥屏息期待日出的光暉。

只可惜，我登頂當天雲層太厚，太陽最終沒有探出頭來，但山頂無限遼闊的視野、每個人慶祝攻頂的歡呼聲、甚至是清新但冰冷的空氣，都會是一輩子的紀念和想念。

天全亮後，嚮導帶我們鳥瞰深達 600 公尺的火山口，冒著輕煙的溫和、綠草包覆的溫馨感，讓火山口看起來一點都不兇猛！但它平均每 20 年噴發一次的慣性（上一

次噴發是西元 2000 年），帶來死傷、也帶來豐美的土壤，讓峇里島民又敬又怕。
火山上的猴子可沒這樣的自覺！兩兩一組、聲東擊西，搶走了我的早餐白煮蛋！這
裡的猴子不像斷崖廟或烏布的猴子被觀光客養得精明邪惡，但看到食物還是忍不住
撲上來的天性，為登山客帶來不少樂趣。

下山路程仍然很辛苦，不斷用膝蓋承重、用腳底剎車的 2 小時，又是另一場奮戰！
有的路段甚至放棄行走、直接用滑沙方式往下溜，難怪俗語說「上山容易下山難」！
不過隨著雲霧的退散、風景漸漸變得清晰，湖光山色也不足以形容眼前的美麗，伴
著景緻慢慢散步，時間也飛快流逝，每個人都笑顏逐開抵達終點。

火山健行是一項辛苦、卻非常值得的行程！雖然每個人體力狀況不同，但平時有運
動習慣的女性一定有能力完成！嚮導說一年中有四分之三都會是好天氣，看見日

出的機率很高（只能說我太幸運遇到雨天）。最適合一群姊妹一起結隊成行，可以相互等待、陪伴、扶持、打氣，同心協力一起攻頂！

健行費用每人約 1400 元台幣。山頂的熱茶需要付費，一杯約 40 元台幣，但物資全是嚮導每天用腳力扛上山去，所以也不嫌貴。廁所只有山頂小屋有，使用一次約 13 元台幣。清晨出發時溫度較低，尤其攻頂時特別能感受到寒氣，建議攜帶厚外套；但天一亮溫度會馬上提高，不但熱得想把外套丟掉，陽光的微溫也足以曬黑皮膚，帽子和防曬都不可少。盡可能輕裝，別揹背包最好，把所有體力都留給征服山嶺吧！

若行有餘力，下山後可繼續在湖畔享受火山溫泉，健行含溫泉的行程約 2000 元台幣。當地人在湖邊將地熱泉水用石頭圍起，成為集體大澡堂；遊客則多在溫泉飯店構築的泳池中享受溫泉（須著泳衣），泉水與湖水連成一片的湛藍，視覺與身體都可好好放鬆消除登山的疲憊，泡完溫泉再享用飯店準備的早午餐，為火山之旅劃下完美句點。

③ 野溪激流泛舟

峇里島地勢起伏、雨量豐沛，由島中央往各海岸線輻射奔流的河川眾多，擁有優越條件發展河流泛舟。但許多旅人來到峇里島卻錯過激流泛舟活動，一來覺得台灣就可以泛舟，二來聽說激流不夠激流，因而興趣缺缺。

事實上，峇里島泛舟多在叢林之間，穿越綠映夾道的熱帶河谷，像是進入與世隔絕的秘境，兩岸樹梢還可見猴群跳躍身影，與台灣泛舟的體驗和感受完全不同！至於

Pineh Trekking Tour

負責人 Pineh 本為巴杜爾火山健行私人嚮導，累積 15 年的行程經驗，因深受美國、澳洲、歐洲等地的旅行作家及部落客推崇，因此漸漸轉型為在地的專業旅遊業者，其專營的巴杜爾健行及單車行程都很受歡迎。

地址：Sekardadi-Kintamani., Kintamani, Bali
電話：+62 366 51378
網址：http://www.pinehbalitours.com

激流程度要看雨量大小而定，乾季時水位較淺，高低落差會更明顯、更刺激。基本上泛舟過程不會翻船、危險性低，但沿途的險灘、瀑布也很多，尖叫聲和歡笑聲更少不了！是一個可以盡興、不會失望的冒險行程。

島上有三條河流可以進行泛舟活動，Melangit River 距離南部觀光據點最近，有許多一米高的落差地形、可跳水的深潭，但泛舟距離較短、僅 8 公里，因此相對較不熱門。阿勇河（Ayung River）是峇里島最長的一條河流，沿途風光寧靜明媚，是最多旅人前往的泛舟地點。Telaga Waja River 的地點稍偏遠，但因網友口耳相傳這是比阿勇河更刺激的行程，因此近年許多背包客喜愛前往。

其實根據國際泛舟等級評量（最低 1 級、最高 6 級），Telaga Waja River 平均為 1-2 級，阿勇河則為 2-3 級，整體來說 Telaga Waja River 難度並未較高，但因途中有幾個 3-4 級的地形、增加驚險，加以河面上會不時出現木橋竹橋，必須趴下或躺下才能通過橋底，因此更添冒險犯難的氛圍。另外，抵達阿勇河的泛舟起點前，必須沿著山路階梯步行前往河谷，結束時也須再度爬山返回泛舟中心，路程雖不難，但對行動較不便的老人或小孩來說，許多人仍會選擇不須步行的 Telaga Waja River。

許多泛舟中心都是歐美人士經營，設備完整舒適。抵達中心時可先在更衣室進行換裝，建議可穿長袖防曬潛水衣（水母衣），日曬程度要看天氣狀況，但兩岸樹蔭林密，整體來說不會像在台灣秀姑巒溪泛舟如此曝曬。鞋子則建議穿著不容易脫落的溯溪鞋或橡膠鞋，尤其在阿勇河泛舟，因前後都要走一段 10 分鐘路程的階梯路，山路濕漉易滑，千萬別穿拖鞋，以免危險。

通常 4 人到 6 人一艘舟，由一位專屬教練帶領，教練會發放一個背包大小的防水袋，重要物品可以放在裡面，但袋內物品難免潮濕，建議仍以輕裝為主，或請接送的司機將其它不貴重的行李載至終點站等妳領取。著上救生衣、戴好頭盔、領取船槳後，教練會教導簡單口令：「前划」、「後划」、「停止」、「收槳」等幾種，在 Telaga Waja River 還多了「趴下」指令，以躲避低矮的橋墩。教練的口令是英文、韓文、中文都通！所以不太需要擔心語言隔閡。

坐上岸邊皮艇各就各位後，教練順勢一推，大夥就瞬間漂蕩在急流中央，教練用槳拍打水面、製造出開槍般的巨大聲響，大喊「鱷魚來了、大家快逃！」我們便執起船槳猛力前划，頗有海盜出航的振奮豪情！航程中，跌下急流落差、衝進瀑布淋浴、撞山壁、卡在石頭上、被樹枝勾到，各種狀況應有盡有！最激戰的莫過於把船槳當勺子、舀水狂潑，與周邊舟船打水仗。雖然彼此都是陌生人，但時而互相對立、時而聯手作戰的情勢，把沿途氣氛炒得火熱開懷！

途經半路時，河邊會有簡易搭建的小竹棚，當地媽媽在此販賣著飲料、水果和小點心，每一家泛舟公司都有不同的中繼休息站，教練會讓大家在此休息 10 分鐘。此時手痠口渴了，買瓶清涼啤酒在河岸席地而坐、大口暢飲，真是無敵享受的選擇！（雖然啤酒的價格是一般商店的 2 倍，一瓶約 100 元台幣）有些調皮的教練會請求旅人也幫他買一瓶，如果覺得教練服務不錯就招待一瓶當作他的小費；當然，也可以客氣地回絕說錢帶得不夠就好。

不打水仗時，靜靜坐在舟上漂流，常可遇到純樸的農村人家，在河畔的梯田務農；或是看見西方遊客躺在沿岸而建的木造渡假村，邊看書邊做日光浴。一幕幕移動中的風景，都感染著超脫塵世的清幽，像一部迷人的無聲電影，不禁希望可以一直停留在此刻、「The End」的字幕永遠不要浮現。最後一段航程，教練會准許大夥下船，或要游泳、或要跳水，用自己最喜愛的方式完成旅程。

抵達終點後，皮艇會被工作人員洩氣，挑夫將 70 公斤的重量扛在頭頂，從河谷上行，一艘艘以人力方式運回泛舟起點，辛苦至極！尤其在阿勇河畔，需攀爬一兩百層階梯、爬上又爬下，挑夫說一天至少要搬運 10 趟，實在很難想像人類的腿力要如何負荷？旅遊業盛行造就一些不盡合理的需求，然而看著他們這麼珍惜這些但求溫飽的工作時，心中又難免矛盾。

回到泛舟中心，新穎的淋浴設備、乾淨的毛巾，把我們從原始拉回文明世界。沐浴後可欣賞剛剛路途中攝影師在岸邊拍攝的照片，一張約 200 元台幣，也可購買電子檔案。吃著沙嗲、炒麵，喝著薑茶、咖啡，一邊享用印尼式的自助午餐，一邊回想著方才沿途的刺激吼叫，心中滿是美好的回憶。

> **Sobek**
>
> 1989 年成立，是峇里島上歷史最悠久的冒險旅遊公司，由澳洲人經營，自豪擁有零事故的安全紀錄。價位相對來說較其他公司稍高，但擁有自己的接送車隊，教練全都經過專業證照和雙語訓練，泛舟的設備、服務、餐點也是高品質，絕對會令人盡興而歸。
>
> 地址：Jl. Waribang no 9 Kesiman Petilan, Denpasar Timur, Bali
> 電話：+62 361 729016
> 網址：https://balisobek.com
> 價格區間：約 2500 元，官網上的行程價格較高，建議可找當地旅遊業者代購。

④ 野生動物獵遊

嚴格來説，峇里島的獵遊（Safari）一點也不冒險！畢竟不像在非洲徜徉在荒野天地中，把車開進野生動物園的行程在世界各地、甚至台灣也都有，但是峇里島因應不同動物習性的環境規劃、一站站像説故事般串起的精彩解説，讓人覺得進入一趟驚奇又有趣的探險！

遊客不是關在牢籠車裡，而是搭乘舒適的越野巴士，往各種地形出發。一開始便以 off road 的規格伺候，帶大家駛入水中、再開上爛泥，搖晃剎那好似真的要載著我們出發歷險了！接著，跟隨解説員講的故事來到亞洲雨林區、非洲草原區，我驚訝於這些地點並非只是區域名稱，而將整體環境都打造成雨林、或草原、或河川、或高地，於是我們看見穿梭在叢林間的老虎、躲在樹洞裡的貓頭鷹、潛伏在河中的巨鱷、大樹下乘涼的獅子、和荒原上奔跑的羚羊與斑馬，原始而天然的一切令人讚嘆！尤其

老虎趨前向車內打探的那一刻，大夥屏息望著牠巨大的虎爪和銳利的眼神，好像窗外就是 Discovery 頻道，令人難忘！

事實上，印尼國內有許多瀕臨絕種的珍稀動物，包括全球只剩數百隻的蘇門達臘虎、婆羅洲的紅毛猩猩、世界上最大的蜥蜴科莫多龍、僅存在峇里島上的長冠八哥鳥等等，因此這個野生動物園區的神聖使命，就是拯救和保護這些物種，也讓旅人在一親芳澤的同時，認識牠們的處境、進而學習保護環境。

Bali Safari & Marine Park

2007 開幕的野生動物園區位在 40 公頃的原始森林中，擁有超過 60 物種、包含印尼瀕臨絕種的保育動物，園內有獵遊行程、動物表演、娛樂活動、美食佳餚以外，還有一座水上遊樂園。2016 甫獲印尼觀光局頒發「最佳主題園區」獎項。每日有免費巴士至庫塔、水明漾等南部區域往返接送。

地址：Jalan By Pass Prof. Dr. Ida Bagus Mantra Km 19,8 Kabupaten Gianyar, Bali

電話：+62 361 - 950 000

網址：http://www.balisafarimarinepark.com

營業時間：上午 9 點至下午 5 點，夜間 Safari 活動需另外預約

價格區間：最低套裝約 2000 元，官網上的行程價格較高，建議可找當地旅遊業者代購。

園區內還建有住宿的狩獵小屋，木造的房舍、草編的屋頂、竹釘的桌子，一切簡約又反璞歸真的設施，會讓妳誤以為自己真的身處非洲！隔著一條護城河，與非洲動物近在咫尺地對望，從陽台丟下紅蘿蔔，斑馬和長頸鹿就會歡喜迎來，是難得的體驗！如果無法住宿，也可一邊用餐、一邊與獅子大眼瞪小眼！園區內的獅子餐廳是一家非洲主題餐廳，座落在獅子棲息地旁，不但可透過無遮蔽的 180 度觀景窗，看見獅子的各種活動樣貌；運氣好的話獅子還會前來窗邊的水池豪飲，距離近得可以拔掉獅子鬃毛了，不小心與牠對上眼、內心仍不禁顫慄緊張，細看牠優雅又傲氣的姿態，不愧是猛獸中的王者。Bali Agung 秀也是這裡的一大賣點，這是一齣講述峇里島史詩與神祇傳說的表演，地點在園區內的峇里島劇院，劇院可容納 1200 人，每天下午 2 點半開演（星期一休演）。故事從峇里島國王迎娶中國公主的熱鬧婚禮展開，帶入傳統農業生活，於是大象在舞台上遊行、鴨子在舞台前悠游，結合戲劇、舞蹈、動物、傳統偶劇、聲光效果的舞台表演，好不熱鬧！其他大小表演也時時在園區內上演：大象秀、鱷魚秀、食人魚秀、白老虎秀等等，甚至也可以在園內參加峇里島舞蹈課程，活動豐富，是個玩一整天都不會膩的地點。

文化相遇的驚豔讚嘆

① 古老神聖廟宇文化

峇里島的原住民屬於南島民族，擁有自身對天地萬物崇拜的古老信仰。西元五世紀左右透過東亞商人、傳教士及往來各地僧人的傳教，峇里島開始深受佛教文化影響；直到十世紀時印度商人將印度教帶進印尼群島，印度文明經過爪哇島的傳入峇里島，奠定了其後文學、藝術、社會組織的雛形。

現今峇里島的宗教已融合佛教、印度教、及古老信仰，形成一種獨特的「峇里島式印度教」，它與印度現行遵循的印度教傳統已不盡然相同，峇里島的島民相信自己就是神的後代，神明降臨居住在莊嚴高聳的阿貢火山，因此所有面向阿貢的方向都是神聖的，反之面對大海的方向就是不潔，也因此造成峇里島民不喜歡從事漁業、不擅水性的原因。

峇里島的廟宇，更是從地形、建築、到文化意涵，都具有世界上獨一無二特色！峇里島向有「千廟之島」的稱號，從家院中的神龕家廟、村民聚會的村廟、懷念祖先的守護神廟、到天神居住的神廟，習俗與生活合而為一的峇里島社會，造就雕刻精緻、建築華美、氣氛祥和的廟宇在島上四處林立。在行程中挑選一兩座精華來參觀，是絕對不能錯過的驚嘆！

1 • 海神廟（Pura Tanah Lot）

一座茅草尖頂的神龕（shrine）佇立於海中央的大岩石上，周邊的驚濤駭浪對比起寺廟的靜謐孤絕，別具一番禪意，這座海神廟是來到峇里島必訪的廟宇。

海神廟的峇里島原文意指「海中的陸地」，這塊巨大的岩石陸地其實有與沿岸相連，但是相連的小徑只有在退潮時分足以通行。廟中主要祭祀的是海神巴魯那（Dewa

Baruna），相傳 16 世紀時印度教高僧尼拉爾塔（Nirartha）路過此地，見到岩石的壯美宏偉而讚嘆不已，正巧附近漁夫贈送他一些食物用品，他便決定在此度過一宿。隔天，尼拉爾塔告訴漁民他在夜晚感受到此地的靈氣和神聖，進而吩咐漁人在此建廟來崇敬峇里島的海神。大岩石底部的海蝕洞常有海蛇出沒，當地人認為整座廟宇是由一條大蛇守護著，這條大蛇是由尼拉爾塔的袈裟變身而成的，而周遭的毒海蛇則負責防止惡靈和入侵者的騷擾。現今廟內也將尼拉爾塔視為聖人供奉著。

由於海神廟是峇里島最著名的景點之一，因此已被規劃得高度商業化，從停車場處即須購票，每人 3 萬印尼盾（約 75 元台幣）、停車費另計。海神廟入口處兩旁全是販賣紀念品或小吃的商家，尤其烤玉米和椰子水幾乎三兩步就有一攤，招牌上幾乎都有標示中文，價格當然也是偏高的觀光價。因應海蛇傳說，入口附近竟還有大蟒蛇可以付費合影。此外，周遭也有觀海咖啡館，許多歐美遊客在戶外高處一邊欣賞美景，一邊喝杯咖啡看本書，休憩片刻的愜意令人欣羨。

踏進善惡門（Candi Bentar）即正式進入廟宇的區域，巨大而雕刻精美的善惡門有守護廟宇與家園的功用，在峇里島的寺廟或民宅門口常常可見。對稱的直角三角形分別代表善與惡的二元勢力，也分屬不同守護神，像是一座印度聖山從中被劈開分立兩側一般，因此西方人也稱它作劈開門（split gate），倘若邪靈魔鬼通過時，門就會像自動門一樣合上，把邪惡勢力夾死！

整座海神廟其實有許多不同神龕，祭祀著不同的神明，但非印度教徒一律禁止入廟，因此都僅能在牆外參觀。而整個區域映入眼簾的就是人潮！照相時沒有任何一個角度是拍不到人的，可以顯見這座廟宇的知名熱門！走近岩岸，潮汐的時間決定靠近大岩的位置：漲潮時許多遊人涉水踏浪與大岩遙遙相望、拍照留念；退潮時則可走上大岩，大岩下方的海蝕平台上常有祭師祈福，教徒們則排隊喝下當地湧出的海底泉水，在他們的信仰中這是治百病和驅邪的聖水，能為人生帶來幸運；不過非印度教徒的一般旅人只能站在礁岩上感受這古老宗教的力量。

相較於大岩四周的熱鬧，廟區其他海蝕平台上建有的大大小小神龕反而更吸引我，望著與壯闊大海並存的一座座尖頂，無論是聽著風大浪強的怒吼、或伴隨著平靜無波的海面迎接夕陽墜入，安祥寧靜的氛圍彷彿才是我對宗教聖地真正的嚮往。

海神廟開放時間為上午 9 點到晚上 7 點，因為海神廟距離庫塔或烏布等觀光重鎮有段距離，但前往的道路只有一條，因此交通狀況不良，若想看夕陽建議不要把時間排得太緊太趕，很有可能因為塞車而錯失。堵在車上動彈不得時，會發現有些旅人選擇搭乘計程摩托車，其實是個避開塞車的好方法！但來回車程超過兩個小時，要能忍受顛簸和廢氣才可行。

2 · 聖泉廟（Pura Tirta Empul）

一座充滿靈氣又親民的廟宇。無論來自哪國？何種信仰？都歡迎入泉沐浴，一同接受祝福與庇佑！

聖泉廟位在烏布的東北方車程約 30 分鐘的坦帕西林（Tampak Siring）村落旁，此處自古從地底湧出兩座清澈泉水，有一個知名的故事闡述著兩座溫泉的起源：古時統治這裡的瑪雅達納瓦（Mayadanawa）國王，是巴杜爾山神的兒子，天生具有一些神力：力大無窮、或可變身成任何動物。他因此自視甚高，甚至不把天上的眾神放在眼裡。神明們對此感到不悅，決定攻打國王！國王不敵神明大軍的力量，終究戰敗逃亡，但他變出一座毒泉，竟讓眾神飲水後紛紛中毒而死。眾神的統帥戰神因陀羅

（Indra）於是將神劍插入大地，引出另一處長生不老的泉水，讓中毒的諸神喝下泉水、洗滌沐浴後全都復活，因陀羅同時識破變身成石頭躲藏的瑪雅達納瓦國王，一舉將他殲滅。

因為這樣的神話傳說，此地的泉水一直被居民認為具有神力，不但可以帶來健康與財富，更具有治病療效。最早可追溯到西元 962 年左右，人們開始環繞著聖泉興建起廟宇，使得這裡成為一座具有千年歷史的神聖信仰中心。

聖泉廟的開放時間是早上 8 點到晚上 6 點，門票每人 1.5 萬印尼盾（約 38 元台幣）。走近入口處，會看見免費租借沙龍和腰帶的小亭子，因為進入聖泉廟規定必須穿著沙龍，因此來自世界各種膚色的遊客都會聚在這個角落認真著裝。

入口處前方有一株巨大的聖樹，高大直挺、枝繁葉茂、氣根條條頂天立地，在在展

現衪的秀麗靈氣；這是聖泉廟的守衛，也是信徒向上天祈禱傾吐的聖地，許多峇里島民會跪在樹前虔誠禱告，觀光客是禁止進入的。

入廟後，往寺廟院落的中央走，穿越高聳的善惡門後即進入聖泉區。一左一右兩池聖泉由雕刻精美的石牆圍起，三十個噴泉口將清澈的泉水灌出，信徒們浸在池水中排隊，全家大小、扶老攜幼，一一輪流讓每個噴泉口從頭澆灌、淋浴全身，開心、滿足的氣氛渲染著整個空間。除了信徒以外，遊客也可以沐浴祈福，於是許多人站在池邊踏濺冰涼的泉水、擺出興奮的 POSE 拍照，歡樂的氣氛讓人一度有種來到水上樂園的錯覺。但是，友人坐在池畔用腳背輕輕打水，竟冷不防被泉水中悠游的藍色鯛魚輕咬一口！接著我們的相機鏡頭開始起霧故障，直到離開廟區後才猛然恢復正常。一切的巧合彷彿都在提醒我們：這是一處聖地，請別抱著玩樂輕浮的心情進入此處。

泉池的後方是廟宇區，一座座神龕供奉著不同的峇里印度教神祇；還有一個區域立著一根石柱及石塊，據說是靈驗的註生神，撫摸石柱可懷兒子、撫摸石塊可生女兒，因為信者過眾、石柱耗損嚴重，廟方已用布將其包覆、並加裝欄杆隔離人群，可想見香火之鼎盛。

出口處的商店街又長又曲折，賣的都是遊客來峇里島會買的東西，舉凡沙龍、木雕、手工藝品、衣帽鞋子……應有盡有，到從街頭走到巷尾一一殺價的話，沒有半小時是走不出來的。比價之下發現，相較於庫塔、烏布這些市中心來說，這裡可殺價的幅度比較大，商品種類也很多，對想買紀念品的人來說是一個可以花時間好好逛逛的區域。

3 · 斷崖廟（Pura Luhur Uluwatu）

日落時分的金黃光芒，映照著懸在斷崖頂端的寺廟，肅穆氛圍下又增添了幾分空靈的詩意。傳說這座斷崖是由水中女神迪葳（Dewi Danu）的帆船幻化成為巨石，高高聳立在峇里島最南端，被喻為陸地盡頭，擁抱印度洋的浪濤洶湧、享有高處遺世的杳然。

烏魯瓦圖斷崖廟在西元 10 世紀以前就已成形，被當地人信仰為天神的居所；11 世紀爪哇高僧古圖藍（Kuturan）將主結構建築完善；16 世紀來自東爪哇的聖僧尼拉爾塔（Nirartha）則擴建此廟，並在這裡得道升天，此後烏魯瓦圖斷崖廟的名聲更加遠播，所有印度教信徒都期待來此朝聖。

進入斷崖廟前必須綁上腰帶，同時也規定膝蓋以上不得暴露，因此著短褲短裙的遊客必須先換上沙龍，停車場旁的入口處可以免費租借；購票也在此處，成人票價 3 萬印尼盾（約 75 元台幣）、孩童 2 萬（約 50 元台幣），開放時間為上午 8 點至下午 7 點，對於信徒則是 24 小時開放禱告祭祀。

著裝完成後穿越善惡門，長長林蔭大道引領著我們的腳步奔向大洋，林間獼猴的跳躍、蟲鳴鳥叫的和聲，感受著進入聖地的祥和，幾條沿坡而建的高低步道更是散步吸收芬多精的好地方！可惜遊人的嘈雜還是很輕易就將一切寧靜打破，特別是黃昏熱門時分，走近斷崖邊際築起的城牆，會見到綿延百公尺的長城全被密密麻麻遊客佔據！享受美景的興致可不能因人潮而抹滅，日落時間通常介於 6 點 10 分至 6 點 40 之間，儘管想辦法又鑽又擠、為自己找到一方位置，用毫無遮蔽的全視野欣賞夕陽墜入印度洋中氣勢磅礴的唯美姿態，絕對是峇里島不能錯過的景致之一！

以日落作為背景、黃昏彩霞映著天空帷幕，在斷崖旁競技場風格的露天劇場裡，每晚 6 點都會上演一場克差舞蹈秀（Kecak Dance）。舞者圍著營火演出，內容描述古代印度教的史詩神話中的情節，可以深刻感受到峇里島民融合自然景觀展現藝術的創意與能量。欣賞舞蹈秀的門票需事先預約，可上網訂購，或請當地旅遊業者代訂，價格為 5 萬印尼盾（約為 125 元台幣）。

猴群也是斷崖廟的一大特色，有上百隻猴子聚居在此，被視為廟宇的守護者。在進入斷崖廟前，我們的司機千叮嚀萬囑咐、要求我們遠離猴子，司機形容牠們是流氓，不但愛搶東西、還常常有傷人事件發生。不常與野生動物相處的我們，聽到這些告誡當然豎直寒毛，沿路此起彼落的遊客尖叫聲，更讓我們眼觀四面、耳聽八方，深

BALI

怕猴子突然溜來偷襲。畢竟其他國家就算有野猴出沒，搶的也僅是水果食物，這裡的猴子卻手上拿著眼鏡、或身上拽著相機，實在是一種奇觀！因為觀光客眾多，這裡有一群專門餵養猴子的婦人，訓練猴子去搶奪遊客的隨身物品，如果想要拿回來，只得支付婦人幾萬印尼盾的小費，就會讓猴子乖乖交出贓物。其實保持距離、不要故意逗弄，猴群似乎也沒這麼恐怖；且這裡的猴子各個是有趣的平衡高手，在斷崖圍牆上跑來跳去，完全不管腳下是 80 公尺高的垂直懸崖、和深不可測的凶惡印度洋；看著幼猴們彼此嬉戲打鬥，像在觀察人類世界的縮影版，也別有一番樂趣！

攀爬到斷崖的至高處，就是斷崖廟所在處。寺廟內院大門是一座刻著花朵及枝葉的石雕善惡門，前方則由一對象頭人身的神像守護著，傳說中印度教至尊的三大神祇梵天（Brahma）、毗濕奴（Vishnu）濕婆（Shiva）在這裡合而為一，所以這裡主要供奉掌管風暴、狩獵、和死亡等自然界元素的濕婆樓陀羅（Rudra）。非印度教徒不能進入寺廟院區，只能在站在牆外感受神聖的信仰，寺廟內高高的雞蛋花的樹木枝葉跨越圍牆生長、延伸至牆外，似乎也為我們這些路過的旅人帶來祝福與庇蔭。

因宗教而生的命名學

峇里島是伊斯蘭教大國印尼當中少數仍信奉印度教的島嶼，自古流傳的種姓制度也在峇里島根深柢固。但是自成一格的峇里島信仰，不同於傳統印度教的階級世襲，峇里島反倒認為種姓之間可以透過婚姻和工作而交換身分，因此窮人也有翻身之日也許就是峇里島人樂觀的一種象徵。

妳可以輕易從峇里島人名字當中的第一個字猜出他的種性：聖人祭司階層名字中常有 Ida Bagus 或 Ida Ayu；國王貴族階層名字中常有 Gusti、Agung、Tjok 或 Dewa；商人和官員階層名字中常有 Gusti Bagus 或 Gusti Ayu；農民工階層名字中常有 I 或 Ni。

而在峇里島超常遇到名字相同的人，可能今天司機說他是 Wayan、明天遇到的導遊又叫 Wayan，同名機率比菜市場名的怡君、家豪還要頻繁許多！原來依照傳統，峇里島民會依照小孩在家中的排行取名字，老大叫 Wayan 或 Putu、老二是 Made 或 Kadek、老三為 Nyoman 或 Komang、老四則叫 Ketut，輪到老五的話就從 Wayan 重新排起。不知道峇里島有沒有姓名學算命這項學問？如果有的話一定神機妙算精準無比，畢竟從一個人的名字就可窺探到許多隱私呢！

② 文化洗禮繽紛藝術

峇里島自古經過佛教的薰陶、印度文化的影響，政經乃至風俗一直跟隨著西部的爪哇大島一起發展，直到西元 1515 年伊斯蘭教入侵印尼，爪哇王朝為了逃避侵略，帶著大批貴族、軍人、印度教僧侶、工匠、和藝術家逃亡到峇里島避難，促成了 16 世紀以後峇里島文化興旺的黃金時代，且一直傳承延續至今時今日，島上最原始又最耀眼的生命力，就是皇族後代所孕育的藝術。

1．舞蹈音樂

曾對身邊的十幾位去過峇里島的朋友做隨機調查：妳對峇里島最深刻的印象是什麼？有一半以上都說是峇里島的舞蹈！甚至對藝術文化根本不感興趣的人，都曾被峇里舞蹈所感動和震懾。

峇里島的舞蹈最常被形容的特徵，即是舞者總睜著一雙黑白分明的大眼，眼球活靈活現地左右瞪視、或快速轉動；接著是手勢與身段，既像機械人一樣把關節一節節地拆解舞動，卻又毫不僵直、柔軟婉約地控制肢體張力；表情神態更是充滿情緒感染力。

峇里的舞蹈與文化宗教有著密不可分的關係，各種宗教儀式或慶典，如寺廟典禮、婚禮、火葬儀式、家廟典禮，都是運用舞蹈和音樂來敬拜款待神明，因而發展出不

同形式的舞蹈類型，每種優雅都訴說著一個為神明奉獻的故事。曾經看過一部關於峇里島舞者的紀錄片，描述峇里島的孩子在媽媽肚子裡時就每日聆聽傳統音樂，還不會走路就教導他們舞蹈手勢控制肌肉，從七歲開始正式練舞，持續數年每日兩小時的辛勤訓練，才有機會登台。峇里島人將舞蹈昇華成一種與神祇溝通的途徑，演出時的嚴謹和全神投入，將獻給神明的舞蹈當作是一種修行，他們期望透過不斷修行可以解脫俗世輪迴之苦，對神明的祈禱也是他們的精神寄託，每一場完美演出都來自於神明庇佑。

在舞台上的一切元素，從精緻華麗的服飾、金工首飾、到演奏音樂，都圍繞著傳統舞蹈而發展。許多峇里舞蹈伴奏的是甘美朗樂團（Gamelan Orchestra），這是在印度文化來襲前、古代印尼即發展成形的古老慶典音樂，主要以鑼、鼓、竹笛、撥絃樂器、及鋼片木琴結合演奏；而峇里島本身的甘美朗又以變速和炫技出名，樂師不僅對音樂要熟練，對史詩及舞蹈也要熟習。在舞蹈表演開始前通常會有一段獨奏時間，乍聽之下有點類似台灣廟會時演奏的八音，但木琴鋼片產生的「叮叮咚咚」聲響，是令人難忘的音律。

倘若第一次欣賞峇里舞蹈，可選擇最廣為人知的雷貢舞（Legong Dance）。雷貢是指天上女神們的舞蹈，強調女性的優雅舞姿以外，也有搶奪公主、善惡對戰的史詩

劇情，現場音樂演奏、加上旁白說書、演員演唱，可說是一種大型的音樂舞台劇，即使沒有簡介導覽、不分大人小孩也都可以看得懂。

凱恰舞（Kecak Dance）即是在烏魯瓦圖斷崖廟每晚演出的黃昏敬神之舞，全程完全沒有樂器伴奏，僅有上半身赤裸的男舞者以合聲方式吟唱「cak-cak」的聲音當作節奏。舞蹈依印度史詩改編，描寫王子得到猴子大軍協助，從邪惡之王手中奪回愛妻的故事，也是容易入門的舞蹈種類之一。

峇龍舞（Barong & Keris Dance）亦是經典代表，由兩位舞者戴著獅子面具共舞的特徵，與中國傳統的舞獅有異曲同工之妙。代表善良勢力的獅子峇龍、對戰青面獠牙的惡勢力巫婆，結局沒有誰勝誰負，反映峇里文化對二元勢力總是持續抗衡的哲學思維。此外，使用木偶演出的皮影戲（Wayang Kulit/Shadow Puppet）內容也以是印度傳說故事，常使用英文表演因而深受觀光客的喜愛。

所有的舞蹈都可以輕易在烏布欣賞，一般較為人所知是前往烏布皇宮前觀看演出，但其實整個烏布都是一座大型舞台！不僅在皇宮前，且在皇宮周邊的主要道路、和附近幾座廟宇前都有舞蹈演出，每晚至少有五場以上。表演場地有點類似野台，觀眾坐在台下排列的折疊椅上，不對號入座、先搶先贏。演出時間約為兩小時，現場即可購票，票價依舞碼而不同，從 7.5 萬至 10 萬印尼盾不等（約合台幣 190 至 250元）。詳細的演出資訊可查詢
http://www.balitaksu.com/schedule-performances-ubud

2 • 傳統工藝

如果妳有親朋好友曾去過峇里島，一定看過他千里迢迢扛回來的木雕作品，有人甚至直接把原木家具運回台灣。峇里島的木雕藝術就是如此聲名遠播，許多世界知名的木雕藝術家如 Ida Bagus Tilem 即是出身於峇里島；此外，物美價廉也是大家喜愛峇里島木雕的原因之一，價格約只有台灣的一半而已。

峇里島的工藝技術大多延續爪哇王朝風格，並且以世襲的方式代代傳承；幾世紀以來，當年皇室工匠的後代一邊務農維生、一邊創作工藝，因此題材大量結合農民生活與宗教，世界藝術評價普遍認為，峇里島的工藝內容是為日常生活所用，並非純粹藝術創作，因此是一種非正式的民間藝術，雖結合印度教的古典主義，但沒有保守的偏見，且充滿新活力和熱帶原始的野性美。

然而隨著峇里島漸漸擁抱世界，來自貿易觀光的需求增長，一些工匠村莊逐漸從農村轉變為專營藝術的社區，二十世紀後期以烏布為中心，其鄰近村莊建立峇里島的藝術核心區域。

欣賞峇里島傳統舞蹈服飾，從頭冠、項鍊、腰封、手飾腳環……無一不是 Bling Bling，就可想見金工雕塑對峇里島藝術的重要性。峇里島上雖不產銀，但手工技藝傑出，使得金工設計和加工都成為當地的特色，作品從民族風格到現代感十足的首

飾都有，且價格十分親民，項鍊和耳環甚至數百元台幣就有，自用或贈送禮物都是精美的選擇。在烏布南方的哲魯村（Celuk）有一百多家工坊，每一棟房舍都是一個獨立工作室。工作室通常不大，會有三到五位師傅在當中創作，從原料整平、鍛打、雕刻、拋光、到鑲嵌，每一步驟都是純手工。單是參觀也許參與感太低，許多人會選一間有好感的工作室，花兩三小時由師傅教導、DIY 製作獨一無二的銀飾品，費用大約只要台幣一千元，成為這趟旅程最特別的紀念品。

馬斯村（Mas）也位在烏布南方，由許多不同的木雕工作室組成，峇里島的木雕技藝大部分是世世代代傳承，師傅常在石砌的傳統庭院中，席地而坐拿起工具就開始創作，可以欣賞師傅專注雕刻的景致，也可悠閒地和師傅聊天、了解每項作品的構思由來。傳統木雕以寫實為主，代表性的動物包括猴子、科莫多龍全都栩栩如生；神像也是木雕作品的大宗，傑出的作品不但神情令人懾伏，且不管移動到哪都會感受到神像的眼神一直緊盯著妳，令人十分難忘！

蠟染工藝大部分則是製作印尼的傳統服飾 Batik，Batik 指的是蠟染花布本身，依不同的穿法用途可變化成為全身服裝、帽子、下半身使用的沙龍等等，拓印花色是最常見的一種染布技巧，但在峇里島蹕帕蒂村（Tohpati Village）製作蠟染的婦女，卻是信手拈來、大筆一揮就可任意在棉布上作畫，不打草稿、沒有既定主題，每一條都是百分之百的「hand made」，在這裡可看見精純的繪畫技藝，透過不同藝術媒介翩然呈現。

參加峇里島旅行團，必備的行程就是整車載到烏布周邊的工藝專賣店，類似觀光工廠的概念會先帶大夥參觀工藝品製作過程，最後整隊帶到百貨公司式的專櫃賣場裡，耗個一兩個小時、若不購物就不讓人離開。如果妳對峇里島的工藝經歷僅是這般流水帳，就太過可惜了！若從庫塔往北前往烏布，路途中可依序經過以石雕聞名的巴杜布蘭村（Batubulan）、以金工聞名的哲魯村、畫作聞名的巴圖安村（Batuan）、以木雕聞名的馬斯村、以及蠟染布中心蹕帕蒂村等等，若能花個半天至一天時間一一親訪，會是一趟有趣又收穫滿滿的知性文青小旅行。

烏布市場也是一個絕佳的藝廊！市場中當然充斥各式各樣的紀念品，從木雕、沙龍、畫作、金工飾品、編織物、T恤洋裝……應有盡有！如果是常見的樣板雕刻，如小貓釣魚、面具壁飾，可以多多比較殺價，且常有石膏偽裝的木雕假貨，本人就親身經歷過雕刻中央是空心的、託運回國後才發現木雕斷手裂腳的慘劇，所以千萬要眼明心細地挑選！但在市場中仔細挖掘，也不乏獨一無二的藝術佳作！藝術作品的價值則不能秤斤論兩，除了你情我願、也看緣分，記得看過詹宏志先生在《旅行與讀書》書中寫道，2005 年爆炸案後他前往峇里島，在烏布為一幅畫作殺價而與老闆僵持不下，最後老闆請出原作者老畫家來決定，老人說經濟蕭條能吃一口飯是一口，你認為這幅畫值多少錢就付多少錢吧！詹先生後來成功以他要求的價格買到那幅畫，回國卻一直念念難忘愧疚不已。或許對如今商業化侵襲的峇里島而言，價格和尊嚴的平衡點一直是藝術家心中的掙扎。

3 • 建築風格

在裝潢家居或挑選家具時，一定會聽說一種「峇里島風」的設計類型，為什麼沒有「馬爾地夫風」或「帛琉風」其他熱帶島嶼風格？峇里島風卻獨樹一格成為一種特定建築類型呢？

一踏上峇里島妳必會深刻感受到「峇里島風」建築的強烈視覺和特殊氛圍！機場大門由橙色磚石築起，裝飾著白色石雕，雕刻種類有雕花、圖騰、以及兩座凶神惡煞的守門天（Dvarapala）石像，強烈的色彩對比和宗教氣息，讓人瞬間從新穎的登機

門墜入傳統的文化風情。

從機場到市區的沿途，即便現代化建築林立，還是可以在當中窺見古今交融的峇里島元素。例如：按傳統律法規定，峇里島建築物不能比椰子樹高，否則是對神靈不敬！因此即便到達市中心仍不見高樓，空間上全無壓迫感；其次從建築外觀來看，磚瓦或茅草斜屋頂、寬闊的開放式空間、院落中挑高的涼亭是主要特色，更不能忽略建築由內至外總是栽種著花草植物，峇里島最著名的純白雞蛋花樹（Plumeria rubra）更幾乎家家都有一株，徹底展現峇里島建築的重要風格就是「人與自然之間的隔閡消失了」。對峇里島民來說：信仰即為生活！他們除了尊崇印度教神祇以外，對祖先和自然力量也是高度崇拜，萬事萬物皆神靈的觀念下，人與自然必須融為一體才能符合生存法則。

烏布皇宮是首先可以體會峇里島風建築的一個地點。座落在烏布市中心的皇宮（Puri Saren Agung/Ubud Royal Palace）最早由迪瓦阿貢（Dewa Agung）王朝建於十六世紀。Dewa Agung 王朝是來自爪哇島的貴族卡帕基山（Kapakisan）所創立，他表面上擁護爪哇王朝，但實際上在峇里島以 Dewa Agung（偉大的天神之意）為國號、獨立當權，王朝並陸續在島上的給給（Gelgel）、克隆孔（Klungkung）及烏布等地建立皇宮，供皇室使用居住。十六世紀回教勢力入侵後，峇里島長年分裂成許多小公國，以至十九世紀荷蘭殖民後，各公國成為有名無實的傀儡領袖，Dewa Agung 王朝這支皇室血脈始終或大或小地續存著，1950 年代印尼獨立統一全國後，皇室成員全數成為平民，但以烏布為中心的十數個皇宮建築內目前仍住著皇室後裔。

現今所見的烏布皇宮是重建的樣貌，因為 1917 年大地震將皇宮主體全數震垮，因此其後由著名藝術家藍帕德（Lempad）設計修建而成。外門磚牆上疊砌著灰白原色的圖騰石雕，展現「峇里島風」的特色之一：自然頹廢——所有材質沒有經過特別著墨及人工處理，滄桑低調展現出原始的頹廢美感。進入院落中看見「峇里島風」的特色之二：自然極簡——紅瓦茅草屋頂的涼亭式建築（晚間會化身為舞蹈表演的舞台）佇立在翠綠扶疏的草木之間，沒有多餘裝飾富有平靜的禪意。踏進內院參觀畫樑雕棟的宮殿，精緻的手工木雕大量運用在家具、門框、窗框上，凸顯峇里島風」的特色之三：自然與傳統文化毫無違和地達成平衡美感，點綴的金箔裝飾更讓整體氛圍顯得尊貴輝煌。

參觀烏布皇宮不須門票，每日開放時間為上午 8 點到下午 7 點，只有少部分區域開放參觀，家廟和皇室成員居住的殿內無法進入，每晚 7 點在皇宮前廣場則有傳統舞蹈演出。有些想要更深入地體驗皇家生活的旅人，會選擇在此過夜一宿。皇宮內住屋有部分對外開放成民宿，不過是改裝後的簡易套房、和過往皇室居住的房舍有段差距，價格約每晚 100 美元左右。此外，烏布皇宮是觀光客必打卡的地點，也是烏布最擁擠的地方！雖然只是兩條沒有紅綠燈號誌的交叉十字路口，卻往往可以堵車堵到天昏地暗，不妨請司機在幾條街外放妳下車，邊散步邊逛街地步行到皇宮，避開混亂的交通。

另外一個適合參觀峇里島建築的地方，是往土蘭奔途中會路過的恆河聖泉花園（Taman Tirta Gangga），在這裡能感受到結合戶外水景、庭院造景的峇里島風。此處自古就有地底湧出的天然泉水，被當地居民奉為聖泉。1948 年時卡那阿桑（Karangasem）小公國的最後一任國王因為十分喜歡這裡，就建造了一座聖泉花園，供國王及皇室沐浴使用，取名恆河聖泉花園代表它在人們心目中如印度恆河般聖潔。因為花園裡充滿做工精美的石雕神像、石橋和石塔，搭配鬱鬱蔥蔥的植物造景，洋溢著繽紛華美的氣息，加以占地 4 公頃的花園簡直像座滿是噴泉的迷宮，因此許多人稱呼它為水上宮殿。原始的恆河聖泉花園在 1963 年阿貢火山爆發時幾乎全被摧毀，後來重建與修復讓它更具皇家宏偉華麗的氣息。

恆河聖泉花園開放時間為每日上午 6 點到下午 6 點，門票有分當地人與外國人之別，外國人參觀費用為 2 萬印尼盾（約 50 元台幣），若要著泳裝進入水池沐浴則需另加 2 萬印尼盾。花園主池中豢養著優雅的鯉魚，水面上有許多形成步道的跳石，可像百戰百勝步步驚心般在池中游移，並與池中栩栩如生的印度石像合影；花園中的亮點是一座十一層的高塔噴泉，後方兩座小池子則供遊客付費浸浴，享受古時僅限皇室御用的閒情雅致。

③ 庶民料理美食天堂

峇里島的食物主要以印尼料理為基底，除了深受中國烹飪的影響以外，印度教信仰也讓峇里島食物較其它印尼料理增添更多變化。尤其峇里島上廟多，相對來說慶典也多，因此許多食物是敬神時才會準備的。綠油油稻田是峇里島的特徵之一，米飯自然是最重要的主食，火山腳下沃土栽種的新鮮蔬菜更是主角，香料則是不可缺席的料理功臣，佐以肉類及魚類（印度教徒視牛為神聖，所以傳統峇里島菜色沒有牛肉；又因峇里島上也有許多外地打工的穆斯林，因此豬肉有時也不提供）。

在 Bali Hai 遊輪上遇見一對加拿大情侶，他們說峇里島的食物美味得出乎他們意料！我好奇地問他們吃了什麼覺得最難忘？他們竟回答我義大利料理？！當然，對多年來向世界張開雙臂的峇里島來說，融合當地特色的異國美食興盛不已，不過我最喜愛的還是街頭美食、庶民料理，因為那一口口放進嘴裡的不僅僅是美味，更是深入品嚐當地的文化與生活的滋味。

1 • 不能錯過的街頭美食

肉丸麵（Bakso）：這是印尼的平民小吃，據說是從中國傳入，無論是路邊攤、或簡單一輛摩托餐車，就能隨時隨地在路邊賣起。通常是牛肉製成的肉丸 Q 彈有勁，清湯洋溢著香料味，米粉和油豆腐吸滿湯汁，類似炸餛飩的炸物則酥脆得有畫龍點睛的效果！ Bakso 其實隨處都有，如果路上沒有巧遇的話，可以到庫塔沙灘沿著圍牆尋找看看，通常會有幾輛餐車在附近兜售，餐具和設備都算乾淨，一碗約台幣 25 元。

沙嗲（Sate）：路邊隨時可見冒著白煙的烤肉攤，即是印尼最有名的沙嗲，以炭火燒烤肉串，雞肉、羊肉、牛肉、海鮮都很常見，肉串份量很少，因此每個人都是大把大把的吃上十幾串。其實與其它國家的烤肉串相比，沙嗲因為肉量少、較難品嚐到肉的質感嚼勁，但精華是在於蘸上充滿香料的印尼沙嗲醬，濃

烈椰奶與花生香味是讓人難忘的印尼味！若擔心路邊攤的衛生問題，踏進任何一家印尼餐廳也都有機會品嚐這道料理，有些較高級的餐廳甚至會把竹籤替換成香茅梗，吃起來更有風味！一份通常有 10 串，約台幣 50 元。

雞爪湯（Soto Ceker）：一碗約台幣 40 元的雞爪湯是峇里島和鄰近爪哇島的街頭宵夜，通常都是晚上賣到半夜。燉煮得又嫩又爛的雞爪，浸在紅蔥頭、大蒜、香茅、薑黃燉煮的清高湯中，搭配浸飽湯汁的粗米線和白煮蛋，是道口味清爽又飽足的宵夜！湯頭對台灣人口味來說可能略鹹，當地人會與白飯一起吃，再加入檸檬、醬油、辣椒沾醬，更顯夠味！傍晚五點以後在庫塔區 Jl. Raya Kuta 跟 Jl. Gunung Payung 叉路口（從海灘 Hard Rock Cafe 旁沿著 Jl. Raya Kuta 步行 15 分鐘左右）道路兩旁的店家才開門亮燈作起生意，包括雞爪湯等各種印尼小吃都可在此吃遍，一直營業到夜間 2 點。

巴東菜（Nasi Padang）：在印尼各處常見的一種玻璃櫥窗陳列，是把白色盤子像積木一樣疊得高高的，裡面盛滿食物，這就是典型的巴東菜。巴東菜起源於蘇門答臘島，主要是油炸或火烤食物加上咖哩、辣椒、椰奶等重口味的傳統印尼菜餚，但依印尼各島不同地區習慣、會出現不同菜色口味，配上白飯享用。一進餐廳入座後，

服務生會送上清水讓客人洗手，因為當地人一率不用餐具、都是用手吃飯。接著服務生將店裡所有菜餚都端上，十幾道菜豐盛地擠滿整桌是基本日常，但是妳有夾來吃才算錢；例如盤中有 2 隻雞腿，只吃 1 隻就只算 1 隻的價格，其它菜餚由餐廳收回、重新整理裝盤後，再端給下一位客人！這種特別的用餐規則也被視為巴東菜的一大特色，來到峇里島有機會可以體驗一下。

Star Anise

如果想嚐嚐印尼傳統的各種滋味，卻沒有勇氣吃著上一桌客人留下的菜餚，那麼不妨前往這家餐廳。最著名的一個套餐含甜點共有二十二道料理，包括巴東菜常見的菜色：咖哩雞、香烤魚、辣炸蛋、醬漬蔬菜都可吃到，還能將來自印尼各地的知名美味和甜點一網打盡。每道菜都以小盤子裝盛，依人數調整份量，全都吃完也不至於太撐。餐廳分為半戶外和室內空間，每週二、四、六晚間並有傳統舞蹈表演。

地址：Jl. Setiabudi no.8, Kuta, Bali
電話：+62 361 757855
網址：http://www.staranisebali.com
營業時間：上午 9 點至晚上 10 點
價格區間：二十二道套餐為台幣約 600 元左右，也可選擇較少菜色

烤豬飯（Babi Guling）：烤豬飯是一種源於峇里島東部的美食，現在則演進為常見的街頭小吃，因為印尼其他地區都不吃豬肉，因此這也可說是峇里島獨有的特色！烤豬通常選用 3 個月大的小豬，塗滿香料放在炭火上燒烤數小時後，切下皮肉分離的豬肉片，搭配白飯一併享用，吃起來豬皮脆口、豬肉多汁軟嫩且不油膩，淋上紅蔥頭、薑末、辣椒一起爆炒的特製辣醬，才能襯托出肉質的香氣，真正體會印尼烤豬的威力！街頭巷尾

的小吃攤都可以吃到烤豬飯，通常白飯上除了豬皮和豬肉外，還會放上一些簡單的醬漬蔬菜或炒菜，並且附上一根沙嗲。小吃攤最喜歡將整顆豬頭放在店門口，展示自己賣的烤豬又油亮又可口，是當地有趣的景觀。

Ibu Oka

這家位在烏布的烤豬飯，名氣響亮不用多作介紹，被譽為來到峇里島必吃的美味。這家店的特色就是：不賣別的、專營烤豬飯！一隻隻熱騰騰剛出爐的烤豬擺在店內，客人點餐才切片，保持脆感與嫩度。擺盤使用竹簍鋪上芭蕉葉或油紙，直接將飯菜肉都盛在上面，別有風情。店址靠近烏布皇宮，有兩家分店，一家在皇宮斜對面、另一家則在附近蜿蜒小巷中，人多的用餐時刻通常都需排隊。

地址：Jalan Tegal Sari No. 2, Ubud, Kabupaten Gianyar, Bali
電話：+62 361 976345
營業時間：上午 11 點至賣完為止
價格區間：綜合烤豬飯附湯，一份約 130 元台幣

髒鴨飯（Bebek Bengil）：不同於前面幾項街頭小吃，髒鴨飯可不是隨處都有！雖然炸雞或炸鴨在峇里島食物中很常見，但像這樣做出專屬風格與特色的料理，還真的只能在這家店吃到。髒鴨的由來是因 1990 年餐廳開幕前，老闆正在設計菜色時旁邊稻田正好有一群鴨子走過來，鴨子腳印把地板上弄得都是泥巴，老闆脫口罵出一聲「dirty duck」！之後便靈機一動成為餐廳中特色的菜名。現今髒鴨飯已成為烏布名產，愛好美食的饕客們必來朝聖！一份髒鴨飯有半隻鴨，陳列在盤中看起來乾乾癟癟地不甚起眼，也不預期它會有多美味，但一口咬下卻酥脆帶勁，隨之而來的是柔嫩滑順的口感、和香氣十足的風味，我個人將它評為最喜愛的峇里島美食！據說髒鴨都是選用出生約一個月的幼鴨，並用數十種香料醃漬入味，再經過先烤後炸的料理過程，如此繁複的作工難怪能呈現近乎完美的料理！

酥骨雞（Ayam Presto Goreng Crispy）：

酥骨雞是起源於峇里島的印尼連鎖餐廳 Malioboro 的創意招牌菜，一來台灣旅遊節目曾報導過；又因為分店離機場距離不遠，當地導遊常在送機前帶領旅行團來此用餐，使得這道菜在台灣遊客之間小有名氣。酥骨雞料理乍看之下就是一般的印尼炸雞，瘦瘦的肉雞裹上薄粉、炸得又乾又澀，通常不太對台灣人的胃口。但這個酥骨雞是整隻雞用高壓炸得酥脆、脆到連骨頭都可以咬碎下肚，肉質雖然偏乾、但完全不柴，滿溢著醃料的辛香味，搭配著辣椒沾醬、和撒在雞肉上的炸粉一起吃，充滿著印尼口感，算是有特色的一種料理。

炒飯／炒麵（Nasi Goreng/Mie Goreng）：Goreng 是印尼文「炒」的意思，Nasi 是「飯」、Mie 是「麵」，根據考據炒飯與炒麵其實都是從中國傳到印尼，但是加入了在地口味和食材，竟使它們成為獨具特色的印尼料理！印尼炒飯使用的是長米，炒麵則是類似撈麵的細油麵，兩者都是在烹炒過程中加入一種叫做桑巴醬（Sambal）的甜辣醬，讓其口味香辣特出。市面上有販售現成醬料，基本成分為蝦膏、蝦米、辣椒、甜醬油、魚露、蔥薑蒜和紅蔥頭⋯⋯等等，但是用心一點的廚師會以新鮮香料自製，各家自有不同配方。炒飯炒麵通常會加顆荷包蛋，路邊攤從十幾元台幣起跳，在高檔的五星級飯店也是必備的常見料理。

薑黃飯（Nasi Kuning）：印尼傳統節慶或生日時一定要吃薑黃飯，他們喜歡把飯堆成一座小山似的尖椎柱，再在小山的山腳下放上各式配菜。很多人以為薑黃飯僅僅是白米加薑黃粉烹煮而成，其實製作過程更為複雜：白米和糯米要依不同比例調配，除了薑黃以外更要加入班蘭葉、月

桂葉、檸檬草、肉桂、小荳蔻⋯⋯等香料，椰漿也是不可缺少的調味，許多講究的大廚更堅持以雞湯熬煮。薑黃飯一樣是從小攤販到大飯店都可以吃得到，路邊常見用油紙包成三角錐的飯包，有許多即是在賣薑黃飯，飯包內可能還附上辣炒馬鈴薯、花生炒魚乾、蝦餅、辣椒醬等等配料，一個小小飯包便是峇里島人的一餐。

椰絲捲餅（Dadar Gulung）：幾乎每餐飯後都有機會吃到、是非常傳統的峇里島甜點，起源於印尼爪哇，dadar 是薄餅的意思、gulung 則是捲起來的動作。將樹薯粉製成的麵皮以班蘭葉染成綠色，當中裹著棕櫚糖炒香的椰絲，捲成春卷狀，咬一口外皮彈嫩、內陷鬆軟，配上一杯咖啡最為舒心。

BINTANG 啤酒：屬於海尼根旗下、印尼製造的啤酒，是當地最受歡迎的品牌，峇里島街頭賣的 T 恤、鑰匙圈常有 BINTANG 商標圖案，雷吉安街甚至還有 BINTANG 專屬酒吧。啤酒本身喝起來清爽順口，在炙熱天氣下來一罐沁涼更是人生一大樂事。與海尼根的味道有幾分

神似，但價格卻低了三分之一，來到峇里島一定別錯過！

2 · 熱鬧的市場料理課

如果想要深入了解一個國家的文化，一定不能錯過市場！除了看看賣些什麼好吃好玩的，市井小民的日常互動也是有趣的風景。峇里島最有名的市場莫過於金巴蘭魚市場，一般賣蔬菜肉類的市場則大大小小分布在各處，自己走馬看花很有趣，若有達人帶路更能收穫滿滿！倘若沒有認識在地朋友當嚮導，建議可找這位海因斯（Heinz von Holzen）大廚。

出身瑞士的海因斯 25 年前來到峇里島君悅飯店擔任行政主廚，他在工作閒暇時寫寫關於在地食物的文章，吸引出版社將他的圖文出版成食譜、暢銷全世界，他才發現原來峇里島的食物魅力是無遠弗屆的。於是在當地娶妻落地生根的他，決定用行動讓更多人認識峇里飲食文化：一切就從逛市場開始！

清晨 5 點的菜市場被貨車、機車、人潮擠得水洩不通，來自世界各地的逛市場夥伴集合在角落的雨棚下，海因斯先讓我們品嚐峇里島式的甜糕早餐和咖啡，接著一一介紹峇里島常用的香料食材長什麼樣子？有些常聽聞的神祕食材，例如：石栗（candlenuts）、豆蔻核（nutmeg）、新鮮薑黃（turmeric）都是在此第一次見到它們的真面目；超臭的蝦膏、刺鼻的羅望子醬也要求每人鼓起勇氣嚐一口味道。然後大夥像劉姥姥逛大觀園般列隊進入市場，老外們對於一隻隻活生生宰殺、平躺在檯面上的肉雞露出嘖嘖稱奇的驚呼，但對我們來説其實見怪不怪。老實説整體氣氛和台灣市場沒有太大差別，但攤販陳列著從沒見過的蔬菜品種、烹調著香氣四溢的熟食甜點，還是令人東張西望感到好奇；尤其買菜的採買大嬸們各個把菜籃頂在頭上，是濃濃印尼味的一幅景象！接著踏進金巴蘭魚市場，看著漁船直接卸貨的活跳海產，大廚親自教授挑選好魚的方法：眼睛不透明的、腮不紅的、魚肚軟塌塌的，絕對不可能進入我們的菜籃中！

帶著滿滿新鮮食材，我們回到海因斯的廚房，每人穿上圍裙搖身變成小廚師，聽完海因斯鉅細靡遺講解峇里島菜的起源、色香味背後的食材來源後，才知道每道印尼菜中都少不了紅蔥頭和薑、總是腥重的味道其實來自於蝦醬蝦膏，著實長了不少知識！從上午 5 點到下午 2

Bumbu Bali

「Bumbu」即是香料的意思，來自瑞士的五星主廚海因斯堅持只用當天購買的新鮮食材、烹煮傳統料理，讓人輕易在一餐當中即可嚐到峇里島風味的各種特色。餐廳同時提供烹飪課程、和渡假 Villa，讓遊客以各種方式沉浸香料美食中。

地址：Jl. Petitenget No. 198, Kuta Utara, Kerobokan Kelod, Badung, Kabupaten Badung, Bali

電話：+62 361 8469797

網址：http://www.balifoods.com/

價格區間：全天烹飪課程每人 3250 元

點，整堂烹飪課邊學邊煮邊吃、收穫滿滿，即使時間冗長讓一早起床的我們有些疲憊，但看著海因斯口沫橫飛滔滔不絕的熱情，完全感受到他對峇里島料理執著熱忱的職人精神。料理課的難度在於我們要動手煮成滿滿一桌的菜：花生涼拌菜、香蘭荷包豬、沙嗲、燉牛肉、香蕉葉烤雞、黑米布丁、炸香蕉……，也許是自己親手烹調的關係，真心覺得這是我在峇里島吃到最美味豐盛的一餐！

2 · 咖啡文化

峇里島咖啡怎麼喝？只用透明玻璃杯盛裝！只用剛煮滾的熱水沖泡！不濾咖啡渣！只加糖不加奶！第一次看見咖啡端上桌時著實嚇一跳，黑沉沉又稠密的液體當中漂浮著粉渣，灼熱得差點燙傷嘴巴就算了，甜死人不償命的濃膩更讓人頭皮發麻！不過隨著吞入喉嚨的滑順，味蕾漸漸品嚐到甘中帶苦的成熟氣息，口感不酸也不澀更是令人喜愛。原來，「等待」才是峇里島咖啡的精髓，讓咖啡渣慢慢沈澱到杯底，催化出咖啡的原始風味，淬鍊出後勁十足的香氣；當地人更認為咖啡加冷水沖泡會對身體產生不良影響，相信滾水漸涼是最適合咖啡的溫度。

咖啡其實是大航海時期列強引進印尼栽種的經濟作物，如今印尼已成為世界第一大的羅布斯塔（Robusta）咖啡豆出口國，接近主要產區爪哇島的峇里島，氣候、土壤皆適合栽種，不但有不少本地種植，咖啡對於巴里島人來說也算是日常飲料。結合羅布斯塔和阿拉比卡（Arabica）兩大品種的「黃金咖啡」被譽為巴里島特產，世界最昂貴的麝香貓咖啡也是印尼特有。若想在美景環繞下品嚐咖啡，可考慮前往德哥

拉朗（Tegallalang），這裡不但有多家特色咖啡莊園，更有峇里島享負盛名的梯田美景。

德哥拉朗是烏布以北通往巴杜爾火山路途中的一個小農村，沿途田野綠浪波波搖曳，沿著山勢層層分布的梯田更如畫中景致。這裡的梯田範圍雖不寬廣，但在周邊林木包圍、山潤霧嵐的襯托下，飄逸著世外桃源的氣質。來到咖啡莊園，可參觀傳統的咖啡採收、製成過程，甚至還可看見麝香貓本尊。這些麝香貓豢養在莊園中，每天被餵食新鮮水果和咖啡果實；麝香貓胃中的特殊酵素使無法被消化的咖啡豆苦味降低，等牠們排泄出時工作人員再行採集，並進行清洗、曝曬、烘焙等處理過程。許多人說麝香貓咖啡的味道濃郁得像巧克力或糖漿，我個人品嚐感受倒不覺得這麼蜜甜，而是充滿果香、甚至酒香，比起喝咖啡它更像是在喝果汁，層次純淨、並且餘香長時間在口中繚繞。莊園中除了可以體驗峇里島咖啡以外，還可用品酒的方式啜飲香草茶和香料咖啡，搭配著梯田美景來一客蛋糕下午茶，是一種視聽嗅味都滿足的極致享受。

Bali Pulina Coffee Plantations
沿著山坡而建的咖啡莊園，自產自銷頂級咖啡豆。其中附設咖啡廳，木屋茅頂半開放式的建築洋溢濃濃峇里島風情，後方即是一片美麗綠意的梯田，延伸至半山腰的木製平台讓欣賞梯田的視野更遼闊、也更接近草木山林有種回歸自然的舒適。

地址：Sebatu, Tegallalang, Gianyar, Bali
電話：+62 361 901728
營業時間：上午 8 點至晚上 7 點
價格區間：麝香貓咖啡一杯約 120 元、香草茶和香料咖啡組合約 120 元

夜色中的精彩與迷醉

1 酒吧笙歌到天明

位在庫塔區核心地帶、與庫塔海灘平行的雷吉安街（Jl. Legian）是峇里島夜晚最熱鬧的一條街。爆彈慰靈紀念碑（Memorial）可視為雷吉安街的中心地標，這裡是夜店最密集的地區，但很不幸地在 2002 年 10 月 12 日發生一起恐怖炸彈攻擊，造成 202 人死亡，隔年此處立起石碑將所有罹難者的姓名刻於其上以資紀念。十多年過去，紀念碑安靜佇立，與周邊的電音搖滾和閃爍霓虹燈形成強烈對比，如今最熱門的夜店仍在這個交叉入口，有世界級的 DJ 或歌手入駐表演、有浮誇華麗的大型舞池、有最熱門的運動賽事大螢幕轉播，即使不進去喝酒玩樂，在路邊看著奇裝異服瘋狂熱情的派對動物也是一件有趣的事！

六六大街（Jl. Double Six）的真正的名稱為 Jl. Arjuna，是從庫塔海灘往東連接雷吉安街的一條道路，原本因為海灘上有一間著名的六六俱樂部（Double Six Club）而帶動周邊發展，一整排複合式咖啡店、餐廳、酒吧從早營業到晚，把這條街堆疊得熱鬧萬分。但隨著俱樂部吹熄燈號後這一區也跟著冷清，變得有種名氣大於樂趣的窘況。白天經過時是一條店家零星、再普通不過的窄路，晚上酒吧紛紛亮起彩燈、奏起樂章，彌補了日間的蕭條、但還是敵不過雷吉安的五光十色，除了可以唱卡拉 OK 的一些特色酒吧以外，幾間同志吧和第三性酒吧是整條街最熱鬧歡騰的地帶。在這條街口下車時，我們的司機耳提面命再三告誡我們一定要小心！連當地人都感到焦慮不安全的區域，體驗夜夜笙歌風景的同時一定也當多多保護自己。

② 精彩秀場賞心夜晚

峇里島的夜晚一直缺乏秀場，如果想要在日落後看場表演，通常只有在烏布參與小舞台式的傳統舞蹈表演。直到 2011 年努沙杜瓦的峇里島劇院正式落成後，由 40 位專業舞者共同演出的大型歌舞劇天壇秀（devdan Show）終於登場。表演內容不只強調峇里島舞蹈，而是將整個印尼不同區域的傳統、文化、歌舞一一點綴在 90 分鐘的節目中。表演全場使用英文，故事從 2 個小朋友撿到藏寶箱開始說起，他們因為寶箱的魔法而能自由穿越各座島嶼，體驗不同民族、原始部落的驚人文化。說唱、歌曲、舞蹈、空中飛人等特技表演融合在一起，搭配上精緻艷麗的服裝、絢爛的舞台設計、立體的聲光投影、以及活力熱情的氛圍，的確是熱鬧非凡的節目。有些文宣說它媲美太陽劇團，我個人認為言過其實，但要拿美國、泰國這些發展多年的秀場來與天壇秀比較，就像把國片小品與好萊塢大片相比一般的毫無意義，也許緊湊度、驚奇感、衝擊力都不如其他國家的大秀，但反而是峇里島表演中各有蘊意的餘音、能帶給觀眾不同感受和思考，是我喜歡這場秀的原因。天壇秀的票價大約每人1500 元台幣，可向當地旅遊公司購買，或上官方網站查詢：
http://www.devdanshow.com/

繁華夜生活的庫塔區也有秀場可看！這是位在庫塔海灘最南端的庫塔劇場秀（Kuta Theater），一踏進劇場彷彿來到小型魔法學園，把妳送上斷頭台、上下半身分離、或漂浮在半空中，各式各樣道具讓妳一秒變魔術大師！表演以精湛的峇里島傳統舞

蹈作為開展，描述本為孿生兄弟的善神與惡神因為理念不合而分道揚鑣，互相搶奪權勢及愛情，但在故事當中不僅穿插噴火、牢籠、瞬間位移等大型道具魔術，更不時以幽默風趣的小魔術與台下觀眾互動，除了劇情有緊張有搞笑、高潮迭起以外，全場才 7 位演員各個都是戲精練家子，能唱、能跳、能變魔術，從表情、聲音、肢體、到效果營造都讓表演張力滿滿！表演舞台雖不大，但笑聲掌聲此起彼落，歡樂灑遍整場表演！親民的門票價格也讓人大大讚賞，可向當地旅遊公司購買，或上官方網站查詢：http://www.kutatheater.com/

③ 購物瞎拼越夜越美

雷吉安街除了是酒吧一條街以外，也是購物一條街，吃喝玩樂想買想逛一應俱全！爆彈慰靈紀念碑以南比較多品牌店家，例如峇里島手工蕾絲服飾 Uluwatu Handmade Balinese Lace、或連鎖戶外服飾品牌 Surfer Girl、還有總是寫著 70% 三折起標語的 POLO 等等，紀念碑以北則有許多傳統服飾及紀念品小店，路邊烤沙嗲的攤販、頭頂著水煮玉米沿街叫賣的小弟，不同小吃都有機會在這條街上遇見。更往北走，同一條路、但當路名從 Jl. Legian 變成 Jl. Raya Seminyak 即正式進入有許多高檔住宿和創意小店的水明漾區。峇里島穩定的天候、崇尚自然的環境、色彩濃厚的文化氛圍，被許多西方人視為天堂，吸引不少外國人士長期定居，東西方交融的新創藝術也應運而生。在水明漾區特別能感受這些創作的活力，外國人自創的時尚獨立品牌、或跳脫或融合當地傳統風格的流行設計品，都是峇里島今日的另一番樣貌、和獨一無二的另類文化資產。

百貨商場也是晚上購物的好去處，除了前段提及庫塔區的 beach walk、Discovery Shopping Mall & SOGO、Matahari 等等百貨商場以外，在努沙杜瓦還有一個大型的購物中心 Bali Collection，佔地 8 公頃的園區總共分為三區：A 區多是高級餐廳和專櫃品牌服飾、B 區主要為 SOGO 百貨、C 區較多當地紀念品和平價飲食，每個店家都擁有獨立門戶櫥窗、寬敞舒適、而且逛到腳痠都逛不完！Bali Collection 其實就位在

努沙杜瓦沙灘後方，且與天壇秀場相連，可以傍晚從沙灘一路散步過來，看海、逛街、看秀一氣呵成。

峇里島免稅店（DFS Bali Galleria）也是不能錯過的購物天堂！免稅店位在庫塔區，雖然離海灘較遠，但因是公車總站、也設有免費接駁車，所以交通還算方便。購物中心分成進口免稅精品及當地紀念品兩個區域，除了可以購買各大品牌的化妝品菸酒以外，更可以搜刮土產。但許多人其實是專程為了 JCO 甜甜圈來到這裡，這是印尼當地的品牌，五花八門的甜甜圈一共有四十幾種口味可選擇，假日常常大排長龍、且還可能售完撲空，可見其熱門程度。

不過說到買土產，免稅店賣的當然比較精緻高端，如果喜歡俗又大碗，可以考慮前往 Krisna Oleh-Oleh 大賣場。在峇里島擁有許多分店的 Krisna 原本是手工藝品大型賣場，後來也兼賣零食、土產、咖啡……等等食品。如果妳想撈些紀念品回國，送人最合適的木雕、手工皂、沙龍、編織在這裡全都可以一網打盡，品質當然不如烏布市場賣得精緻與個性化，但精心挑選還是能揀到好貨，而且因為這是旅行團不會前往的店家、顧客多是印尼本地人，因此價格非常便宜實惠，不但可省下不少荷包錢，且這裡是 24 小時營業，玩到深夜再來血拚也永遠不嫌遲！

走進一座 SPA 天堂

來到峇里島，為什麼一定要 SPA ？除了環境優美、價格公道、服務體貼以外，這裡的 SPA 可説已達到產業化的程度！療程專業、品質優異，甚至具備特製的 SPA 產品（從洗腳的粗鹽、按摩的精油、沐浴的泡泡，都是專門為 SPA 療程特製）、和完整的 SOP 流程。如果妳體驗過多家 SPA，妳會發現按摩的手技幾乎全都差不多，而且非常精準、一個步驟也不會漏，至連打招呼的方式、詢問顧客舒適度的用語，都全島統一！這些無微不至的服務讓這個天然純樸的島嶼，也被譽為現代人解放壓力的天堂！

早在千年前香料貿易往來頻繁的年代，印度教徒帶來阿育吠陀的草藥療法、和精油按摩技法，佛教徒則帶來中國傳統指壓，峇里島人綜合這些技能，搭配當地盛產的天然香料、鮮花、香草，逐漸發展成這種兼具美容和療效的峇里島式按摩。

傳承阿育吠陀的概念，峇里島式按摩的目標在提升身體自我修復的能量、達到平衡身心，因此多以推、壓兩種方式來放鬆肌肉、增加血液循環；並且著重手、腳、耳朵的刺激和精油吸收，因為他們認為這些部位能夠連結五臟六腑，達成全身療效；同時再加入香氛和音樂，讓聽覺和嗅覺也享受全然的放鬆，有助消除緊張與疼痛。

而這種從宮廷到民間都傳承多年的療法，為順應時尚及不同層面的觀光需求，過去十數年來逐漸發展成各色各樣風格獨特的 SPA，豐富到令人眼花撩亂、甚至不知該從何選擇！以下先介紹幾項峇里島經典的 SPA 種類，妳可以先找到自己想要的類型，再按照評價和價位去挑選，會比較容易抉擇喔！

1 峇里式傳統按摩

峇里島所有的 SPA 都是以傳統按摩為基礎，再加上不同的材料、環境和技法變化。傳統按摩是以精油沿著全身的經脈推拿和按壓，檔次從路邊每小時三五百元的按摩小店、到幾千元的高級療程都有。不同價格當然服務就會不同，享受級的會先端上冰涼的迎賓飲料，並用問券詢問妳的身體狀態、喜歡的力道、希望加強的部位等等，也會讓妳選擇精油的種類，更有個人隔間和專屬衛浴，按摩結束後甚至會奉上熱茶和點心。

但是這些無微不至的服務倒不見得等同於按摩技巧的高超舒適。其實，我總覺得按摩是一種緣份，每個人所愛不同，要遇到與自己契合的按摩師傅更不容易，可以透過事前溝通找到自己最喜歡的方式，但是最貴的不一定就是最好的。所以小資女們也不需要迷信價格，有時路邊都是阿姨大嬸的按摩店，反而能帶來最老練而深沉的舒緩。

傳統按摩的第一步驟通常從溫水洗腳開始，腳是離身體心臟最遠、最難充分供血的

部位，洗腳可以促進全身血液循環，為接下來按摩的療效打好基底。粗鹽是最基本的洗腳材料，另外也常見牛奶、薑、或各類香草，甚至還有番茄、小黃瓜等蔬菜水果，有時會覺得那一盆洗腳水好像雜菜湯，舒服之餘也覺得逗趣！

精油的種類也目不暇給，從花香類的玫瑰、茉莉花、薰衣草、峇里島最著名的雞蛋花，到水果類的椰子、檸檬，還有香料類的薑、肉桂、荳蔻、檸檬草……，香味應有盡有、各種療效不同、各店也自有特色。至於塗抹在身上的有何差別？如果妳有一些皮膚症狀，例如曬傷或過敏，那麼可以選擇較不刺激的花草精油；其他則不太感覺得到顯著差異，因此最終還是取決於妳喜歡自己身上存在著什麼味道。

在峇里島的按摩必須脫光衣服裸身，師傅會給妳一條幾近透明的紙內褲，讓妳換好以後套上浴袍，躺在按摩床上時則須把浴袍也脫掉。雖然在陌生人面前袒胸赤背有點害羞，不過全程都會用一條沙龍布把身體遮住，只露出正需按摩的

Mango SPA

位在庫塔區平價購物中心 Bali Brasco 的樓上，屬於 CP 值頗高的一家 SPA。按摩隔間是被綠葉植物包圍的玻璃屋，環境乾淨舒適，沒有過多花俏流程，笑容可掬的阿姨型師傅功力了得！總能又緩又重地按到關鍵點，是消除疲勞、體驗傳統按摩的好選擇！

地址：Sunset Rd BB 8, Kuta, Bali

電話：+62 361 894 7552

網址：http://www.balibrascospa.com

價格區間：約 1200 元 /2 小時

部分；如果有些比較敏感的部位不想被按（例如胸部、大腿內側）也可先跟師傅比手劃腳溝通一下（因為師傅們的英文不見得很通），其實整個過程只要放空就好、不用想太多，才能達到身心都放鬆的狀態。

按摩的過程是溫柔但深沉的，不會有人一直猛壓妳穴道、或一直挑撥妳的筋絡，但能細微感受到手指順著筋脈的推揉開展、和手掌在緊繃肌肉上的深沉按壓，與其說這是一種指壓，更像是師傅把身上的某種能量真氣傳遞到妳的身上，不痛也不刺激，讓妳的身體從全然放鬆當中獲得療癒。

進階版的傳統按摩，是近年在峇里島超熱門的「兩人四手」！由兩位師傅同時服務，以和諧的方式、對稱地由下而上按摩身體各部位，師傅們必須默契十足，因為動作要一致、力道也要一致，否則客人會有不協調的感受。當地人總說搭檔的師傅就像雙胞胎，按摩過程似在跳舞、更像練功，進退得宜的流暢感和節奏感，已經訓練到連呼吸頻率都能同步，才能達到最佳效果！兩人四手的按摩方式據說原本來自夏威夷，但在峇里島結合了深度舒緩的傳統技法、和香氛的特色，讓這個按摩方式更發揚光大，已順理成章發展成峇里島當地名產。

而這兩年峇里島瘋狂爆紅的，是一家全由男性師傅負責按摩的兩人四手！這家 Jari Menari 已經營十五年，一直以來都只雇用男性按摩師，店家的說法是男師傅更能供力道十足、穩固、且強度持續的按壓，按摩的功效會加倍！再加上男人體力較好，即使長時間按摩也能全然保持專注，受到許多客人青睞。許多女性想要體驗，卻又擔心在陌生男性面前全身赤裸、還要任其上下其手，實在太令人害羞！其實師傅們相當專業，全程會用浴袍和沙龍遮蔽妳的身體、保證不曝光，他們也會迴避眼神、不讓客人有不舒服的感受，對相信專業的女性朋友來說，是值得一試的大膽體驗！

生理期可以按摩嗎？
生理期一到，常常頭痛、腰痠背痛也接踵而來，如果能用按摩緩解不適，真是女性的一大救星！但是關於生理期能否按摩的理論各家說法不一：婆婆媽媽總依據老祖先的傳統告誡我們生理期不能按摩，若刺激子宮收縮太強烈，會有血崩的危險？！但也有許多醫師認為適度的按摩能舒緩氣血，有助身心放鬆和經血排出。重點是，好不容易飛一趟峇里島，如果沒有來場 SPA 按摩不是太扼腕了嗎？
峇里島當地的按摩師說明：峇里島傳統按摩強調舒緩，沒有穴道或肌肉的強力按壓，因此也適合女性生理期時進行。但是事前請先告知按摩師妳正值生理期狀況，他們會避開胸部、下腹部、雙腳等部位，避免因賀爾蒙變化引起胸部不適、或過度刺激造成活血或骨盆腔充血；反之，他們會加強背部、肩頸、和頭部的按摩，消除生理期帶來的痠痛疲勞，讓妳在最需要休養生息的期間好好愛自己！
倘若前往按摩 SPA 時正巧遇到生理期，建議使用衛生棉條，或是夜用加長型的衛生棉、搭配三角生理褲，防止躺臥或翻身時側漏；生理褲也可選擇免洗或深色，以免按摩時精油沾染到小褲褲。芳療 SPA 時的泡浴則要避免，可與按摩師討論取消泡澡、延長按摩時間，或是以熱敷取代泡澡，以峇里島無微不至的服務之道，通常都會為妳找到很棒的替代方案！
平時有看中醫、依診斷調養身體的女孩，按摩後的熱茶則請自行判斷是否適合飲用？一般來說多是提供薑茶類的香料茶，適合生理期讓子宮溫暖、有助經血排淨；但對有些子宮內膜異位病史者可能太過燥熱，也可要求更換適合自身體質的飲品。

 **芳療 SPA**

在峇里島，芳療 SPA 可說是傳統按摩的進階版。

芳療 V.S 傳統按摩，有什麼差別？一是芳療一定會使用精油，將植物精華透過皮膚

進入淋巴血液，功效到達體內；二來芳療不同於肌肉經絡的穴道按摩，而是採用淋巴引流手技，不感疼痛又能放鬆舒適。依據以上兩種定義，我們可以説「峇里島傳統按摩＝一種芳療」。

但是妳在滿路的招牌上還是可以看見「Aromatherapy」和「○○○ Treatment」，它們和「Massage」到底有何不同？

其實芳療可以運用很多途徑達成功效，除了按摩以外，還有嗅聞、沐浴、塗抹、熱敷等方式；芳療甚至更加重視視覺、聽覺、嗅覺、觸覺、味覺等五感平衡的感受，因此會營造優美嚮往的環境讓妳「看見」、播放悦耳的音樂或蟲鳴鳥叫讓妳「聽見」、塑造芬芳的氣味讓妳「聞到」、「觸摸」得到的各種設施或按摩師的手技都讓妳舒適，最後奉上溫暖身心的花草茶和點心為妳帶來「美味」，讓一切都是如此美好愉悦！

當妳被目不暇給的 SPA 療程搞得不知所措時，妳只要了解峇里島的 SPA 一定會有精油按摩，再多加了一些五體感官的饗宴，想要體驗哪類型的項目？這才是妳需要傷腦筋的地方：

沐浴泡澡（bath）：泡澡有可能安排在按摩前、讓妳放鬆全身，也可能安排在按摩後、增加精油吸收與洗淨。沐浴的種類有花瓣、牛奶、水果……等多種選擇，搭配精油或泡泡浴，躺在浴池當中用溫熱環抱全身，水療能增加循環、促進排毒，讓 SPA 功效更絕妙。

使用精油以外的特殊材料

（chocolate SPA/ wine SPA/ herbal SPA/ body treatment……）：巧克力和紅酒是常見的材料，強調其中含有的多酚對皮膚有抗氧化的還原功效；香草則是各家配方不同，有許多 SPA 會館擁有自家的香草花園，甚至在療程前會帶妳去採收香草、親自動手製作敷料，在活動中加入更多有趣元素。

聞香（scent）：除了按摩讓皮膚吸收精油，峇里島 SPA 也透過嗅覺讓精油進入體內，按摩師會用雙手搓熱精油，放在妳的鼻息前，讓妳透過呼吸來攝取；另外也有一些聞香小道具，例如在妳眼上放置聞香眼罩，整個按摩過程都可沉浸在嗅覺的享受。

熱石（hot stone）：熱敷可以讓肌肉深層放鬆、釋放緊張壓力，因此是很多 SPA 提供的一種療程。尤其熱石是相當流行的熱敷工具！使用容易保持溫度的礦石或火山岩，加溫後的石頭循著脊椎兩側的穴道放置，溫潤的熱度幫助精油滲透皮膚底層，暢通淋巴氣結，帶給妳更煥然一新的感受。

去角質（scrub）：峇里島的去角質療程常愛用當地盛產的海鹽、海藻、棕櫚糖等，在精油按摩後，運用這些顆粒製造的磨砂感在皮膚上輕輕摩擦，幫助老廢角質脫落、促進肌膚代謝更新，解決暗沉或粗糙的問題，也能讓保養品或精油的吸收更有效迅速。

天然環境：這一個項目通常不會寫在 SPA 的選單裡，但我個人認為這是峇里島 SPA 最得天獨厚的特色！對峇里島人來說大自然是抵抗疾病、尋求美麗的泉源，因此在天然或開放式的環境中進行 SPA，利用溫暖陽光、海洋氣息、山林寧靜、稻田原始等等自然力量帶來療癒，不只身體舒適、連情緒也跟著放鬆，是由內到外的極致 SPA ！

Plataran Ubud Hotel & Spa
烏布最熱鬧的街道 Hanoman 路邊一隅，看似小小門面、深入其中卻別有洞天！會館被綠油油的稻田環抱，一進入傳統小木門後的 SPA 空間，馬上被清新氣息和寧靜氛圍感染。稻田景致對台灣人來說雖然不陌生，但原始田園搭配上零星茅草屋頂或赤紅屋瓦，充滿南洋風情仍令人陶醉！在天然的環境下釋放身心靈，是一種更滿足的 SPA 享受。
地址：Jl. Hanoman Pengosekan, Ubud, Bali
電話：+62 361 978340
網址：http://plataran.com/hotels-resorts/ubud
價格區間：約 1000 元 /1 小時

③ Lulur 和 Boreh

Lulur 和 Boreh 的功效主要也是去角質，但是特別把它獨立出來書寫，是因這是峇里島的一種傳統！ Lulur 古語是滋潤肌膚的意思，原為印尼皇室女性成員在結婚前夕一定會進行的儀式，她們使用 Lulur SPA 來使皮膚更光滑亮麗，迎接人生最美麗重要的一天。後來流傳到民間，也成為當地的傳統。

Lulur Spa 的流程在做完精油按摩後，會使用花朵、香草製成的敷料塗抹全身，並輕微推拭摩擦進行去角質。之後再以新鮮優格敷滿全身，靜待一段時間讓優格精華完全吸收，此時身體會有一點寒涼、我甚至開始輕微顫抖，但隨後馬上以熱水灌頂沖洗，全然感受到每一顆毛細孔都頓時敞開、每一吋肌膚都會得淨化，感覺十分暢快舒爽！

說來神奇，做完 Lulur Spa 真能明顯感覺到皮膚變白、且更加細嫩柔軟！但是如果妳有曬傷、過敏，或身上剛好有傷口，都不適合進行 Lulur Spa，否則摩擦時不但妳自己會痛不欲生，傷了深層的皮膚就更得不償失了。

Boreh 也是峇里島的傳統，最早是種稻的農人用來敷療雙腿、消除肌肉痠痛的方式，比較類似跌打損傷敷膏藥的概念，現在則發展成另一種去角質的療程。不同於 Lulur 使用天然花草，Boreh 的敷料皆為辛辣香料，包括薑、豆蔻、肉桂、檀香、丁香等等。在精油按摩完後按摩師會將辛香料敷滿妳的全身，利用其帶來的灼熱和刺激感來活

絡血氣、放鬆肌肉、療癒疲勞；接著也透過輕搓柔揉來去除老廢角質，若妳剛好有頭痛或小感冒，據說也可透過這個療程治癒！但懷孕婦女不適宜，曬傷、過敏、有傷口者也同樣不建議嘗試。

4 SPA PACKAGE

SPA 套裝行程是峇里島 SPA 產業的極致表現！在這座島嶼上，妳竟可花一整天時間泡在 SPA 的尊榮寵愛裡，可說是世界獨有的服務！

5 感官投降 SPA

名稱相當無敵的 SPA 行程，光聽名號就覺得五體感官都鬆了一半！這個行程位在烏布，是由肉桂集團經營的 villa SPA 所設計。行程沿著阿勇河（Ayung River）山林散步展開，透過接觸自然讓心思澄明。接下來在心靈導師帶領下，在森林環境中做瑜珈，

並且向天地禱告，讓妳放鬆肌肉、也釋放心中的負面能量。沐浴完以天然的蔬果汁做體內環保，之後進行去角質、水果體敷、熱石按摩，泡澡舒暢後還有臉部和腳底按摩，最後以健康輕食餐結束 6 小時的行程，是一場兼具身心平衡的洗禮。

Kayumanis SPA

Kayumanis 肉桂是峇里島知名的 villa 品牌，空氣中瀰漫著肉桂的香氣和溫暖，從 LOGO 到沐浴產品、文具用品、咖啡攪拌棒和點心都以肉桂製成，無微不至的頂級服務更為著名！烏布的 Kayumanis 多次獲得世界奢華 SPA 獎項（World Luxury Spa Awards）的肯定，位在阿勇河畔的溪谷森林間，須走過竹林遮蔭的石道、潺潺溪流上的木棧橋後，才能抵達獨立的 SPA 茅草屋。半戶外的空間好似樹梢都能伸展進來一般，水流與鳥叫蟲鳴相應成曲，全然投入大自然懷抱是真正的奢侈享受。

6 教學 SPA

峇里島有幾家提供按摩課程的 SPA 會館，甚至還有可取得證照或學位的 SPA 學校。這些地點提供的一日教學 SPA 大多以體驗為主，上完課雖無法成為專業，但可理解峇里島按摩的方式、訣竅和理念。教學課程通常從瑜珈開始，紓醒妳的身心靈，讓體內的能量釋放，才能全神貫注學習。接下來 3 小時的教學，在訓練中強調「觸摸按壓的藝術」，並讓學生們互相練習，從實作中學習技巧。午餐後會由專業的按摩師為學生進行按摩，在學習當中兼具享受，最後在導師的講評與鼓勵之下結束 7 小時教學相長的 SPA。價格區間大約 6000 元上下，兩人四手的 Jari Menari、以及 Jamu Spa School、Bali BISA 都有提供相關教學。

7 女孩派對 SPA

好姊妹們一起出遊，如果能一邊開派對、一邊享受 SPA，簡直來到完美天堂！這個一整天的派對，讓幾位女性可以一起做 3 小時的 SPA，包括精油按摩、去角質、頭部臉部按摩、腳底按摩等等，然後跳進專屬泳池舉辦雞尾酒派對，最後在私人 villa 大啖 BBQ 烤肉大餐。許多前往峇里島結婚的新娘，在婚前一天與伴娘用此方式進行單身派對；而這個行程更適合女子旅行的好閨蜜，在最舒適的環境、最放鬆的活動中、與最喜歡的好友一起創造難忘的回憶！最著名的派對 SPA 是 Lagoon Spa Seminyak 所設計的 Hens Spa Package，價格區間約為每人 5500 元左右，也可選擇半日派對行程，價格相對較親民。

PALAU

CHAPTER ④ 帛琉

電影《地心冒險》中通往神秘島的起點，實境秀《生存者》裡蠻荒自然的冒險土壤，在世界眼中帛琉一直是一個神秘原始的島國；這兩年看著全智賢在《藍色海洋的傳說》悠游於綠嶼星羅的藍海中，這座太平洋中央的海島頓時又成為浪漫唯美的美人魚故鄉。其實帛琉更常被譽為彩虹天堂，午後雷陣雨總是來得快又大，時不時飄過一朵灰雲，像海面上的大型蓮蓬頭肆無忌憚地灑水，不一會兒雨又停了，大大的彩虹就猛然現身，彎彎伸展好像上天的微笑。

台灣把「Palau」翻譯成「帛琉」，帛是絲綢、琉是寶石，充滿詩情畫意能貼切形容這座太平洋上的神奇島嶼：海面上的世界純樸歡樂、海底下的寶藏更是豐富多彩！被《國家地理雜誌》形容為「太平洋最純淨的海洋生態系，不受污染的最後淨土」，這一切除了歸功於得天獨厚的天然環境以外，帛琉人民後天努力保育也相當重要。近年最曬目的新聞莫過於帛琉政府狂砍一半以上的中國包機航班，面對全世界都無法抵擋的觀光財，帛琉總統卻霸氣地說：「我看到的不只是現在，而是未來！」拒絕因為大批水準參差的遊客湧入，造成當地生態破壞。帛琉人是天生的海洋民族，把自然視為上天恩賜的珍寶，從政府到人民都抱著共識和魄力永續保護這片土地，無怪乎能成就這座讓人流連忘返、回味再三的夢幻國度。

飛往帛琉

① 往帛琉的飛機

科羅（Koror）機場是帛琉唯一的國際機場，是一個中小型的民航機場，僅能降落波音 737 等級的中型飛機，從台灣桃園機場出發前往科羅有中華航空（CI）直飛班機，每週 2 班來回，飛航時間約 3.5 小時，一般平日出發的優惠票價含稅大概台幣 1 萬 6 千元左右可以成行。原本復興航空（GE）也有班機飛往帛琉，不過 2016 年 11 月復興航空解散停飛後，每週 2 班的航權至今亦無其他航空業者申請，因此前往帛琉的直飛機位變得更珍貴難訂。

如果無法從台灣直飛，可考慮到日本東京、韓國首爾、美國關島、菲律賓馬尼拉等地轉機，帛琉本國經營的帛琉航空（Palau Pacific Airways）則是從 2016 年起每週 3 班飛香港至科羅航線，也成為世界旅客轉機前往帛琉的選擇。不過整體來說轉機前往帛琉的票價會高於從台北直飛，再加上時間成本與精神成本會辛苦許多。

② 簽證

帛琉和中華民國從 1999 年以來就是邦交國，台灣人前往帛琉享有 30 天免費落地簽證，所以前往帛琉旅行可隨時說走就走，只要持效期 6 個月以上有效中華民國護照、及回程機票證明，即可入境帛琉；在當地可申請延簽 2 次，每次支付 50 美元手續費。

③ 出入境

1 · 證照查驗

入境時必須填寫出一張入出境卡，包括正面的「旅客資訊（Traveler Information Form）」及背面的「海關檢疫申報表格（Custom and Quarantine Declaration）」，飛機上空服員會發放，或在海關前也可拿取。正面填寫的內容包括姓名、國籍及居住地、護照資訊、航班號碼、在帛琉住宿的飯店……等基本資訊；背面則填寫手提行李和托運行李的件數、以及勾選是否攜帶違禁品或需申報物品，最後並在下方簽名。

名義上台灣人雖需辦理免費落地簽證，但不必額外辦理一張簽證，而是拿著護照、入出境卡、和回程機票，直接通過海關窗口即可。帛琉機場因為很小，海關窗口只開放 1 至 2 個，還是需要一些時間耐心等待。護照蓋章後海關人員會將入出境卡還給妳，千萬要保留好出境時需要收回，出境卡若遺失每人要罰款美金 25 元（約合台幣 775 元）。

2 · 行李檢查

帛琉的物資大多仰賴進口,為防止逃漏稅或偷渡,帛琉政府對入境攜帶的物品檢查相當嚴格,海關會認真地一一打開行李箱檢查,如查有違禁品,除了沒收、還會收取幾十美金以上的稅金或罰款。行李規定如下:

· 香菸「不滿一包」,也就是拆封過的香菸,至多 19 支(或 1 支雪茄、3 盎司菸草)。

· 酒類一瓶(或 2 公升)。

· 除非事先申請取得檢疫合格證明,否則一律不得攜帶植物、動物入境。

· 烹調後之肉類食品,僅准許攜帶罐頭,肉乾、魷魚絲等包裝加工食品一律禁止。

· 槍砲彈藥及毒品嚴禁攜入,持有或走私都是刑期 10 年以上重罪。

· 隨身現金無論是任何國家之貨幣,總金額超過 1 萬美元(約 31 萬元台幣)須申報。

3 · 通關後

通關後直接走到機場大廳,接機人員會直接站在出口拿著旅行社牌子、或喊著名字接人,由於同一時段通常只降落一班飛機,因此機場秩序還算清幽,導遊輕易地就可以接到所有乘客。如果妳有預約飯店接送、機場接送、或機加酒接送,只要直接向這些接送人員一一詢問、報上自己姓名即可。

機場內開設有一兩家紀念品店和食物攤位,二樓有咖啡廳,一樓有租車和觀光局的櫃台,但櫃位呈現要開不開的狀態,詢問觀光資訊時雖然人員很親切,但也只拿得出有點斑駁的簡易簡介,且機場也沒有換匯的地方。因此來到帛琉前最好萬事俱備,把當地使用的貨幣美金先在台灣兌換好,該查詢的旅遊資訊、該預約的交通住宿都先完備;比起其他海島來說,帛琉比較不適合當場應變決定的旅行方式。

4 · 離開／前往機場

帛琉機場沒有公車，也沒有排班計程車，一定要事先預約機場接送！可向飯店預約，或購買機加酒讓旅行社安排接機送機。旅行社的機場接送不會是專車，都是等人數到齊了才統一開車出發前往一家家飯店旅館。

5 · 出境時

離開帛琉時，13 歲以上的旅客必須在通關前先繳交離境稅（Departure Tax）20 美元（約 620 元台幣）、以及環境稅（Green Fee）30 美元（約 930 元台幣），繳費收據等於是通行證，拿著收據才能前往海關查驗證照。從 2016 年初開始就一直有離境稅和環境稅要漲價為 100 美元的政策，只是帛琉政府一再將公告時間推遲，截至本書出版前費用仍是 50 美元。整個出境大廳只有一個登機門，登機門前有一個小小的免稅品專櫃，商品櫃幾乎都被 Godiva 巧克力佔據了，想要補貨的還有最後機會。

島上交通

帛琉是由三百多個堡礁和火山岩組成的群島，三分之二的人口都集中在商業中心科羅島（Koror）上，科羅往北連接機場所在地、也是最大的島嶼巴比島（Babeldaob，又稱為大島），往南則連接同屬科羅州的馬拉卡爾（Malakal）、阿拉卡貝桑（Arakabesan）兩座小島。全帛琉只有這四座島嶼有公路互相連接，從最北到最南全程約 68 公里、車程 1 小時 30 分鐘，其他地區都須靠飛機或船舶才能抵達，遊客在陸地上的活動範圍也主要在這四座小島之間。

① 接送服務

渡假村或大飯店通常都設有前往科羅市中心的接駁車，有些免費、有些需加收 5 元美金（約 155 元）的車資，住宿地區與市中心之間的距離最多不超過 20 分鐘車程。除了飯店接駁車以外，在帛琉不管妳想出海、去餐館吃飯、或去按摩 SPA，大部分商家都會提供免費接送服務，只要在飯店打電話跟商家聯繫好時間即可。

個人曾有一次善用免費接送的美好經驗，本來在帛琉住宿阿拉卡貝桑島上，但訂房時只有前幾天有空房，因此旅程後面幾天必須換到大島南部去住宿。途中半小時的車程，若叫計程車大約要 30 美元左右（約台幣 930 元），所費不貲！正在煩惱怎麼安排這段路程時，飯店大廳一直想推銷按摩的門房小弟幫我們想出一個好辦法：他請按摩店開車過來，把我們連人帶行李一起載去市中心按摩，按摩完後再請按摩店把我們送去新的住宿點，這樣一來我們每人花 50 美元不僅享受到 2 小時的按摩，又解決了問題。在交通不發達的帛琉，好好運用這些接送服務既便利又可省錢。

② BBI 巴士

BBI 巴士是日本旅行公司提供的交通服務，雖然班次不多、且只有晚間行駛，但已是島上最方便的大眾交通工具了，適合晚上想去市中心覓食、買些零食戰備品的旅人。每天傍晚 17 點起固定行駛在科羅、馬拉卡爾、阿拉卡貝桑三個小島上的各大渡假村、飯店、餐廳、購物中心，Route A 和 Route B 兩條路線差別在於行經不同飯店，市區 WCTC 購物中心則是必停的一站，只要到印有 BBI Shuttle Bus/Bus Stop 的站牌前等車即可，最晚一班車到 22 點。乘車券每人 8 美元（約 248 元台幣）、可於 7 天內無限次使用，在各大飯店或購物中心販售。日文時刻表可於官網下載，英文時刻表則要向當地飯店洽詢：

http://www.belautour.com/html/i_bbi.html

③ 計程車

帛琉的計程車不多，路上不太可能攔到車，必須要用電話叫車，如有需要可請飯店人員協助叫車，並記下車行電話隨身攜帶。計程車不跳錶，一上車幾乎就是 5 塊美金起跳，在科羅市中心周邊行駛、車程 15 分鐘內收費約 5 至 10 美元（合台幣 155 至 310 元），市區行駛至大島的機場則要 20 到 30 美元（合台幣 620 到 930 元）左右，下車時還須另外支付 10% 的小費給司機，算是比較昂貴的交通方式。

④ 租車

帛琉主要的活動都在海上，陸上行動時間其實不多，租車相對來說較不划算；但若當中有全天時間想前往大島探險，租車自駕倒是便利的選擇。只要在台灣事先前往監理所申請國際駕照，即可在帛琉當地租車。帛琉路上汽車多是從日本或美國進口的二手車，因此方向盤竟是左駕或右駕都有！租車前要先詢問確認，免得開得不順手，但無論是哪種車型一律跟台灣一樣靠右行駛。比較有規模的租車公司如 Toyota Car Rental Airport、或 Budget Palau 在機場都有櫃台，如果在機場入境時就要拿車，務必事先預約；或可於抵達飯店後請櫃檯人員幫忙預定，租車公司會派人把車開來飯店，只要與租車公司講好都可以甲地租乙地還，公司會派人送車取車。一般房車租賃費用一定要包括保險，一天約 45 至 60 美元（約台幣 1395 元至 1860 元），交車時油箱是滿的，所以還車前也需自行加滿油，含油費一天預算約 2 千元台幣。

帛琉的公路很單純，科羅市區僅有一條兩線道的主要道路，大島則有東岸西岸各有一條道路，原則上很難迷路。全國速限 40 公里，且不管前方車子開得多慢一率禁止超車！島上很少紅綠燈，家家戶戶都有私家車，當地人多遵守交通規則、禮讓行人及直行車，除上下班尖峰時間科羅會有短暫塞車現象以外，大部分路段人車都很少，只是路況也不是太好，離開市區後坑坑洞洞的顛簸狀況是家常便飯。

住宿帛琉

帛琉的住宿地點，主要集中在科羅州的科羅、馬拉卡爾、阿拉卡貝桑三座島嶼，以及大島南部的愛萊州（Airai）；科羅和馬拉卡爾離市中心比較近，晚上可以出門到主要道路（main road）上散散步、或在當地餐廳酒吧吃吃喝喝；阿拉卡貝桑和愛萊則比較偏僻，適合需要寧靜、或熱愛宅在旅館裡享用設施的旅人。因為各類活動都有接送服務，因此不太需要擔心交通問題，以選擇喜歡的類型為重。

1 渡假村與星級飯店

帛琉沒有獨棟型態的別墅（Villa）住宿，多是會與他人共享建築物或樓層的渡假村（Resort）形式。泛太平洋渡假村（Palau Pacific Resort，當地簡稱 PPR）擁有一整片美麗的私人海灘，出海返航時還能直接在專屬碼頭下船，是帛琉最受矚目、也是排名第一的渡假村。位在科羅島海角以 270 度視野面海的天堂島渡假村（Island Paradise Resort Club）和隱居山間的卡洛琳渡假村（Aliiibamou Resorts Carolines）這類型的帛琉木屋（bungalow）住宿，也是一種不同的體驗；儘管設備並非特別豪華，但擁抱海景和遺世獨立的寧靜感，能盡情享受渡假氛圍。

如果對英文溝通比較沒信心，那麼台灣人開設的老爺大酒店（Palau Royal Resort）、帛琉大飯店（Palasia Hotel Palau）、愛來渡假會館（Airai Water Paradise Hotel & Spa）、日暉國際渡假村（Papago International Resort Palau）也許是不錯的選擇，不但櫃台可能講中文，還會常常遇到台灣餐飲科系去實習的交換學生，大家話題一聊開總是備感親切！

如果把帛琉渡假村想像得富麗堂皇，可能要有失望的心理準備。海島國家的建物本身就容易因豪雨海風而斑駁，加上帛琉的物資或建材都需進口而來，資源相當珍貴、裝潢要翻新比較困難，相較於其他海島、帛琉的渡假村更是原始簡樸，但整潔舒適和服務到位是不打折扣的。

Palau Pacific Resort

泛太平洋渡假村是帛琉最高級的五星級渡假村，倚著銀白色私人沙灘，茅草屋頂的木橋碼頭顯得格外浪漫，整座渡假村被蔥鬱的熱帶花園環抱，四處遍布的吊床、躺椅更增添許多放鬆悠懶的氛圍。渡假別墅的造型是仿照帛琉傳統的三角屋頂，房內純原木的裝潢佈置更擁抱濃濃的當地色彩。渡假村內有餐廳、沙灘酒吧、紀念品店、美容院等設施，待在裡面就可好好享受，但訂房也很搶手要及早預約。

地址：Koror, 96940, Palau
電話：+680 488 2600
網址：https://www.palaupr.com/en
價格區間：每晚約 6 千台幣起跳

由於帛琉的渡假村和星級飯店房間有限，大多會配額給旅行社，所以時常發生明明還有空房、卻在訂房網站上訂不到的狀況。這時可以考慮購買台灣旅行社的「機加酒」，通常保證有房，價格也有機會比訂房網站便宜。而且如果有預算考量的話，「機加酒」配套也可以更換旅館，例如：前兩天住五星級、後兩天住四星級，只要是旅行社合作的對象都可以替換選擇。

② 小資住宿

若想節省預算住宿在沒有娛樂設施的平價旅館，建議可選擇科羅市中心，覓食方便、生活機能也比較齊全。科羅的小資住宿選擇不少，風格多變、價位齊全、新舊不一，也有許多中文也通的華人旅館，例如市中心的尼莫的家（Nemo's Home）或DW Motel，建議可花點時間逛逛多家訂房網站，參考一下評比和價格後再做選擇。

若是一個人單獨旅行也可考慮背包客棧，有不少背包客推薦密斯潘特里旅舍（Ms. Pinetree's Hostel），女主人是帛琉當地人，會提供接送服務以及熱情諮詢；客棧中有公用廚房可自己做飯，不單有機會認識新朋友、還可品嚐其他國家背包客的拿手廚藝。如果住宿對妳來說只是晚上睡一好覺的棲身之處，類似 Antelope Guest House 這樣的潛水小屋，也是節省預算者的愛好。它就位在潛水俱樂部的樓上，有套房或共用衛浴的雅房，每晚住宿價格僅僅 30 至 40 美元，許多日本旅人都大推。

③ 遠離塵囂的島居

「一島一飯店」的奢華旅行雖然是被馬爾地夫所打響名號，但來到帛琉其實能體驗更純樸原始的靜謐島居，如果想用純天然、非人工堆砌的方式來擁抱島嶼，帛琉是世界上少數能提供這種得天獨厚環境的國家。

星象島（Carp Island）是座美麗的私人小島，距離科羅約 50 分鐘船程，台灣有旅行社獨家推出住宿星象島行程，其實並非住宿星象島多麼稀有，而是沒水沒

Carp Island Resort

渡假村住宿在高腳木屋內，只有簡易的床墊和風扇，衛浴則是分開在另一棟小房舍中，通常只有冷水可使用，晚上缺乏照明、出入要攜帶手電筒，更沒有電視網路等一切娛樂，試圖讓旅人拋開文明、安靜地回歸享受大自然。住宿期間的餐食由島主提供，以簡單的當地料理為主，渴了還可購買椰子水來喝，渡假村工作人員馬上攀爬到樹梢摘採、為妳送上「尚青」的天然飲料。

地址：P.O. Box 5, 96940, Palau
網址：https://www.facebook.com/CarpIslandResort/
價格區間：每晚約 3500 元台幣起跳，接駁船每人 1200 元另計

電卻價格不斐的住宿體驗很見仁見智，有人熱愛、有人嫌棄，因此一般團體行程不會安排。但它吸引人之處即是一切回歸原始，白天享受銀色沙灘和湛藍潮間帶的變幻，晚上讓海浪聲填滿聽覺、用眼睛獨佔滿天星斗；吃飯時間渡假村工作人員會敲鐘提醒，吃著島上自給自足種的菜、養的豬、抓的蟹，享受一切無欲無求的安詳自在。

恩格麗小島（Nature Island Resort）是位在大島南部愛萊州的私人小島 Ngellil Island，距離科羅不遠只要 15 分鐘船程，但一切出入接駁都要靠船，充滿遺世獨立的氛圍。住宿在竹屋當中，只有風扇沒有空調，衛浴需共用，但有專門的廚師和服務人員照料食宿，可以隨時來場叢林導覽、或獨木舟之旅，讓歐美遊客覺得這裡是忘記世事的絕佳秘境。

季節與行李

① 氣候

帛琉屬熱帶海洋型氣候，全年四季如夏、高溫多雨，平均氣溫攝氏 29 度，可說一整年都是適合旅遊的好季節。只是 7 月到 10 月份降雨會特別豐沛，雖然這段期間陽光同樣普照，但海上風浪容易變大；若風浪超過 7 至 9 英尺，當地政府會通知船隻禁止出海。

許多網路資料說帛琉是個沒有地震、沒有颱風的國家，其實是錯誤資訊。位在太平洋中央的帛琉是颱風生成地區，海面上多為剛成形的低氣壓，但還是有颱風來襲的機率，只是機率非常低，大多在 6 月到 11 月間侵襲，全島會禁航、甚至宵禁，對旅行會有極大影響。此外，帛琉位於菲律賓海板塊的南部邊界，偶爾會發生有感地震，但震度和破壞性也都很低。倘若在帛琉遇到颱風和地震只能說是太幸運！

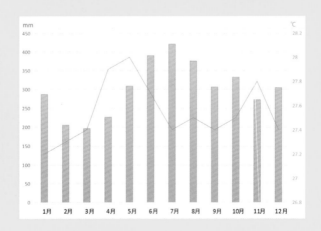

	一月	二月	三月	四月	五月	六月	七月	八月	九月	十月	十一月	十二月
平均溫度 ℃	27.2	27.3	27.4	27.9	28	27.7	27.4	27.5	27.4	27.5	27.8	27.4
雨量 mm	287	206	197	227	309	390	421	376	307	333	273	305

② 行李

全年著夏季衣物，防曬用品不可少，雨具也有備無患。帛琉的插座和電壓都與台灣相同，電器可直接使用，不過電壓較不穩、常有停電狀況。

③ 節慶

節慶	日期	習俗活動
國際地球日（Earth Day）	4 月 22 日	帛琉自詡為海洋守護者，因此非常重視國際地球日，期待在這一天對帛琉人民和外國遊客宣揚自然生態之美和保育重要性。這天是全島一起總動員整理環境的日子，不但社區學校在陸地上打掃，專業的潛水教練也都潛到海底撿垃圾，各地也會舉辦電子廢棄物、電池、潛水用具資源回收的活動。此外舉辦海洋生態展覽、免費參觀水族館讓大家更親近認識自然。而遊行和園遊會也是帛琉慶祝活動中不可缺少的環節。
釣魚大賽（Annual Wahoo Classic）	每年日期不一，通常在 5 月份的某個週末	釣魚算是帛琉的全民運動，人人都會、且不一定需要釣竿，只要一條魚線、魚兒就乖乖上鉤，當地釣魚協會（PSFA）每年舉辦釣魚大賽，當天釣到最大隻魚的優勝者可獲得 2 千美元的獎金，因此不只當地漁夫組隊參加、連世界各地的釣魚高手也自告奮勇，活動熱鬧非凡。Wahoo 指的是石喬魚，是一種嘴大、身形扁長、背上有藍彩斑紋的鯖魚類，但其實比賽是分魚種，大賽中也有釣鮪魚、旗魚、梭魚等分類競賽。

獨立紀念日 （Independence Day）	10 月 1 日	帛琉原是過著自給自足的密克羅尼西亞部落生活，在 1885 年被西班牙佔領殖民；1899 年德國向西班牙買下、用以採礦和出口椰乾；1914 年一次大戰時被日本佔領，島上的道路和水電建設多是日本打造的基礎；1947 年日本二戰戰敗後，帛琉被聯合國交由美國託管，直到 1994 年 10 月 1 日才成為獨立國家。獨立紀念日在各地區都有活動，最盛大是在連接大島和科羅的 KB 大橋，白天有穿著傳統服飾進行的划船大賽，岸邊歌舞昇平、還會舉辦園遊會；晚間則施放 1 個小時的煙火一起慶祝建國國慶。
聯合國日 （UN Day）	10 月 24 日	聯合國日也是帛琉全國一起歡慶的節日，在帛琉生活的世界各國人種會穿上自己的傳統服飾、帶著自己的國旗上街遊行，賣食物、紀念品的攤販和園遊會聚集人氣，現場演唱及傳統舞蹈持續炒熱氣氛。由於聯合國日和當地傳統節日 Olechotel Belau Fair 合併舉辦，因此全國也舉行各種藝術品和手工藝展覽，還有部落追豬大賽：競賽者追逐奔跑的豬隻，先抓到的獲勝者可以得到那隻豬，並且決定要飼養、賣掉、或當場殺豬火烤與部落親友分享。
聖誕節與新年	12 月 25 日至 1 月 1 日	帛琉被美國託管將近 50 年，許多制度和節慶沿襲美國：萬聖節大多是飯店店家的搞怪，一般民眾不特地慶祝；感恩節則是較私人的活動：家人團聚、慰勞員工、回饋社會公益邀請老年人吃飯的餐會，有些餐廳也會準備火雞大餐提供給遊客過節品嚐；但聖誕節因為等於是帛琉的年節假期，因此整體感覺比較熱鬧，商店機關門口會有可愛的聖誕布置，各處舉辦交換禮物活動，夜市也化身為聖誕報佳音的場合，一週的長假可以感受到當地人的歡欣喜樂。跨年則沒有公開的慶祝活動，大多都是各飯店私人舉辦的跨年派對，只要購買門票無論是不是住客都可以參加。

 時差

格林威治標準時間（GMT）+8 小時，與台灣沒有時差。

女子安心建議

① 帛琉是一個相當安全的旅行國家，國內對治安的管制也甚為嚴格：晚上 10 點以後到早上 6 點針對未成年人實施宵禁，沒有父母陪伴不得出門；大島南部接近機場的愛萊州更是在凌晨 2 點 30 分至 5 點期間全面實施宵禁，人車禁止在路上行動，因此住宿愛來渡假會館、日暉國際渡假村等處的旅人要特別注意規範。科羅州雖無宵禁，但近年毒品問題較嚴重，時有零星鬥毆事件發生，也曾發生台灣人在帛琉大飯店附近單獨散步時即遭帛琉人襲擊受傷的案例，當地沒有夜生活，居民其實不習慣晚上在外活動，因而深夜人煙稀少、應盡量避免外出。在帛琉期間遭遇緊急情況宜聯繫駐帛琉共和國大使館 24 小時緊急聯絡電話：+680 775-6688。

② 帛琉凌晨 2 點以後禁止販售酒精飲料，且確實會有警察前往各酒吧和飯店盤查。租車者酒後亦絕對禁止駕車，當地政府重視嚴加臨檢，查獲會重罰。

③ 帛琉沒有公共廁所，只能在餐廳和商店借用，但因商家稀少、不能預期下次遇到廁所會是什麼時候，建議即使不急也要能上就上。基本上當地生活西化，廁所和台灣無異，但整潔度則不一。帛琉旅行大多數的時間都待在海上，整天的出海行程可能只有午餐時間停靠的小島會有廁所，且廁所因眾人使用大多數都骯髒地不忍睹視。當地導遊總開玩笑說海水是最好的大型沖水馬桶，因此如果真的著急就請游到人少處、放寬心回歸大自然吧！尤其浮潛時，因為水壓水溫變化的關係，常常感到尿意，有些女生剛開始因為心理不習慣、或海中水壓問題而無法順利解放，但多經歷幾次就能駕輕就熟了。

④ 近年帛琉觀光客人數遽增，偷竊的案例也增多，曾有台灣人入境領行李時就發現行李箱內的東西被偷；也有人在住宿旅館發生財物失竊的狀況。建議攜帶有鎖的行李箱、或加掛行李鎖，畢竟帛琉機場很小，管理也不如一般國際機場嚴謹；住宿旅館離開房間前務必將貴重物品鎖在保險箱內，其他用品也最好丟進行李箱、並將行

李箱也上鎖，預先防範可減少困擾和損失。

⑤ 出海時，各海域的魚類、貝類、海星、珊瑚或其他生物全都不得撿拾或破壞。防曬油會造成水中環境污染，特別會傷害水母湖的水質，請盡可能穿著長袖長褲防寒衣或水母衣來防曬，盡量不要塗抹防曬油。下海前和離水後都要檢查泳衣或海灘褲口袋、鞋底縫隙，免得夾帶不屬於當地的物種破壞原有生態。

⑥ 帛琉海洋資源非常自然原始，出海時有機會遇到一些危險生物，例如常在珊瑚附近活動的有毒海蛇（coral reef snakes）、或沿海水域和河口常見的公牛鯊（bull shark）、還有洛克群島及紅樹林出沒的鹹水鱷魚（saltwater crocodile），看見不知名的海中魚類時請儘速遠離，以免被咬傷。浮潛時盡量不要游到淺灘，也不要在退潮處游泳，以免被珊瑚割傷甚至踩壞珊瑚。

⑦ 帛琉全國人口 2 萬多人，其中有 70% 屬於密克羅尼西亞群島原住民，因為殖民託管等文化影響，主要已信仰天主教和基督教、生活習慣也逐漸西化，一般而言當地人生活步調緩慢、個性隨和、也沒有太多禁忌，但部分居民仍保有傳統觀念：許多家庭或建築物在沒有主人邀請的情況下不可任意進屋、也不可探頭窺視；若受邀進門一定要脫鞋以示尊重；帛琉是母系社會，年長婦女地位特別崇高，除非對方先示意、否則也不宜以沒大沒小的態度亂開玩笑。

⑧ 帛琉人的主食除了海鮮和芋頭、樹薯以外，當地傳統會以一些動物為食。旅行團必備的驚嚇行程即是品嚐水果蝙蝠湯，這種蝙蝠是以水果汁液為食、細菌較少，當地人會用椰漿烹煮成湯品；而台灣被列為保育物種的椰子蟹也常為盤中飧，在帛琉只禁止捕捉帶卵的母蟹、或殼小於 10 公分的小蟹，因此有些觀光客也喜愛到此嚐鮮；吃海龜也是當地人的習俗，目前帛琉政府只禁補玳瑁（hawksbill sea turtle），其他種類海龜在每年 2 月至 5 月、9 月至 11 月期間還是允許捕食；而帛琉的國寶魚拿破崙魚（Napoleon Wrasse，也稱蘇眉魚）因為肉質鮮嫩、厚厚的魚皮富含膠原蛋白，早年也曾是桌上佳餚，但因應世界保育趨勢，2007 年起帛琉政府已立法禁止捕捉和

販賣。以上這些動物其實都在保育界線邊緣遊走，如果能不要吃還是盡量不要吃，若真想入境隨俗品嚐看看在地風情，也要注意法律規範、不要無知觸法。

③ 沿襲美國文化、又以觀光維生的帛琉也有小費文化，小費是依服務狀態支付，但大致有一個約定成俗的標準：餐廳用餐或搭乘計程車約為消費金額的 10%、一日遊導遊及按摩約為每人 5 美元（折合台幣 155 元左右）、出海開船的船家約為 2 美元（折合台幣 62 元左右）、飯店行李或床頭小費等約為 1 美元（折合台幣 31 元左右），最好多準備幾張美元小鈔在身上以備不時之需。

⑨ 台灣手機雖可在帛琉漫遊，但漫遊費非常貴，且雙方都須付費：對方打來每分鐘要 150 元台幣左右，接電話的人每分鐘也要 150 元台幣，如非必要建議不要使用漫遊。如需與台灣聯繫，可多多運用網路電話，假設真的需要「講電話」，可向飯店或商店購買當地的國際電話卡，透過公用電話打回台灣，10 美元（約 310 元台幣）的電話卡約可講 20 分鐘。

⑩ 帛琉的手機上網大多使用衛星網路通訊，可在購物中心或飯店購買 3GPLUS 預付卡，每張約 10 元美金，開啟手機搜尋無線網路、找到妳購買的電信名稱，連線後輸入預付卡上的帳號密碼即可使用，開通後累計使用時間為 7 小時，不過速度不快，出海也全無收訊。飯店提供的 wifi 通常也很慢，且沒事就會被踢出斷線，在帛琉可以好好戒掉滑手機壞習慣，會發現自己多出更多看書、看海、放空、享受生命的清閒時刻。

屬於女子的帛琉

① 妳與妳倆的行程

日程	行程	交通	住宿	預訂
第一天	抵達帛琉	機場接送	科羅周邊旅館	機場接送
	漢堡餐車	步行		
	科羅漫步			
第二天	洛克群島出海一日 tour （行程包含：牛奶湖 + 海上泛舟 + 輕食午餐 + 鯊魚島 + 水母湖 + 珊瑚 花園 + 干貝城）	tour 含接送	科羅周邊旅館	出海 tour
	MainRoad 海鮮美食	步行		
	酒吧小酌談心			
第三天	南洛克群島出海一日 tour （行程包含：大斷層 + 星象島 +BBQ 午餐 + 德國水道 + 長沙灘）	tour 含接送	渡假村	出海 tour
	MainRoad 異國料理	BBI Bus 或 用餐含接送		
第四天	卡漾島出海一日 tour （行程包含：環礁浮潛 + 徒手釣魚 + 無人島午餐 + 卡漾大島）	tour 含接送	渡假村	出海 tour
	飯店 buffet			
	啤酒享受億萬星空			
第五天	慵懶早午餐			
	沙灘散步日光浴			
	舒緩身心的精油 SPA	SPA 含接送		SPA
	前往機場 / 轉機	機場接送		機場接送

② 妳們的行程

日程	行程	交通	住宿	預訂
第一天	抵達帛琉	機場接送	科羅周邊旅館	機場接送
第一天	科羅漫步	步行	科羅周邊旅館	
第一天	MainRoad 海鮮美食	步行	科羅周邊旅館	
第一天	傳統舞島秀啤酒暢飲步	步行	科羅周邊旅館	
第二天	洛克群島包船出海二日（行程包含：珊瑚花園＋干貝城＋BBQ 午餐＋星象島泛舟＋星象島夜遊＋星象島食材晚餐）	包船或包船式導遊（含接送）	星象島	包船星象島住宿
第三天	洛克群島包船出海二日（行程包含：大斷層＋德國水道＋長沙灘＋輕食午餐＋水母湖＋牛奶湖）	包船或包船式導遊	渡假村	包船
第三天	飯店 Buffet		渡假村	
第三天	酒吧小酌談心		渡假村	
第四天	大島包車整日探險（行程包含：天使瀑布健行＋紅樹林泛舟＋樹屋私人海灘散步＋巨石群小白宮＋男人會館）	租車或包車	渡假村	租車或包車泛舟
第四天	夜釣生鮮沙西米	行程含接送	渡假村	夜釣
第五天	慵懶早午餐			
第五天	沙灘散步日光浴			
第五天	舒緩身心的精油 SPA	SPA 含接送		SPA
第五天	前往機場／轉機	機場接送		機場接送

出海暢游洛克群島

帛琉旅行最主要的任務就是玩遍洛克群島（Rock Islands）！洛克群島是在科羅以南、貝里琉島（Peleliu）以北、星羅棋布在 32 公里海岸線上的 4 百多座珊瑚礁島和火山石灰岩，南部被珊瑚環礁圍繞的淺海潟湖區（Southern Lagoon）更從 2012 年起被聯合國教科文組織列入世界遺產。洛克群島的純淨未受人為破壞，吸引各式各樣的生物棲息，閃閃發光如松石般透藍的海洋上點綴著珠珠青翠的翡翠島嶼，更像上帝打翻珠寶盒一樣把所有瑰寶都亮相在世人眼中！走一趟洛克群島妳才會發現這片湛藍像面魔鏡，令人整個身心都被迷惑、無可自拔地愛慕與想念著這座群島！

① 美人魚最愛牛奶湖

韓劇《藍色海洋的傳說》中貴婦羨慕地誇獎全智賢皮膚超好，詢問她都在哪裏做美容？全智賢才想起自己和姐妹們總拿海底的白色泥巴來敷臉。美人魚敷臉的地方就是帛琉的牛奶湖，英文則以銀河（Milky Way）來稱呼這個潟湖。牛奶湖是一個三面受島嶼環繞包圍、只有一個窄小通道與海連接的山中湖，當快艇駛向時，遠遠就可看見它截然不同的藍：如同知更鳥蛋的淡藍色襯著珍珠光澤的粼粼閃爍，船行過一撥攪湖心，又從海底浮起層層銀白灰，把水面變成調色盤混出牛奶般的象牙白，牛奶湖的稱號果真傳神達意。

水底的銀白來自於古代火山運動沉積的火山灰，由於這塊地域被珊瑚礁包圍得像一個碗狀，海水漲退潮的流動性較低，因此沉積千萬年成為細嫩的軟泥。帛琉牛奶湖白泥蘊含三十多種微量元素，被視為醫療用途的天然珍寶；美容界當然也不放過它，

運用白泥分子去除老廢角質、礦物成分保濕潤澤，提煉製作成昂貴的肥皂及保養品，據說是日本六本木貴婦做 SPA 時的首選最愛。

不過別以為蹦進牛奶湖就可以擁抱白泥，其實牛奶湖水深 3 至 10 公尺，跳下水是腳踩不到底的，因此要靠導遊以自由潛水憋氣下潛的方式，把湖底的白泥挖上船來。大夥一一將導遊辛苦採集的白泥敷在臉上身上，調皮的人還搞笑地畫圖寫字、開心拍照，等到白泥晾乾得差不多，所有人撲通撲通往水中跳，把湖面當成最大的天然浴缸，沖洗乾淨繼續游泳戲水。被白泥敞開的毛細孔浸潤在微鹹的湖水中，深深感受來到這裡不僅是保養皮膚、更是保養心靈，仰泳望著蔚藍的天空和蔥綠的島岩，身心全然暢快無比！

與水母來場泡泡浴

水母湖是世界上最神奇的地方！妳感覺不到自己身處地球，像置身外太空、像墜入夢域幻境！一般印象以為水母總是惡毒螫人，從沒想過可以和牠們一起游泳！因為需行光合作用，水母會集中漂浮在淺層水面，像一顆顆美麗泡泡在流轉膨脹，狀似香菇的半透明身軀一張一閉，好似水中優雅舞動的小嬰兒，模樣動人可愛；雙手輕柔悄悄靠近、可以撫摸到果凍般光滑溜潤的表面，一轉眼地又漂離消逝、就像方才的親密接觸都只是一場空夢。

這種如夢似幻的經歷全世界只在帛琉能夠體驗！奇妙的水母湖位在洛克群島南部的一座馬契加無人島（Macharchar Island）中央，地表隆起形成的山中湖把水母的天敵都隔絕在外了，經過漫長時間演變使這些水母的毒性慢慢退化，八零年代透過國家地理頻道的探勘拍攝，才揭開這座神秘湖泊的面紗，帛琉政府進而開放遊客參觀。水母湖既是封閉在島中央，免不了要付出一段腳程才能抵達。船隻抵達馬契加島後，會先要求大家在碼頭上過水洗腳，避免誤將其他海域的生物帶進水母湖；導遊也會叮嚀把身上的防曬乳液用水沖洗乾淨，免得這些化學物質荼毒了水母。碼頭上立著告示牌：「請勿手抓水母、請勿腳踢水母、請勿將水母抬離水面……」，這些呼籲文明的溫馨提示在在都傳達著無毒水母的脆弱與珍貴。接著得穿著泳衣、揹著自己的蛙鞋和面鏡走一段山路，路程雖多是水泥鋪蓋的階梯，但因濕滑、加以周邊都是銳利的礁岩，還是難行，穿著朔溪鞋或綁帶涼鞋會比拖鞋來得不易滑倒。

大約行走 10 分鐘過後，湖面盡入眼簾，這是一座被紅樹林綠意環繞的新月形湖泊，水色接近藏藍、稱不上澄澈，但頭一浸入水中卻別有洞天！一朵朵泛著金黃色光芒的圓球在身邊越游越快、越聚越多，戴著面鏡的視線以為自己來到海生館的水族箱裡。使出水母漂的姿勢與牠們一起漂浮，緩慢規律的移動搭配著耳邊呼嚕呼嚕的水聲，感覺好療癒！水母是一種無脊椎動物，體內百分之九十五的結構是水，因此在水中像無重力般輕盈。帛琉的黃金水母則因體表與一種海藻共生，需要靠光合作用讓海藻分泌出營養素、供水母飽餐的養分，因此依每日的陽光、潮汐狀態水母會群

聚在不同區域，要靠專業有經驗的導遊帶領、游往適合的位置，才能看見最多最美的水母。水母湖很大又很深，即便泳技很好也建議穿著救生衣，以免體力不支；另外，腳上務必穿著蛙鞋，踢水時才能避免傷害到水母。

2016 年底發生一起台灣遊客的旅遊糾紛，消費者表示特地到帛琉看水母，卻連一隻也沒見到，憤而客訴旅行社詐欺！原來 2016 全年帛琉因聖嬰現象導致氣溫驟然升高，乾旱、缺水改變了湖水鹹度、嚴重影響水母生態，根據帛琉的珊瑚礁生態組織研究調查：水母湖的黃金水母數量已經從原本的 800 萬隻降至 60 萬隻，且數量持續下跌。由於帛琉政府並未封閉水母湖，因此每天仍有成千上百的遊客前往，但是否有緣遇見水母則要看運氣！帛琉當地人持續祈禱，希望環境氣候水質恢復正常後水母也會再興旺繁衍。

購買出海證

有人笑稱帛琉是萬萬稅的國家，為了保護海洋環境、限制觀光人數，每個旅人出海都要付出「相當代價」。凡是搭船出海前往洛克群島，必定要購買出海證（Rock Island Permit），一張 50 美元，期效是 10 天；若行程中要前往水母湖，則要購買含水母湖的出海許可證（Jellyfish Lake Permit），期效 10 天總共是 100 美元。

出海過程中隨時會有海上航警攔下遊船盤查，檢查非常仔細嚴格，出海證過期也會被發現，因此千萬別碰運氣貪小便宜，以免遭受更多罰款。所有船家、潛店或在地旅行社都可辦理，只要參與行程、導遊就會確認妳是否已辦有效證件，因此不用擔心遺漏。

③ 緊張探訪鯊魚城

位在水母湖馬契加島北方，有一座令人膽顫心驚的海底沙丘！平時附近穿梭著藍紋鯛、金梭魚、紅鯛、黃梅鯛等各種鮮豔魚群，水下氣氛熱鬧和平；但是當導遊帶著有魚腥味的魚塊潛入 5 米深水下時，鯊魚群就會開始聚集在沙丘附近準備搶食，因此當地人都稱這裡是鯊魚城（Shark City），因為水質清澈且不深，在水面上浮潛只要戴著面鏡就可輕易看

見一隻隻鯊魚在腳下倏忽游來、旋即游去，雖然牠們的體型比想像中來得短小，但看到尖銳立起的魚鰭、和流線型迅猛的身軀，還是令人豎直寒毛、捏把冷汗，既為看見鯊魚感到興奮，又緊張地擔心自己的腳趾頭隨時不保！

其實這裡的鯊魚大多只是體型較小的黑鰭礁鯊（black tip shark），習性溫馴、不會攻擊人類，牠們純粹只是想吃吃重口味的魚肉而已，只要在水面靜靜浮游不要亂動，可以放鬆安然欣賞牠們的倩影。事實上整個帛琉都是一個鯊魚庇護區（shark sanctuary），從 2009 年起立法明定任何海域都禁止捕撈、販售鯊魚，成為全世界第一個鯊魚庇護區，後來包括馬爾地夫、宏都拉斯、巴哈馬等國也跟進立法。

鯊魚城附近的納美爾斯島（Ngermeaus Island）是一個無人小島，因為離鯊魚城很近、也常被稱作鯊魚島。這是大多數船隻用午餐的地方，島上建有許多烤肉區式的涼亭和公共廁所。若參加日本旅行社的行程，通常會發放精緻的日式餐盒在此享用；參加旅行團或台灣導遊的包船小團體，則會現場生火烤肉、煮魚湯，是否美味可口見仁見智，不過人在海上、一切從簡，填飽肚子衝刺下午的行程更加重要。鯊魚島周邊的海域也是白砂環繞清透見底，吃飽飯後在淺灘上看著飛鳥在海面上覓食飛躍，躺下小寐或散步放空都是最棒的午候。

④ 驚嘆百年干貝城

珊瑚礁上依附著許多巨大貝殼，比小美人魚當作床鋪的貝殼更寬、更厚，比民俗活動表演的貝殼精還要更大、更壯碩，這是位在鯊魚城附近的干貝城（Giant Clam City），這裡的貝殼平均尺寸為 180 公分到 200 公分，重量超過 250 公斤，重點是每一顆都是年齡超過百歲的古稀，英文雖簡單地稱呼牠們為巨大蛤蠣，中文卻有個美麗的名字叫作硨磲貝。

硨磲是海洋貝殼中體型最大、也是壽命最長的種類，據說「硨磲」這個名詞源於漢代，因為貝唇上如蛇行蜿蜒的紋路很像古代車行過後留下的輪印，所以稱車渠。我們對這種生物的接觸理解可能不多，但卻常聽見它與寶石相提並論。其實自古以來硨磲就被視為珍貴寶物，價值僅次於玉，常被雕刻成工藝品及收藏首飾；佛教更將硨磲視為世間最為潔淨純白的寶物，在開運飾品當中常可見到莊嚴尊貴的硨磲佛珠。

這種被視為珍寶的貝類生活在熱帶海洋的珊瑚環境，生長時殼貝向上展開，貝唇上有一個寬大孔洞，從孔洞中伸出堅硬的足絲用以牢牢將自己固定在珊瑚上不會被潮水帶走，漲潮時硨磲就張開雙殼、食用水流帶來浮游生物和藻類維生。干貝城這片海域底下據說原先遍布了上千顆巨型硨磲，現在僅剩十分之一的數量，帛琉政府已立法禁止開採此區的野生硨磲。而硨磲本應生長在多彩多姿的珊瑚世界裡，但浮潛時可觀察到巨大硨磲周邊全是已白化的珊瑚，由於聖嬰現象導致水溫升高，這一帶

的珊瑚幾乎全數死亡，在欣賞奇觀、驚嘆獨特的同時，也為這些百年硨磲的未來感到擔憂。

帛琉的華人旅行團為了妝點乏善可陳的夜生活，常會安排「現殺硨磲貝秀」的噱頭表演。巨大的貝殼端上餐桌，個頭看來雖大，但當然不是保育的野生硨磲。帛琉目前有多家專門養殖硨磲貝的海上農場，養殖 1 年可外銷歐美市場供觀賞用，養成 3 年殼長 20 公分以上則用作這種觀光客食用用途，畢竟硨磲貝是某些觀光客夢寐以求的美食之一，但其實整顆貝類能夠食用的部位並不多，不是腥味過重、就是口感不佳難以料理，因此通常只能一人嚐鮮一口，不是生吃貝柱沙西米、就是辣炒干貝唇感受香韌有勁的滋味。

珊瑚爭妍浪漫花園

珊瑚花園（Coral Garden）是帛琉著名的浮潛景觀，之所以稱作花園是因為珊瑚真的就像株株盛開在海底的花朵一般，有的瓣葉華麗如玫瑰綻放、有的則朵朵錦簇像極了滿天星，一眼望去彷彿置身花海。其實帛琉的珊瑚花園有許多座，一般旅人最常前往的是位在科羅和貝里琉島之間的一座小島 Ngerchong。

Ngerchong 的珊瑚花園分為外緣（Ngerchong Outside）和內緣（Ngerchong Inside），

外緣是一面緩斜坡，上面斜倚著各樣蕈狀、枝狀、扇狀的珊瑚，好像一門插花藝術比賽個個爭色鬥豔。這個景點最特殊之處，即是戴著浮潛面罩即可看見軟珊瑚：軟珊瑚是一種只能生長於潮水頻繁流動、且水質純淨的物種，通常成群生長於水深的斷崖邊，必須深潛才能一探究竟，但在這座珊瑚花園竟只要游在水面就能一親芳澤，是場難得可貴的視覺饗宴。

內緣被譽為是帛琉最棒的硬珊瑚欣賞點，大型的桌面珊瑚、藍色珊瑚展現最為原始純淨的海底景觀，還能見到直徑 3 公尺寬的巨型玫瑰珊瑚讓人大開眼界！這一區的魚種當然也豐富多彩，從常見的雀鯛和鸚哥魚、到可口的墨魚和龍蝦、到恐怖的鯊魚和魟魚，在珊瑚花園都有機會見到牠們的蹤跡。看著小丑魚悠遊其中，柔軟的海葵像牠們的草地可以翻躍打滾，珊瑚則似高高低低的大樹、建築物，讓牠們玩起捉迷藏恣意穿梭，水面下好像響起了海底總動員的主題曲，盡是一片雀躍歡樂！

⑥ 大斷層奇幻漂流

海水水位僅僅到達腰際，但再往前跨一步竟會墜入 3 百多公尺的無盡深淵！這個位在帛琉群島外圍環礁的大斷層（Big Drop Off）地形，造就壯麗奇特的海洋景觀，從海面上就可看見清澈海水呈現一側碧綠、一側藏藍的明顯落差；潛到水下更馬上被空間視覺給迷惑震懾！斷層牆面上生長著斑斕炫目的各種生物，就像打開藏寶箱一

樣綻放燦爛光輝，令人目不轉睛；但當腳底板的空虛酥麻逐漸迎上全身時，才突然意識到腳下是深不見底巨大海溝，向下望去的無邊無際總有股神秘吸力讓人敬畏緊張。於是大斷層浮潛，就在這種既興奮、又恐懼的矛盾心情下，踢著海水緩緩前行。

大斷層浮潛的感動特別深刻，因為平常浮潛時珊瑚魚兒大多位在水下，僅能以俯視的角度觀察欣賞，但在這裡牠們竟與妳比肩共處！像是沿著畫廊在欣賞藝術品，牆面上一幅幅圖畫、一張張照片都清晰地映入眼底，並與妳擦身而過；橫向發展的珊瑚岔出枝幹似乎想擋住去路，蝶魚們跳著群舞娉婷紛飛在海洋中，深海處可以望見一些黝黑潛伏的身影，是鯊魚還是魟魚都視線模糊地傻傻分不清楚，但是感受一海還比一海深的無窮，心中又對這個世界有了更深一層的理解。

由於大斷層接近外海，浪潮有時略為強勁，每位導遊都戰戰兢兢地瞻前顧後，就怕自己的團員被浪流漂遠。浮潛通常是順著潮水方向整隊人馬一路往前漂流，船隻再

在終點接應。潛到中段時，會發現一個長長鍊條上綁著一顆大鋼球，這是德國與日本相爭帛琉資源時留下的歷史遺跡，當時為維護德國水道不被日本侵入，在海上建造一條封鎖線阻止通行，時至今日戰爭已遠離、水道已荒廢，但鎖鏈鋼球仍懸掛在大斷層上，對每位游經的潛者娓娓訴說當年的陳年故事。

7 歷史一隅德國水道

德國水道（German Channel）是前往大斷層的必經之路，船行經時赫然發現兩側淺水黃濁、中央深水蔚藍，彷彿用海水筆直地開闢了一條康莊大道。這條水道其實是人工打造，19 世紀德國一家礦業公司在環礁最南端的一個小島上發現磷礦盛產，但是環礁地形一到退潮就成為周邊水域的天然屏障，總是造成船隻擱淺，為了交通便利不再繞道，德國公司直接使用炸藥開鑿出一條長 366 公尺、深 3 公尺的船行水路，讓礦產運輸更加暢行無阻。

對於一般要前往大斷層浮潛的遊客來說，德國水道只是一條導遊讓大家坐在船頭拍拍照的景點而已，但當船慢慢駛過這段長長水域時，其實可以遙想窺見帛琉經歷多國統治的多舛歷史。

幾千年來帛琉原住民都在島上過著自給自足的傳統生活。16 世紀大航海時期，西班牙人打破了這片寧靜，他們宣稱擁有帛琉的所有權，卻未在島上進行實質統治或建設。1899 年美國與西班牙發生戰爭後，西班牙依戰敗條約將帛琉及鄰近幾個小島的控制權賣給德國，德國人以掠奪資源的姿態開始對帛琉開疆拓土，不但強迫當地人勞動種植椰子等經濟作物，更開墾挖礦牟利。1914 年第一次世界大戰期間帛琉被日本帝國海軍佔領，不但施以皇民化教育粉碎帛琉原始文化，也大興建設道路、水電等現代化設施；使帛琉成為日本在太平洋中央的一個重要據點，二次大戰時更成為

日本與美國的浴血戰場。1947 年二戰結束後，帛琉與其它幾個太平洋群島一起成為美國託管地，直到 1978 年帛琉人才開始自主施行憲法運作，並於 1994 年正式成為一個獨立國家。

現在的帛琉深受日本建設、和美國文化影響仍深，道路上並存著美規左駕、日規右駕兩種規格的汽車即是最好印證！語言、貨幣、信仰等等承襲美國，但當地許多生意都是日本人經營，甚至連國旗都長得和日本國旗有異曲同工之妙。也許就是這種混合著多元文化的景觀和思想，讓這座島嶼變得如此珍貴豐盛。

船行通過整條德國水道大約只要 5 分鐘，但水下的世界卻是花 50 分鐘、或 5 小時都探索不完的！德國水道是一個絕佳潛水點，凹陷的人工水道不但為各種熱帶魚造就棲息地，更有機會在底部遇見海中如蝙蝠般飛行的鬼蝠魟（Manta Ray）。鬼蝠魟是海底的大巨人，兩側翼鰭張開可達 9 公尺、體重甚至超過 3 公噸！但是牠雖龐大、卻性情溫和，主要攝食浮游動物及小型魚類。過去因傳言牠可入藥治療癌症和不孕症，被大量捕殺、數量稀少，目前已被列為世界次級保育類動物，德國水道雖是全世界少有的鬼蝠魟棲地，但能在茫茫汪洋中見到牠還是需要極度好運，如果真的遇見了，記得去買張樂透！

從德國水道經過時，有機會遠遠望見七十島（Seventy Islands），許多明信片、紀念品封面、或帛琉觀光局網頁上印的帛琉美景就是這裡。雖是最具代表性的地標，但一般人卻無法靠近，因為這裡擁有全帛琉最完整而豐富的海洋生態，政府從 1956 年即規畫為生態保護區，只有科學家可以進入區域進行研究。想親近七十島的方式只有搭乘直升機鳥瞰，帛琉當地有一家合法的飛行團隊 Palau Helicopters Inc. 可以達成這個願望，費用是 30 分鐘 1400 美元（約 4 萬 4 千元台幣），一趟可搭乘 4 人，所費驚人，但體驗過的旅人都覺得值回票價。

8 原始無瑕星象島

從天空鳥瞰，星象島（Carp Island）就像一隻翠綠色的海星，延伸著觸角、安靜躺臥在藍海沙洲上。長長浪漫碼頭是星象島帶來的第一印象，周邊蒂芬妮藍的海水顏色、透亮得極不真實，好像置身在一幅油畫裡面！一登島就看見漂流木釘成的 Carp Island 標誌，緊接著發現不管是涼亭、躺椅還是鞦韆，全都是用未經雕琢的原木純手工打造而成，原始純粹的感受反而令現代人覺得難能可貴。

星象島的島主是位日本人，他向帛琉政府承租 50 年的使用權，在島上建造一座夢想中的天然渡假村。島上可說完全沒有娛樂設施，能進行的活動除了划獨木舟和釣魚以外，就是發呆、放空、睡午覺。在島上露天烤肉也是一種樂趣，食材都是就地取材：剛釣上鉤的鮮魚一律炭烤後剝皮食用，汁多肉嫩非常鮮甜！樹薯、洋蔥等根莖類也一併上爐火烤熱，不加任何調味料的原味甘美就是這座島想要讓妳細細感受之處。

傍晚時分，渡假村工作人員會帶著大家走入紅樹林捕捉椰子蟹，椰子蟹是一種夜行寄居蟹，因為殼像椰子而得名，體型龐大、體重可達 5 至 6 公斤，挖穴藏身在紅樹林根部，椰子蟹在台灣已是保育物種，但帛琉當地人仍有食用的傳統。性情兇猛的椰子蟹會不斷擺出攻擊姿態，蟹鉗更是力量驚人，因此最好在一旁欣賞捕捉就好，

自己別動手！此外，在毫無光害的環境下觀星，更是星象島上最棒的體驗！銀河好像近在妳眼前，日月星辰和海浪潮聲是最動人的床前故事。

星象島距離科羅約 50 分鐘船程，每天上午 8 點、下午 3 點有渡假村的接駁船往返，也有一些一日遊的當地行程會在中午短暫停留星象島。如果擁有潛水執照，星象島是一個位置絕佳的出發點，因為這裡距離德國水道和大斷層都不遠，甚至可一路延伸前往帛琉第一名的潛點：藍角（Blue Corner）和藍洞（Blue Holes），住宿的公共區域也是潛店，因此很多潛水熱愛者也會選擇住宿在島上。

 跨海奇蹟長沙灘

分開海洋的奇蹟不只是聖經故事，在帛琉人人都可以成為摩西！德國水道附近有一座五百公尺的半月形長沙灘（Long Beach），只有在退潮時分會現身，沙灘上的細沙皓白如粉，以微笑弧度連結著兩座石灰岩小島，讓人有種可以從海中央走上小島的錯覺。

想踏上長沙灘，不但要看潮汐、還要看天氣，如果時間不對或風浪過大都是無法停泊下船的。遊船會下錨在海上讓大夥涉水走向長沙灘，每個人都迫不及待「搶灘」想率先把自己的腳印留在平坦無波的白沙上，細滑的貝殼沙踩起來溫熱柔軟，上面還會出現海蔘、海膽等生物，處處充滿驚喜！在沙灘上最重要的活動就是拍照：有人伸展長腿拍攝美美的沙龍照，一群閨蜜跳躍大叫只為留住歡笑的騰空瞬間，也有人搞笑地模仿摩西分開海水、變出陸地的魔幻景像，雖然只有短短 20 分鐘的停佇，卻在相機裡、和腦海中都留下最美好的記憶。

出海的方式

大部分的台灣人前往帛琉都是參加旅行團，因此無論是 KKday 還是 Klook 這些國際公司都沒有販售帛琉出海的套裝行程，如果來到帛琉自助旅行想要出海，有兩種方式可選擇：

1. 包船式台灣導遊

由於帛琉是台灣的邦交國，在當地發展的台灣人其實不少，上網 google 就可查詢到幾位知名導遊，他們經營包船式導遊的帶團方式，遊客只要預約好導遊的時間，就可依喜好選擇出海景點。包船的價格固定，可以由旅伴共同分攤，或是導遊會在網路上公布包船日期、看看有沒有其他遊客願意一起參與？好處是語言相通，景點選擇的自由度也高，適合一群閨蜜一起出海。

2. 當地行程公司

帛琉當地也有許多美國人或日本人開設的行程公司或專業潛店，如 Impec、Neco Marine、Sam's Tours、Fish n' Fins 等等，經營多條出海路線，熱門路線可搭乘較平穩的大船出海，天天出發、且具國際規格的服務品質，能夠自主安排每日目的地，還能跟世界各地的旅人交流作朋友，只要能通簡單的英文，是非常方便又舒適的出海選擇。

遠征夢幻卡漾島

帛琉最北端有一個叫 Kayangel 的天堂，由 4 座小島組成，被環礁緊緊擁抱。這裡是遺世獨立的一片樂土，僅有最大的 Ngcheangel 島上住著 5 個村莊、不到 100 位居民，其餘都是無人島。因為距離科羅有 24 公里之遙，來回至少要花費 5 小時船程，且物資一週才補給一次，因此觀光客稀少，至今保持非常原始純樸的樣貌。

① 蘇眉魚的美麗相遇

前進卡漾島並不容易，說是遠征也不為過！從科羅出發要先穿過 KB 大橋駕車 1 小時，抵達大島最北端的碼頭，接著換搭快艇展開至少 2.5 小時的航程，航程中間會遇上兩座海溝，波瀾起伏、海象洶湧，若當天氣候風浪稍大，更可能像乘坐碰碰車一般全程顛簸震盪，不論是頭暈目眩、或著腸胃翻攪，都可想見是一趟不舒適的旅途！難怪有人說這是一段偉大航道，許多人因此聞之色變、不願挑戰，甚至連一些帛琉導遊都沒真正踏上過卡漾島。但是「一切辛苦都是值得的」這句話印證在卡漾島絕對再貼切不過！還沒踏上島，就已經感受到這是一個「一生必去」的地方。

船行一小時後，即已來到卡漾島環礁的外緣，戴上面罩氣管、尾隨導遊縱身跳進海裡，眼前的景象真的令人大吃一驚！這是我經歷過有生以來視野最清晰的一次浮潛，海水如此澄澈透明，生物如此鮮明活躍，感覺就像自己置身在水族箱中！由於浮潛的區域在環礁上方，因此水深頂多 2 至 3 公尺，珊瑚、海葵全在身邊打招呼，且各個都繽紛健康，完全沒有白化現象；巨大鮮豔的硨磲貝俯拾即是，林立壯觀不輸干貝城；熱帶魚成群結隊從眼前一一閃過，好像在參加一場海底嘉年華會；最驚喜的是蘇眉魚竟然迎面而來，對於我們的拜訪完全不懼怕閃躲，可能分不清我們是魚還是人，只是繼續自顧自地優雅覓食。

蘇眉魚的學名為曲紋唇魚，因為眼睛後方有兩道條紋狀如眉毛、因而得名，又被稱為龍王鯛或拿破崙魚，身長可達 2 公尺、重 150 公斤，是世界上最大的珊瑚魚類。蘇眉魚的壽命可超過 30 歲，天敵很少、在海中自然死亡率很低，但牠最大的剋星就是人類！因為過度濫捕，蘇眉魚已被世界列為瀕危物種，即便在帛琉這片海洋保育淨土也很難親眼目睹牠的倩影，而我們何其榮幸竟一次看到 3 隻！遇見牠們的瞬間，深深為自己的幸運在心底尖叫歡呼了無數次，更注定永遠愛上帛琉、愛上這片海！

其實，當我們一抵達卡漾島環礁時，馬達剛熄火立即有海上巡警向我們靠近，要求查看出海證，並一直在原處待到我們浮潛結束上船，確認我們沒有帶走一草一木，才向我們道別駛離。很多人都說出海證是買心安的，從來沒遇過有人檢查，但在這麼偏僻的海域還有警察攔截我們，可以想見這是一片格外珍貴、特別需要保護的區域。

不用釣竿竟可釣魚

海釣的經驗有過幾次，曾在紐西蘭守著像鋼管一樣粗重的釣竿，聽著捲線器低沉頻率大魚就上鉤；也曾在越南拿著彎彎細細的竹竿，勾上發亮的假餌在海中揮來拉去卻一無收穫；但是全無釣竿徒手釣魚卻是第一次經歷。前往卡漾島途中，船長突然將馬達熄火，任我們在海上漂流，然後拿出捲線一人發一綑，便酷酷地說：「今天

午餐妳們要自己釣，沒釣到就沒得吃喔。」如果發根釣竿大概還知道怎麼使用，但望著手中細線我們卻完全不知所措，這樣餓肚子的機率很大吧！還好船長先進行一番釣魚教學，更還好帛琉海中的魚兒實在太容易上鉤！

三岔鉤子掛上魚餌，餌料竟是切成大大塊的小卷，不禁讚嘆帛琉的魚吃得真好！按照教學把捲線一直放到底，魚鉤觸碰到海底地面後再往回拉1至2公尺，即可耐心等待收穫。但是難度在於線上沒有浮標，得靠雙手對魚線振動的感知來判斷是否有魚？不但常常感知錯誤、更常太早收線造成餌料被魚偷叼走。眼看整盒小卷就要見底，我們卻半隻魚也沒釣到，只能眼紅看著船長每5分鐘就一隻上鉤的高強技術，並眼巴巴地希望他中午可以分點魚骨頭給我們啃。

突然間魚線有了大振動，趕緊收線卻完全失敗，雖不算手無縛雞之力的女子，但釣線沒有施力點根本拉不上來，只能讓魚線陷入手指皮膚扯得疼痛，明明無計可施卻不甘心不放手！好險船長聽到我的呼救，跨步上前拉我一把，魚兒竟突然放空力氣乖乖地被拖上船，原來是條60公分左右的鯛魚，是整船收穫中最大一尾！初次徒手釣魚就成就滿滿，馬上忘卻剛剛的疼痛和吃力。

釣上來的鯛魚又肥又大，船長使出刀工、新鮮製成生魚片，搭配上當地現摘的金桔，嚐起來肉質彈牙鮮甜，而且豪氣滿滿一大盤，可以好好大快朵頤！在帛琉待幾天發

現吃魚的方法只有 3 種，生魚片以外就是烤魚和煮湯，新鮮活魚熬成的湯頭自然清甜甘美，帶鱗炭烤的鮮魚外表不起眼，但味道酥香、肉質嫩滑，不用任何調味料就是最原始的珍饈佳餚。重點是靠自己努力親手釣上來的魚，吃起來特別感恩珍惜。

③ 我包下了一座整島

一望無際的海平面上突然浮起一座小島，白沙環繞、長滿參差爭高的椰子樹，活脫脫就像電影《浩劫重生》裡湯姆漢克斯孤立生存 4 年的荒島。船程近 3 小時，我們終於抵達卡漾島！因為途中進行了環礁浮潛和釣魚，感覺時間過得特別快；再加上海龜竟忽然現身，跟在我們的遊船旁邊游泳，好似表達熱烈歡迎，讓我們第一眼就愛上了卡漾島。

昨天才臨時決定報名卡漾島，由於行程公司一天只出一船 14 人名額，所以一直很擔心額滿去不成。工作人員幫我們在辦公室查詢半天後，走出來跟我們說「OK, only two ！」只剩兩個位子？！我們太興奮了，二話不說刷卡付費，期待隔天前往夢幻島嶼！結果，抵達大島碼頭時才發現，整船只有我們 2 個人？！原來「only two」是這個意思！於是我和閨蜜不但幸運地包了一整艘船、還包了一整座無人島！

以前以為天堂島嶼的照片都是經過攝影師調光調色修片出來的結果，無法想像世界上真有這些色彩、這般景致，但踏上卡漾島後才真正理解「天堂」的意境。沙子透亮銀白得會反光，澄澈的海洋映著天空形成各種漸層：粉藍、寶藍、靛藍、墨藍、藏藍、孔雀藍、月光藍……我不知道「形容藍」還有幾種名詞？但在這裡必定一色也不缺！島上全無人煙，我們在冰涼海水中模仿海龜游泳、在彎曲椰樹下吹著微風盪鞦韆、在柔軟的沙灘上享受柔和日光洗禮、沙中忽露臉忽鑽洞的寄居蟹像陪我們玩捉迷藏；耳邊除了海浪拍打與海鳥鳴叫的聲音以外，只剩我們的呼吸聲，這種抵達天堂的開懷心情，一輩子難能可得，我們珍愛又奢侈地用力享受著每時每刻。

我們包下的是卡漾島中的第 3 座島嶼 Ngerebelas，這是一座 12 公頃大的無人島，屬於私人擁有，因為我們的行程公司有與島主簽約，我們才有幸能夠登島，否則一般人即使自行花大錢包船前來也不能上岸。唯一有人定居的 Ngcheangel 則是卡漾島的另一個目的地，島上有地下水和有限的電力，石頭路面、簡易房舍應和著居民的樸實生活，香蕉樹和諾麗果樹是他們垂手可得的資產，一支魚槍跳入水中就能漁獲滿滿，想像這些人在這美麗寧靜的小島上用相同方式世世代代生活了數百年，我們這些旅人的到來反而像是突兀的打擾，破壞了這原始純粹的一幅風景。曾經看過一篇部落格文章寫著「拜託觀光客千萬不要來卡漾島」，我突然明白了這種情緒！雖然心情矛盾，還是為自己能夠親眼見到這串「天使麗落在海上的晶瑩淚珠」感到幸福，即使回程還有 3 個小時的破浪顛簸，也絕對會帶著想念卡漾島的微笑欣然承受、樂在其中！

Impac Tour

日本人經營、也是唯一擁有卡漾島固定行程的旅遊公司，專屬碼頭位在科羅島最西方的 Main Road 上。1993 年創辦至今擁有三十位專業導遊，接待遊客主要以日本人居多，因此服務無微不至，從櫃台接待的禮貌、導遊帶隊的方式、行程安排的細心、到精緻美味的午餐餐盒，處處都可感受到日本人注重小細節的用心。

地址：P.O. Box10107，Koror Palau
電話：+680 488 0606
網址：http://www.palau-impac.com/

原始風情大島探險

海洋是帛琉最精彩的姿態，但陸地上也可見到這個島嶼國家不同的風貌。科羅北邊的大島巴比島是僅次於關島的密克羅尼西亞第二大島嶼，島上蘊含豐富的森林與紅樹林，擁有許多帛琉文化的遺跡，由台灣出資建造的帛琉總統府小白宮也位在這裡，如果在海中泡膩了，可以踏上這座大島探索帛琉最原始的面貌。

安得貌天使瀑布 Ngardmau Waterf
私人樹屋沙灘 Ngiwa Treehouse Beach
巨石群 Melekeok Ancient Monoliths
大島 Babeldaob
小白宮 New Capital Building
紅樹林河道 Mangrove River
男人會館 Abai
帛琉國際機場 Palau International Airport
科羅島 Koror

① 泛舟勇闖秘境

大島擁有帛琉最完整的紅樹林生態保護區，尤其西部海岸線更多幾乎未被探索的森林秘境，因為受到當地法律嚴格地保護，蘊藏著許多珍貴動植物，被《Lonely Planet》推薦為遠離世界的最佳去處。

划獨木舟是探索大島最棒的一種方式，因為獨木舟船身輕、吃水淺，在根結交錯的紅樹林中利於移動、潮汐水位變化大時也不易擱淺，緩慢安靜的前進方式，更適合默默觀察周邊的豐富生態。但輕便的缺點是兩人坐在其中也有一種隨時會翻船的輕盈感，後面的人主要控制方向、前面的人出勞力就對了，兩人舉著划槳一左一右划行，一個用力或不平衡航向就會大偏離，更得培養默契否則容易船槳打架。行程剛開始，新手不是去撞壁、就是去撞其他人的舟，導遊總是忙著排解交通事故，笑鬧尖叫在水面上迴響。

航行技術精進穩定後，視聽感官才正式張開，突然發現周遭被青翠包圍，碧綠倒映在波光粼粼的水面有如置身於山水畫中。在導遊的帶領下穿梭岩穴間，好像闖進不同的空間探秘，洞上古怪的鐘乳石、水中乍現的水母，都是不可預期的驚喜。進入林木蔽蔭的紅樹林河道，突然感受到世外桃源的清幽，聽著蟲鳴鳥叫協奏的交響曲，看著水筆仔曼妙延伸的姿態，頓時有種忘卻塵囂的平靜感。

帛琉當地行程公司 Sam's Tours 或 Paddling Palau 有設計專門的獨木舟一日遊，有的甚至為獨木舟愛好者設計露營野炊的兩天一夜行程。不過對我們都市人來說，這種持續烈日曝曬、不間斷的手臂運動其實非常辛苦，若能參加綜合性的 Land Tour 稍稍體驗一葉輕舟的閒情逸致會是最棒的選擇。

前進天使瀑布

帛琉最高峰是海拔 217 公尺的 Ngerchelchuus，對擁有動輒三千多公尺山岳的台灣來說，這完全是一座小山坡，不過它可是造就了密克羅尼西亞最高的瀑布：安得貌天使瀑布（Ngardmau Waterf）。

穿越叢林前往瀑布是一趟跋山涉水的小小冒險，沿著原始叢林一路健行，一路吸收芬多精、享用森林浴，途中還可見到日本人當年建造的運木鐵軌。接著從陸路走到水路、溯溪上行，河床間的壺穴儼然是天然戲水池，跳水、打水仗、溜滑梯為行程增添更多歡樂；延著溪流繼續前進，不久後即可抵達瀑布。瀑布高度約 15 公尺，實在有點難稱它為「大瀑布」，也無法讚嘆是多麼值得一看的景觀，但全程大約 30 分鐘路程，輕鬆不艱難，且能遇見帛琉的不同面貌。

陽光灑落在瀑布濺起的水花，一道道美麗的彩虹乍然現身，半透明的光彩為瀑布帶來神祕的美麗，也許這就是它被稱作天使的原因！許多遊客深入瀑布底下來場天然 SPA，醍醐灌頂的透心涼帶來最完美的尾聲。

瀑布健行可在無導遊的狀況下自行前往，必須穿著防滑好走的運動鞋、甚至溯溪鞋。門票是每人 10 美元（約台幣 310 元），倘若不想爬山，還可搭乘單軌列車上車，單程 20 美元（約 620 元台幣）、來回 30 美元（約 930 元台幣）。

③ 訴説帛琉故事

帛琉人口原本主要分布在洛克群島，由於部族間的戰爭導致許多部落漸漸遷移到大島，聚居在海岸線和河口處。日本佔領帛琉期間，在大島開墾大型鳳梨園、農園、以及鋁土礦區，在二戰期間為太平洋地區的日軍供給食物和鋁。戰爭結束後大島因為欠缺開發，只有荒野小徑、沒有道路而持續落寞，直到 2007 年美國政府建成道路後，大島才有更多當地人和遊客造訪。

大島像是帛琉歷史的島，古老的帛琉文化和歷史遺跡散落島上角落，位在東部和北部的神話巨石即是最醒目的遺跡：整齊排列的巨石大多比人的身高還高，重達數百公斤，風化嚴重、但有些還能辨識出輪廓：諾大的雙眼、高挺的鼻子，跟智利復活島上的摩埃石像異曲同工地神似。帛琉傳統認為這是天神賜與幫助建造男人會館的基石；也有傳說這是審判的魔石，觸摸即會打回原形、現出本性，無罪的人可以上天堂、有罪的則需流放接受嚴厲懲罰。科學判定這些巨石的原料並非產自帛琉，它們從何而來？又怎麼來到？讓這些巨石總是蒙著一股神秘色彩。

傳承帛琉母系社會文化的男人會館（Abai）也在大島：男人會館是棟三角屋頂的傳統長屋，原木建築全無釘子，屋牆上以鮮豔的色彩繪製著人與動物的傳統形貌，牆壁和柱子間雕刻著豐富的部落故事。由於帛琉是母系社會，男人在家中較無說話的份量，因此聚集在此聚會談天、交流議事；為了保護男人的「言論自由」，這裡禁止女人進入，傳說違反者會變成石頭。除此之外，大島上還有日據時期運輸用的單軌火車、第二次大戰的殘骸遺跡、10 年前全新打造的總統府及行政中心……一步一腳印都像在娓娓訴說從古至今的帛琉故事。大島東岸西岸各有一條道路，限速四十公里且車輛稀少，幾乎是新手也能駕馭的等級。有些人會選擇租車一日環遊大島，親近山林、探詢歷史、甚至到美麗的私人樹屋沙灘散散步拍拍照，悠閒享受陸地上的帛琉時光。

海島節奏科羅散步

科羅州是帛琉的經濟中心、也是帛琉過去的首都和最大城鎮，大部分的商店、餐廳都集中於此，70% 的居民也生活在這，更是遊客的主要活動區域，在這裡可以好好感受步調輕鬆的帛琉 Style。

① 忠孝東路走九遍

科羅的主要道路只有一條雙線道的馬路，當地稱它為「Main Road」，許多台灣導遊則戲稱它是帛琉的忠孝東路，因為逛街精華、吃喝玩樂全都在這條路上。一定不會錯過的地方是 WTCT，這是帛琉最大的一間購物中心、當地居民日常採買的重要地點，包括生活用品、服飾、藥品、蔬果這裡都有販售。不過這個號稱「帛琉 SOGO」的 WTCT 可一點也不寬闊豪華，一樓的生鮮超市可能就跟妳家巷口的頂好差不多大，二樓的百貨公司也只是分區專櫃，一個角落販售紀念品、另一角落陳設著服飾鞋帽，沒有名牌、沒有精品，眼前所見都是帛琉人生活中簡樸的日常。台灣遊客最喜歡在這裡購買 Godiva 巧克力、Häagen-Dazs 冰淇淋、還有美國洋芋片，因為美國進口的食品在這裡比台灣便宜，諾麗果汁、木雕故事板、手工皂則是有當地特色的紀念品。中華民國大使館位在 WCTC 建築物三樓，在大使館前跟國旗合影也是一份難得的紀念。

如果 WCTC 的平價無法滿足購物慾望，Main Road 上還有一家 DFS 免稅商店擁有全帛琉最齊全的免稅商品，以及會説中文的服務人員；不過倒是沒有特別划算的品牌，別忘了帛琉的所有物資都是進口，比便宜很難、比貴絕對不輸人。

WCTC 周邊有許多餐廳，大都是外國人經營，有日本料理、印度料理、美式食物、中國餐廳……等等，口味還算多元，只是付帳前要有心理準備，物價水平可比台灣貴三倍。帛琉沒有速食店，只是有一家號稱「帛琉麥當勞」的著名漢堡餐車「Bem Ermii」，漢堡是以炭火手作現烤，餡料不多、漢堡不大，但是麵包香脆、汁多味美，雖然一個要價 12 美元並不便宜，但跟著帛琉人一起坐在餐車前的榕樹下大快朵頤，其實別有一番風味！

如果夠幸運的話，周末傍晚在 Main Road 可以看看難得的塞車景象，或是每月月底巧遇觀光局舉辦的市集，逛逛當地人傳統集散市場販售的椰子點心、樹薯製品、各種漁類及海鮮食品，也許從外觀到口味都不盡習慣，但從「吃」來了解一個國家的當地生活是很棒的途徑！

② 另類科羅夜生活

有人問帛琉有夜生活嗎？基本上帛琉因為多個區域實施宵禁，當地人都是早早上床，夜生活是為觀光客安排的！有些旅行社行程會在合作餐廳欣賞傳統舞蹈秀、殺

硨磲貝秀等等，搭配啤酒無限暢飲度過熱鬧歡樂的夜晚；大部分背包客或西方旅人則是找家小酒館坐坐小酌，輕鬆寫意地慢慢享受星夜海島；但有許多不甘寂寞的遊客，即使白天在海上鎮日巡遊，也不願安靜享受美食好酒，沒想到帛琉的夜生活竟然又是出海？！

夜釣對台灣人來說並不陌生，基隆、花蓮、澎湖……等等很多地方都有夜釣小管的活動，但在帛琉小管是拿來當作魚餌，真正的目標仍是海底的大魚。夜釣通常選擇在傍晚出海，望著夕陽迎著海風，可以感受另類風情的海上漂流，尤其天色漸暗時海洋反射著神秘的夜光，從地平線上得以享受日落和星光璀璨的天空。當然海上搏鬥總是要付出代價：因為夜釣時不能有光、否則後方船隻會以為是燈塔而追撞過來，因此必須在黑夜當中冒著颼颼冷風駛達釣魚點，放長線後的漫長等待、與收線時的

熬心費力，都讓夜釣時光不如想像中輕鬆。還好帛琉的魚兒不習慣早睡，歡呼聲此起彼落讓一切辛苦頓然全消，活跳跳的鮮魚一尾尾上鉤，船長直接在船上開啟爐火，香噴噴的薑絲魚湯不一會兒便大功告成，喝著清甜的新鮮魚湯，度過一晚胃口和心理都收穫滿滿的夜生活！

「來到海島一定要做 SPA」這個準則在帛琉似乎有點行不通！畢竟帛琉人本身並沒有按摩這項傳統。但是為了因應觀光客對海島的幻想、以及無處可去的夜生活需求，許多「舶來品」按摩 SPA 應運而生。標榜養生舒壓按摩、古式按摩的會館大多由中國人開設，油壓手技、價格平實、包車接送，設備服務大約是台灣夜市按摩等級；如果覺得價位合理，又單純想舒鬆白天出海的緊繃肌肉，可以考慮體驗。帛琉島上也有高級的 SPA 會館，例如起源於印尼的國際連鎖品牌 Mandara SPA 擁有馬爾地夫蜜月等級的 SPA 套裝，也有針對日曬設計的護理 SPA，非常適合白天在海上奔馳的女性們給自己一點夜晚的寵愛。

CENTURION®
www.centurion1978.us

CENTURION 是全球第一個將旅行箱升級為「藝術舞台」之時尚旅行箱品
豐富多元的主題，繽紛多彩的畫作，CENTURION 確定更新了旅行箱界新
至今，CENTURION 仍持續在創造旅行箱界的傳奇。
不可思議的 CENTURION 創意團隊，驚喜無上限。

CENTURION 秉著旅行箱象徵品味之概念，呼籲廣大粉絲群，
一旦發現 CENTURION 有新款問世，就該立收藏。

CENTURION 有責任與義務，不斷推陳出新，滿足每位粉絲收集需求，
每週，保持至少兩款 CENTURION 誕生。

您永遠收藏不完，您永遠有最新選擇。

旅行箱業，已蓬勃發展100年，
這100年來只有 CENTURION 能做到將旅行箱化身藝術與理念的結合。
確定前無古人，期盼後有來者。

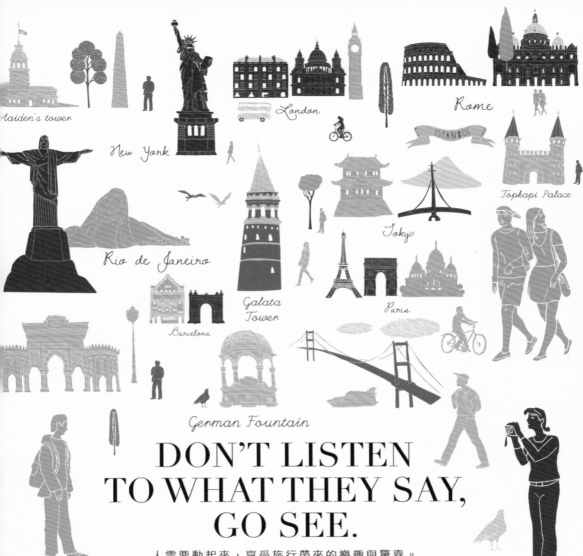

Maiden's tower

New York

London

Rome

ISTANBUL

Rio de Janeiro

Galata Tower

Tokyo

Topkapi Palace

Barcelona

Paris

German Fountain

DON'T LISTEN TO WHAT THEY SAY, GO SEE.

人需要動起來，享受旅行帶來的樂趣與驚喜。

People should take action and enjoy traveling that will bring joy and surprise back into life

CHENAL 首席設計師 卡爾·拉格斐 (Karl lagerfeld 1933)

『ELIEVE IN MORE』

流×時尚×保養，優雅不羈的旅程從自我實踐開始，
解您真實的需求，在視覺與品質上創造絕對驚艷，
元化的呈現高品質的要求，旅程也是種享受。
-MORAL 在旅途中將時刻的呵護你的需求～
是肌膚貼心不可或缺的夥伴歐。

『特文化讀者獨享優惠』

為LINE APP加入好友之掃描功能，掃描左邊的QR CODE
入官方LINE@(ID:@bemoral)即可獲得50元購物金、
貨運等神秘好禮任您挑！活動即日起至106年12月31號！

掃描QR加LINE好友 送購物金
(限開啟LINE行動條碼器掃描)

HYPEROXIA FIRMING MASK

GLITTERING RECOVERY MASK

FEATHER SILK HYDRATING MASK

BE·MORAL
be moral or be moral

| 高氧緊緻膜 |　| 晶凝療癒膜 |　| 羽絲極水膜 |

凱特文化 愛旅行 75

女子旅行，出發島嶼！
長灘、普吉、峇里、帛琉，開始妳的好旅行

作　　　　者	辛翠芸
發　行　人	陳韋竹
總　編　輯	嚴玉鳳
主　　　編	董秉哲
責 任 編 輯	董秉哲
攝　　　影	辛翠芸、金宏濤、辛瑞玲、鄭乃豪
攝 影 協 助	蔡忠彬（p56、p57、p72、p73、p85、p86、p100、p104）、陳逸葳（p69、p72、p91）
	Alvin Shih（p129、p134、p153）、張克平（p264、p266、p292）
封 面 設 計	萬亞雰
版 面 構 成	萬亞雰
行 銷 企 畫	黃伊蘭
廣 告 業 務	陳宜君
感　　　謝	BE-MORAL be moral or be moral

印　　　　刷　通南彩色印刷有限公司
法 律 顧 問　志律法律事務所 吳志勇律師

出　　　　版　凱特文化創意股份有限公司
地　　　　址　新北市236土城區明德路三段149號2樓
電　　　　話　02-2263-3878
傳　　　　真　02-2236-3845
劃 撥 帳 號　50026207凱特文化創意股份有限公司
讀 者 信 箱　katebook2007@gmail.com
部 落 格　blog.pixnet.net/katebook
經　　　　銷　大和書報圖書股份有限公司
地　　　　址　新北市248新莊區五工五路2號
電　　　　話　02-8990-2588
傳　　　　真　02-2299-1658
初　　　　版　2017年7月
Ｉ Ｓ Ｂ Ｎ　978-986-95043-0-0
定　　　　價　新台幣399元

國家圖書館出版品預行編目資料
女子旅行，出發島嶼！：
長灘、普吉、峇里、帛琉，開始妳的好旅行 /
辛翠芸著 .-- 初版 .--
新北市：凱特文化創意，2017.07
376 面；17x23 公分 .--（愛旅行；75）
isbn 978-986-95043-0-0（平裝）
1. 旅遊 2. 世界地理 3. 島嶼　　719　　106010196

廣　告　回　信
板　橋　郵　局　登　記　証
板　橋　廣　字　第 836 號
免　貼　郵　票

收件人

新北市 236 土城區明德路二段 149 號 2 樓

凱特文化　收

寄件人

姓名

地址

電話

BORACAY

PHUKET

BALI

PALAU